사마천 《사기》
명언명구 / 세가

사마천 ≪사기≫ 명언명구(세가)

© 이해원, 2020

1판 1쇄 인쇄__2020년 09월 10일
1판 1쇄 발행__2020년 09월 20일

지은이__이해원
펴낸이__홍정표
펴낸곳__글로벌콘텐츠
　　　　등록__제25100-2008-000024호

공급처__(주)글로벌콘텐츠출판그룹
　　　　대표이사_홍정표 이사_김미미 편집_김수아 권군오 이상민 홍명지 기획·마케팅_노경민 이종훈
　　　　주소_서울특별시 강동구 풍성로 87-6 201호
　　　　전화_02) 488-3280　팩스_02) 488-3281
　　　　홈페이지_http://www.gcbook.co.kr
　　　　이메일_edit@gcbook.co.kr
값 14,800원
ISBN 979-11-5852-294-0 03150

사마천 《사기》
명언명구 / 세가

이해원 지음

일러두기 _____

　　본 저서는 2019년 3월 1일부터 2020년 2월 28일까지 고려대학교 글로벌비지니스대학
　　연구비 지원으로 수행한 업적물입니다.

　　본 저서는 사마천 《사기》 「세가(世家)」 중의 명언명구(名言名句)의 연구로 성어 자체와
　　관련된 부분의 앞뒤 원문을 번역하고 출처, 간체자, 중국어 발음 및 해설을 달아 번역
　　과정의 중요 단어나 문구의 뜻을 자세하고 분석하고, 성어의 유래와 정확한 의미, 쓰임에
　　대해 고찰하였습니다.

태사공서(太史公書)

《사기》는 최초에는 고정적인 서명이 없었고, '태사공서(太史公書)'
혹은 '태사공기(太史公記)' 줄여서 '태사공(太史公)'이라고 하였다. 최초
로 《사기》라고 부른 것은 동한(東漢) 환제(桓帝)가 쓴 《동해묘비(東海廟
碑)》에서인데 이전의 '사기(史記)'는 고대 역사서의 통칭이었다. 삼국시
대부터 '사기'는 통칭에서 점차 '태사공서'의 전문 명칭이 되었다.

《사기》는 본기(本紀), 표(表), 서(書), 세가(世家)와 열전(列傳) 다섯
부분으로 구성된다. 그 가운데 본기, 세가, 열전 세 부분이 대부분을
차지하고, 역사상 제왕 등 정치의 중심인물들이 이 세 부분에 속하고
인물 중심의 새로운 역사서를 창립하였는데, 역사서 편찬의 주요 부분
인 본기와 열전이 주요 부분을 차지하므로 한 글자씩 따서 기전체(紀
傳體) 역사서로 불린다.

「본기」는 왕조 교체를 중심으로 연월(年月)의 시간에 따라 제왕의
언행과 정치업적을 기술하고 그 가운데 진(秦)나라에 앞서 순서대로
오제(五帝), 하(夏), 은(殷), 주(周), 진(秦)을 기술하고 진나라 이후의
역사 7편을 기재하였다. 순서대로 진시황(秦始皇), 초패왕(楚霸王) 항

우(項羽), 한고조(漢高祖) 유방(劉邦), 고후(高后) 여치(呂雉), 한문제(漢文帝) 유항(劉恒), 한경제(漢景帝) 유계(劉啓)와 한무제(漢武帝) 유철(劉徹)이다.

「표」는 표를 사용하여 제왕의 세계(世系), 인물과 역사적 사건을 간략하게 서술하였다.

「서」는 전장(典章)제도의 발전을 기술하였다. 예악(禮樂), 음률(音律), 역법(曆法), 천문(天文), 봉선(封禪), 사회경제 관련 재용(財用), 수리(水利)와 지리(地理) 등의 내용을 논하였다.

「세가」는 세습 왕후(王侯)의 제후국(諸侯國)과 한대(漢代) 제후, 공신 귀족의 흥망과 사적 그리고 특별한 인물의 행적을 기술하였다.

「열전」은 제왕 제후 이외의 각 방면에서 대표적인 인물의 생애와 행적 그리고 이민족, 외국의 전기 그리고 사마천 태사공의 자서(自序)를 기록하였다.

《사기》는 전설상의 황제(黃帝)를 시작으로 한무제 원수(元狩) 원년(기원전 122년)까지 약 3천 년 전의 중국 역사를 서술하였다. 전서는 본기 12편, 표 10편, 서 8편, 세가 30편, 열전 70편 모두 130편으로 52만 6,500자이다.

오늘날의 《사기》 130편 가운데 일부는 분명 사마천(司馬遷)의 저술이 아닌데 한원제(漢元帝), 한성제(漢成帝) 때 박사 저소손(褚少孫)이 《사기》를 보충하였는데 《사기》 가운데 '저선생왈(褚先生曰)'이 바로 그의 보충 문장이다.

《사기》는 당시에 유전되어 온 《세본(世本)》, 《국어(國語)》, 《진기(秦記)》, 《초한춘추(楚漢春秋)》와 제자백가 등의 저작과 국가의 문서 그리고 실제 현지답사에서 취재한 자료를 바탕으로 저술한 사서이다. 또 사마천은 수집한 자료를 분석하고 선택하여 서로 다른 주장도 섭렵하여 내용이 사실에 가깝고 풍부하다.

사마천은 부친의 뜻을 계승하여 태사령(太史令)이 되었고 일찍이 공안국(孔安國), 동중서(董仲舒)에게 배웠고 각지를 주유하며 각지의 풍속을 이해하고 전해들은 역사적 사실들을 채집하였다. 처음에는 낭중(郎中)에 임명되어 서남부에 사신으로 갔다. 태초(太初) 원년(기원전 104년)에 그는 《사기》 저술에 착수하였다. 그러나 천한(天漢) 3년(기원전 98년)에 당시 법에 적에게 투항하면 그 가족은 멸족되고 자신도 자살하여야 했는데 흉노에 투항한 이릉(李陵)을 변호하다가 한무제에게 명을 어긴 대역죄로 감옥에 갇혔다. 궁형(宮刑)을 당한 뒤 출옥한 후 중서령(中書令)에 임명되어 치욕을 참고, "자연현상과 인류사회 사이의 상호작용과 관계를 탐구하고, 고금의 역사변화에 통달하고 역대 왕조의 흥망성쇠의 이치를 찾아내어 역사적 사실을 통해 취사선택을 하여 자신만의 독특한 전문적 권위자의 사학 이론과 학설을 이루려고,"(「보임소경서(報任少卿書)」 마지막 부분에서 인용) 14년에 걸친 각고의 노력으로 《사기》를 완성하였다.

《사기》는 명대(明代)까지의 중국 정통 역사서 '이십사사(二十四史)'의 으뜸으로 《한서(漢書)》, 《후한서(後漢書)》, 《삼국지(三國志)》와 합쳐서 '전사사(前四史)'로 불려 후세 역사학과 문학 발전에 커다란 영향을 끼쳤다. 그가 처음 창조한 기전체 역사 서술방법은 후세 역대 정사(正史)로 전승되었다. 또 문학작품으로도 높은 평가를 받아 위대한 현대 작가이자 사상가인 루쉰(魯迅)이 "역사가의 절창(絕唱)이요, 운(韻)이 없는 《이소(離騷)》이다"라고 극찬하였다.

사마천의 《사기》 집필 동기인 흉노 정벌을 위해 출정한 장수 이릉을 변호하고 궁형을 당한 과정과 그로 인한 '발분저서(發憤著書)'의 울분에 찬 저술 의지와 130편 저술 계획 등이 기록된 유명한 산문 「소경 임안에게 보내는 답신(報任少卿書)」(청대 강희제(康熙帝) 때 출간된 『고문관지(古文觀止)』에 수록되었음)와 사마천이 《춘추(春秋)》를 모르면 앞에 참소하는 자가 있어도 알지 못하고, 뒤에 역적이 있어도 알지 못한다."라고 한 「태사공 자신이 쓴 서문(太史公自序)」(《사기》 맨 마지막 편에 기록되어 있음)를 반드시 읽어야 《사기》의 저작배경을 알 수 있다. 후자에서 사마천은 부친 담(談)이 음양가(陰陽家), 유가(儒家), 묵가(墨家), 형명가(刑名家), 법가(法家), 도가(道家)의 육가(六家)를 논하며 각 학파의 장단점에 대해 논평한 것을 소개한 다음에 천자의 봉선예(封禪禮)에 참가하지 못한 울분에 아들 사마천에서 유언으로 조상의 사업인 태사(太史) 관직을 계승하여 "효(孝)란 부모를 모시는 것이 첫째이고, 천자를 섬기는 것이 둘째이며, 입신(立身)이 끝이니, 이름을 후세에까지 날려 부모를 세상에 드러나게 하는 것이 가장 큰 효이다"라고 하면서 제후들이 겸병에 힘쓰고 사관(史官)의 기록이 방치되어 끊겼으며 천하의 사기(史記)를 없애버려서 두렵다고 하며 사마천에게 역사를 서술하여 가업을 이으라고 말했다. 또 사마천 자신은 한무제에게 흉노에게 투항한 "이릉을 변호하다 화(禍)를 입고 옥에 갇힌 뒤, 《주역》, 《춘추》, 《이소》, 《국어(國語)》, 《병법》(《손자병법》), 《여람(呂覽)》(《여씨춘추(呂氏春秋)》), 「세난(說難)」과 「고분(孤憤)」(《한비자(韓非子)》의 편명) 등 여러 고전은 성현(聖賢)들이 발분(發憤)하여 지은 것이며 사람은 마음이 답답하고 맺힌 것이 있어 그 도가 막혀서 과거의 역사를 기술하여 앞으로 올 일을 생각하는 것이다"라는 궁형이라는 치욕에 분노하고 저술로 승화시키겠다는 정신적 돌파구를 찾아내어 역사서 《사기》를 편찬하였다.

《사기》 가운데 〈본기〉에 이어서 〈세가〉 가운데 중요 명언명구를 엄선하여 분석하고 고찰하였는데 번역한 원서는 다음과 같다.

고증 자료가 비교적 상세하다는 평을 받는 일본학자 타키가와 카메타로(瀧川龜太郎)의 《사기회주고증(史記會注考證)》(新世界出版社, 2009)도 수록한 《사기》에 대한 가장 영향력이 있는 주석 속칭 '삼가주(三家注)'인 남조(南朝) 송(宋) 배송지(裴松之)의 아들인 배인(裴駰) 주(注) 《사기집해(史記集解)》, 당(唐) 사마정(司馬貞)의 《사기색은(史記索隱)》, 당(唐) 장수절(張守節)의 《사기정의(史記正义)》와 현대 중국어 「역문(譯文)」을 수록한 『사기전역(史記全譯)』(貴州人民出版社, 1994)을 원문으로 사용하였습니다. 여기의 현대 중국어 번역은 상당 부분 너무 의역한 것들도 많아 참고만 하였고, 기존의 번역본 중에는 이 「역문(譯文)」을 그대로 번역하여 의미를 확실하게 알 수 없는 부분도 눈에 띄었습니다. 사마천의 문장은 생략이 많아 의미 파악을 위해 앞뒤 문맥을 잘 고찰하여야 하는 번역의 어려움이 있다.

최근에 김영수 역, 《완역 사기세가》 (1)(2)(알마, 2012, 2019), 신동준 역, 《완역 사기》(전6권)(위즈덤하우스, 2015)이 출간되었고, 삼가주(三家注)에 대한 번역본 《신주사기》도 한가람역사문화연구소 사기연구실에서 번역 출간(한가람역사문화연구소, 2020)되었다.

2020년 2월 27일
오봉산 자락에서
이해원

목차

더할 나위 없이 아주 훌륭하다

탄위관지(嘆爲觀止)

오나라 왕자 계찰이 노나라에 사신으로 가서 초소(招箾)의 춤을 보고 한 말

오태백(吳太伯)과 오태백의 동생 중옹(仲雍) 모두 주태왕(周太王)의 아들인데 왕(王)인 계력(季歷)의 형이다.

계력은 어질었는데 그에게는 성인과 같은 아들 창(昌)이 있었다. 태왕은 계력을 세우고 창에게 왕위를 물려주려고 하자, 태백과 중옹 두 사람은 부친의 뜻을 이해하고 남쪽의 형만(荊蠻)으로 달아나서 몸에 문신을 새기고 머리를 잘라 나라의 군주가 될 수 없음을 드러내어 계력을 피하고 그에게 양보했다.

마침내 계력이 왕위에 오르니 그가 왕계(王季)이고, 창이 바로 문왕(文王)이다.

嘆 탄식할 탄 爲 할 위 觀 볼 관 止 멈출 지

오월(吳越)

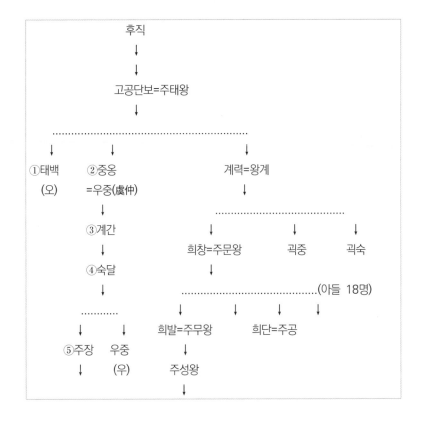

오나라 군주 가계도

		재위 기간 (기원전)	재위 연수	
1	태백(太伯)			태백(泰伯)
2	중옹(仲雍)			우중(虞仲)
3	계간(季簡)			
4	숙달(叔達)			
5	주장(周章)			주무왕(周武王)이 정식으로 제후에 책봉
19	수몽(壽夢)	585 ~ 561	25	왕(王)을 칭하기 시작
20	제번(諸樊)	560 ~ 548	13	알(謁)
21	여제(餘祭)/(餘祭)	547 ~ 531	17	
22	여매(餘昧)	530 ~ 527	4	이말(夷末)/이매(夷昧)
23	요(僚)	526 ~ 515	12	
24	합려(闔閭)	514 ~ 496	19	합려(闔廬)
25	부차(夫差)	495 ~ 473	23	월(越)에게 멸망

태백은 형만 땅으로 도망가서 스스로 구오(句吳)라고 하는 나라를 건립했다. 형만 사람들은 그가 의로운 일을 했다고 여겼는데 그를 따르며 귀순한 사람이 천여 호(戸)에 달했다. 그를 오나라의 태백으로 옹립하였다.

태백이 죽었으나 아들이 없어 동생 중옹이 왕위에 올랐다. 그가 오중옹(吳仲雍)이다. 중옹이 죽은 뒤 그의 아들 계간(季簡)이 왕위에 올랐고, 계간이 죽자 숙달(叔達)이 왕위에 올랐으며, 숙달이 죽자 주장(周章)이 왕위에 올랐다.

이때 주무왕이 은나라를 멸망시키고 태백과 중옹의 후손을 찾다가 주장을 찾게 되었다. 그때 주장은 이미 오나라의 군주가 되어 있었으므로 그를 오나라에 봉하였다. 그리고 주장의 동생이 주나라 북쪽의 옛 하(夏)나라의 도성에 봉해져서 우중(虞仲)이라고 하였는데 제후의 반열에 올랐다.

태백이 오나라를 건립한 이래로 5대째가 되어 주무왕이 은나라를 멸망시키고 그의 후손에게 두 개의 나라를 봉해주었다. 하나는 우(虞)나라로 중원에 있었고, 다른 하나는 오(吳)나라로 이만(夷蠻) 지역에 있었다. 12대가 지나 진(晉)나라가 우나라를 멸망시켰다. 중원의 우나라가 멸망하고 2대가 지나서 이만의 오나라가 흥하였다. 태백에서부터 수몽(壽夢)에 이르기까지 19대가 있었다.

왕 수몽 2년(기원전 584년)에 초나라의 외국으로 도망한 대부 신공(申公) 무신(巫臣)이 장수 자반(子反)을 원망하여 진(晉)나라로 달아났는데 진나라의 사신으로 오나라에 가서 오나라 사람들에게 병사를 쓰는 진법(陣法)과 전차를 타고 모는 방법을 가르쳐주었으며, 그의 아들을 오나라의 행인(行人)을 맡게 하였다. 오나라가 비로소 중원의 제후국과 통하게 되었다.

오나라가 초나라를 정벌하였다. 수몽 16년에는 초나라의 공왕(共王)이 오나라를 정벌하여 형산(衡山)에 이르렀다.

수몽 25년(기원전 561년)에 수몽이 세상을 떠났다. 수몽에게는 네 아들이 있었다. 순서대로 제번(諸樊), 여제(餘祭), 여매(餘昧), 계찰(季札)이었다. 계찰이 현명하고 재능이 있어 수몽은 그에게 왕위를 물려주려고 하였으나 본인이 사양하자 제번을 세워 대리로 국정을 맡게 하였다.

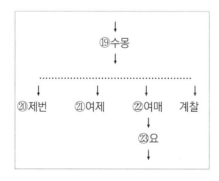

오왕 제번 원년, 제번은 탈상하고 왕위를 계찰에게 자리를 양보하려고 하였다.

계찰이 사양하며 말했다.

"조선공(曹宣公)이 죽었을 때, 제후들과 조나라 사람은 조나라 군주가 의롭지 못하다고 자장(子臧)을 옹립하려고 하였으나 자장은 조나라를 떠났으니 조나라가 군주가 계속 자리에 있게 되었습니다. 군자(君子)가 말하길, '자장은 절개를 지킬 수 있었다'라고 하였습니다. 그대가 마땅히 뒤를 이은 것입니다. 누가 감히 그대를 침범하겠습니까?' 그대가 나라의 군주를 맡으셨으니 제가 절개와 의리상 행할 일이 아닙니다. 저는 비록 재주는 없으나 자장의 절개를 좇아 따르기를 원합니다."

오나라 사람은 계찰을 군주로 세우길 굽히지 않았는데 계찰이 부득이하게 가족을 떠나 밭을 갈자, 비로소 그만두었다.

13년, 왕 제번이 죽었다. 동생 여제에게 왕위를 넘겨준다는 유언이 있었다. 왕위가 형에서 다음 동생으로 전해져서 반드시 막내 계찰에게 이르면 그치려고 하였다. 이렇게 하는 것이 선왕 수몽의 뜻에 부합되기 때문이었다. 계찰의 절개를 훌륭하다고 칭찬하면서 형제들은 왕위를 이렇게 전하여 점차 계찰에 이르게 하였다. 계찰이 연릉(延陵)에 봉해졌기 때문에 그를 연릉계자(延陵季子)라고 불렀다.

오나라가 계찰을 노나라에 사신으로 파견하였다. 계찰이 주나라 천자의 음악을 감상하기 위해 청하였다. 노나라 악사들이 그를 위해 「주남(周南)」과 「소남(召南)」을 연주하며 노래를 부르자, 말하였다.

"아름답습니다, 주나라가 이미 기초가 닦여졌음을 알 수 있고 아직 안정적인 단계에 이르지는 못하였으나 백성들이 열심히 일하면서 원망하는 소리가 없습니다."

초소(招箾)의 춤을 보고 계찰이 말하였다.

"덕행이 지극합니다. 위대합니다. 마치 하늘처럼 덮어서 비추지 않
는 것이 없고, 땅처럼 담지 않는 것이 없는 것과 같습니다. 덕행이 가
득하므로 더 보탤 것이 없습니다. 더할 나위 없이 아주 훌륭합니다.
설령 다른 음악이 있더라도 나는 더는 감상하지 않겠습니다."

17년, 오왕 여제가 죽고 동생 여매가 왕위에 올랐다.

오왕 여매 4년, 여매가 죽고, 동생 계찰에게 왕위를 물려주려고 하
였으나 계찰은 사양하고 달아났다.

오나라 사람들이 말했다.

"선왕께서 형이 죽으면 동생이 왕위를 대신하라고 유언하여 반드시
계찰에게 왕위가 전해지도록 하였다. 지금 계찰이 왕위를 버리고 도망
갔으니 여매를 왕으로 세웠는데 그가 죽었으니 그의 아들이 대를 잇는
것이 마땅합니다."

그래서 여매의 아들 요(僚)를 왕으로 옹립하였다.

간체자	嘆为观止
발음	탄 웨이 관 즈 tàn wéi guān zhǐ
편명	오태백세가 吳太伯世家

| 해설 |

'탄위관지'는 경치, 예술작품, 예술적 표현이나 학문이나 기능이 완벽
하거나 최고 수준에 도달하였을 때 감탄하는 경우에 나타내는 말이다.

원문에는 '관지(觀止)'만 있다. 사물의 최고 정점에 도달하여 여기에

서 더할 것이 없음을 뜻한다.

오나라 공자 계찰이 주나라 천자의 음악을 간직하고 있는 노나라를 방문하여 주나라의 음악과 춤을 감상하였다는 고사는 『좌전』「양공(襄公)」 29년의 기록과 같다. 초소는 대소(大韶)를 말하는데 우순(虞舜)의 악무(樂舞)이다.

'관지의(觀止矣)'는 '탄관지의(嘆觀止矣)', '탄위관지(叹为观止)'와 같은 뜻이다. "감탄해 마지않는다", "더할 나위 없다", "아주 훌륭하다"를 의미한다. 순(舜)임금의 춤곡을 듣고 그 음악에는 순임금의 지극한 덕이 나타나 있어 위대하므로 순임금의 덕보다 더 크지 않으니 그만 듣고 다른 음악은 더 청하지 않겠다는 뜻이다.

청대 강희(康熙) 연간에 오초재(吳楚材)가 선진시대부터 명대까지 산문을 편집한 『고문관지(古文觀止)』는 『좌전』에서부터 『국어』, 『전국책』, 『사기』와 당송팔대가의 명문 등을 엄선한 책인데 책 제목의 '관지'라는 말도 여기에서 유래하여 이 책에 엄선한 고문 이외에는 "볼 것이 더는 없다"라는 뜻으로 "더할 나위 없이 훌륭하다"라는 뜻이다.

태백은 무왕(武王)이 오백(吳伯)으로 봉하여 오태백이라고 불렸다.

주태왕(周太王)은 고공단보(古公亶父)이고 그의 아들은 셋이 있었는데, 태백이 장남이고 둘째가 중옹(仲雍), 막내가 계력(季歷)이다. 백(伯), 중(仲), 계(季)의 형제의 순서를 나타낸다.

태백이 남쪽의 형만 땅으로 가서 구오를 세운 때가 기원전 1123년이다.

오나라의 다섯 번째 군주 주장(周章)은 자기 이름에 '주(周)'자를 넣은 것은 주(周)나라의 후예임을 잊지 못하였기 때문이다.

초나라의 대부 신공(申公) 무신(巫臣)과 장수 자반(子反)과의 갈등과 행인(行人)에 대해서는 『좌전』 노성공(魯成公) 7년의 기록에 보인다. 자반이 하희(夏姬)를 차지하려고 하였는데 무신이 못하게 막고 자신이 차지하고는 외국으로 가버려 자반이 원망하게 되었다고 하였다. 또 무신이 진(晉)나라로 군주에게 오나라에 사신으로 가기를 원한다고 하자 진나라 군주가 허락했고, 오나라 군주인 자작(子爵) 수몽은 기뻐하였으며, 무신은 30대의 전차부대를 거느리고 오나라에 갔는데 그 절반을 오나라에 머물게 하고는 무신은 오나라에게 전차를 타고 모는 방법을 가르치고 전쟁에서의 진법(陣法)을 가르쳐서 초나라에 반기를 들게 하였다. 그리고 그의 아들 호용(狐庸)을 남겨두어 오나라에서 행인의 일을 맡겼다. 행인(行人)은 빈객 접대의 일을 맡은 관직이다. 오나라는 초나라를 공격하였고, 이후에 초나라에 붙었던 나라를 오나라가 다 차지하게 되어 오나라는 큰 나라가 되었고 중원의 제후국들과 통하게 되었다고 하였다.

오왕 수몽 5년(기원전 581년)에 오나라가 초나라를 공격하여 초나라 장수 자반을 격파하였다. 수몽 10년(기원전 576년)에는 오나라는 중원의 노(魯), 진(晉), 제(齊), 송(宋), 위(衛), 정(鄭)나라와 처음으로 종리(鍾離)에서 회맹하였다.

조선공(曹宣公)과 자장(子臧) 고사는 『집해(集解)』에 조선공이 죽은 다음의 조나라 군주는 조선공의 서자(庶子) 부추(負芻)인데 조선공의 태자를 죽이고 자립하여 왕이 되었으므로 사람들이 의롭지 못하다고 말한 것이고, 자장도 조선공의 서자이고 부추의 서형(庶兄)이라고 하였다. 자장은 부추가 태자를 죽이고 왕이 됐다는 소식을 듣고 송나라로 도망하였다고 한다. 『좌전』 노성공(魯成公) 13년에 같은 기록이 보인다. 『사기』는 『좌전』 노성공 13년과 15년의 기록을 참조하였다.

계찰(기원전 576년~기원전 484년)은 공손찰(公孫札), 연릉계자, 계자

(季子), 오찰(吳札)이라고도 하는데 춘추시대 때 연릉, 지금의 강소성 상주(常州)에 봉해졌다. 계찰은 품격이 고상하고 원대한 식견을 갖춘 정치가이자 외교가였으며 위대한 예언가였다. 계찰은 공자의 스승으로 공자와 더불어 성인으로 추앙을 받았는데 동시에 공자가 가장 흠모하는 인물이어서 "남쪽엔 계찰, 북쪽엔 공자가 있다"라는 '남계북공(南季北孔)'으로 칭송되었다. 남방 제일의 유학 대사이자 남방 제일의 성인으로 칭한다.

사마천이 『논어』 「태백」편에 공자가 "태백은 최고의 덕행을 갖추고 있고 왕위를 세 번이나 양보하여 백성들은 그를 어떻게 찬양해야 하는지를 몰랐다"라고 한 것을 인용한 것은 오태백의 드높은 인덕(仁德) 때문이다. 또 사마천이 계찰의 인덕을 갖춘 심성과 지극한 도의(道義)를 추앙한다고 한 것은 바로 통치자의 자격 가운데 가장 중요한 덕목이 인덕에 있음을 강조한 것이다. 백이의 절개를 찬양하여 첫 번째 열전으로 「백이열전」을 설정한 것처럼, 사마천은 첫 번째 세가로 「오태백세가」를 제시한 것은 바로 여기에 그 까닭이 있는 것이다.

51

오이가 익기를 기다려 교대하다

급과이대(及瓜而代)

제나라 양공 때 대부 연칭의 도성 치박의 수비경계가 종료된 후 근무교대하는 것

 태공망(太公望) 여상(呂尚)은 동해(東海) 해변 사람이다. 그의 선조는 일찍이 사악(四岳)으로 우(禹)를 보좌하여 구주(九州)를 개척하고 치수에 큰 공을 세워 우(虞)나라와 하(夏)나라 시기에 여(呂) 혹은 신(申) 땅에 봉해졌다. 성은 강씨(姜氏)이고 하(夏)나라와 상(商)나라 때 신(申)과 여(呂)혹은 방계의 자손을 봉해주거나 혹은 평민이 되기도 했다. 상(尚)은 그들의 후손이다. 그는 본래 성이 강씨였지만 후에 그의 봉읍을 성씨로 삼았기 때문에 여상이라고 하였다.

 여상은 일찍이 가난하고 늙어서 낚시질하다가 주(周)의 서백(西伯)을 만나게 되었다. 서백이 수렵을 나가기 전에 점을 쳤는데 점괘가 나왔다.

 "잡게 될 것은 용 이무기도 아니고, 호랑이도 큰곰도 아니오. 잡힐 것은 패왕을 보좌할 사람이다."

 주 서백이 수렵을 나가서 과연 우연히 태공을 위수(渭水) 북쪽에서 만나 크게 기뻐하며 그에게 말했다.

及 미칠 급 瓜 오이 과 而 어조사 이 代 대신할 대

"나의 선군 태공 때부터 말하길, '적당한 때 성인(聖人)이 주(周)에 나타날 것이니 주는 그 사람 때문에 흥할 것이다'라고 하였다. 그대가 정말 그 사람인가? 나의 태공이 그대가 오기를 기대하며 기다린 지 매우 오래되었소."

그래서 그를 태공망이라고 불렀다.

서백은 수레에 함께 타고 주로 돌아와서 그를 사(師)에 임명했다.

주(紂)가 주(周)의 서백을 유리(羑里)에 구금하자, 산의생(散宜生)과 굉요(閎夭)가 평소에 알고 지내던 여상을 불러냈다.

여상 또한 말했다.

"내가 듣기에 서백은 어질고 또 착하며 노인을 잘 봉양한다고 하더라. 그에게 가봐야겠다."

세 사람은 서백을 구하기 위해 미녀와 진기한 보물을 구하여 주에게 바쳐 서백이 풀려났다.

주 서백 창이 유리에서 벗어나 돌아와서 여상과 함께 몰래 계획을 세워 덕정(德政)을 실행하여 상(商)을 전복시켰는데 그 일들은 대부분 그의 용병술, 권모술수와 기이한 계책에 의한 것이었다. 후세 사람들이 논하는 용병술과 주왕조의 권모술수는 모두 태공이 본래 주도한 것으로 숭상하고 있다.

천하를 셋으로 나누었을 때 그 천하의 둘이 주나라에 귀순하였는데 이것은 대부분 태공이 도모하고 획책한 것이다.

무왕(武王)이 주(紂)를 치려고 하는데 그 전에 점을 쳤다. 거북 점괘가 불길하다고 나왔고 폭풍우가 내렸다. 여러 신하가 모두 두려워하였으나 오로지 태공만은 강력히 무왕에게 권하여 무왕은 마침내 출정했다.

무왕 11년 정월, 목야(牧野)에서 선서하고 상(商)의 주왕을 치니 주왕의 군대가 패했다. 주왕이 도망쳐 녹대(鹿臺)로 올라가자, 무왕은 추격하여 주왕을 베어 죽였다.

천자의 권좌를 상징하는 구정(九鼎)을 옮겨오고, 주나라의 정치업무를 밝게 닦아 온 천하를 새롭게 변모시켜 신기원을 열었다. 이러한 주나라 개국의 여러 사적은 대부분 사상보(師尙父)의 계책에 의해 이룩한 것이었다.

태공이 대략 백여 세에 세상을 떠나자, 기원전 1014년에 아들 정공(丁公) 여급(呂伋)이 등극하였다.

제(齊)나라 양공(襄公) 원년(기원전 697년), 양공이 태자였을 때, 일찍이 공손무지(公孫無知)와 싸운 적이 있었다. 양공이 즉위하여 곧 공손무지의 녹봉과 수레, 의복 등을 없애자 무지는 이에 원한을 품었다.

양공 4년, 노(魯)나라 환공(桓公)이 부인과 함께 제나라에 왔다. 노환공의 부인은 제양공의 이복 여동생으로 제환공과 사통한 적이 있었다. 희공(釐公) 때 시집가서 노환공의 부인이 되었다. 환공이 오자 양공은 다시 사통한 것이다. 노환공이 그것을 알고 부인에게 화를 내었고, 부인은 그것을 제양공에게 알렸다. 제양공은 노환공과 함께 술을 마시며 그를 취하게 만든 다음 역사(力士) 팽생(彭生)을 시켜 환공을 안아 수레에 실으면서 갈비뼈를 부러뜨려 노환공을 죽이게 하였다. 노환공이 수레에서 내려졌을 때 이미 죽어 있었다. 노나라 사람이 이를 책망하자, 제양공은 팽생을 죽여 노나라에 사과했다.

양공 12년, 양공이 대부(大夫) 연칭(連稱)과 관지보(管至父)를 규구(葵丘), 지금의 산동성 치박(淄博)에 파견하여 지키게 했는데, 오이가 익을 때 갔다가 그 이듬해에 오이가 익기를 기다려 교대하는 것이었다. 두 사람이 규구를 지킨 지 1년이 되어 오이가 그 이듬해에 익을 때가 지났는데도 양공은 교대할 군사를 보내지 않았다. 어떤 사람이 두 사람 대신 교대를 청하였으나 양공은 허락하지 않았다. 그래서 이 두 사람은 화가 나서 공손무지를 통하여 반란을 도모하였다. 연칭에게 양공의 궁녀로 있으면서 양공의 총애를 받지 못한 사촌 누이동생이 있었는데 그녀를 시켜 양공을 엿보며 암살할 기회를 노리게 하고는 말하였다.

"일이 성공하면 너는 무지의 부인이 될 것이다."

겨울 12월, 사냥 갔던 양공이 발을 다쳤다. 양공이 다쳤다는 소식을 들은 공손무지, 연칭과 관지보는 마침내 무리를 이끌고 궁을 습격하였다. 공손무지가 양공을 찾아내어 죽이고 스스로 즉위하여 제나라의 임금이 되었다.

환공 원년 봄, 제나라의 임금 공손무지는 그에게 원한을 품은 사람들이 있었는데 그가 옹림(雍林)으로 놀러 온 틈을 타서 습격하여 죽인 다음, 제나라 대부에게 말하였다.

"공손무지가 양공을 시해하고 스스로 즉위하였으므로 신들이 삼가 처단하였습니다. 대부들은 새로 공자(公子) 가운데 적당한 이를 세우시면 저희는 명을 듣겠습니다."

양공이 술에 노환공을 술에 취하게 만든 다음 죽이고 그 부인과 사통하였는데, 부당하게 사람들을 죽이는 일이 여러 차례나 있었고, 여색에 빠졌으며, 대신들을 늘 속이자, 동생들은 그 재앙이 자신들에게 미칠까 두려워하였다.

그래서 양공의 둘째 동생 규(糾)는 노나라로 도망하였는데 그의 어머니는 노후(魯侯)의 딸이었고, 관중(管仲)과 소홀(召忽)이 그를 보좌하였다. 공자 규의 이복동생 소백(小白)은 거(莒)나라로 달아났는데, 관중의 친구 포숙(鮑叔)이 그를 보좌하였다. 소백의 어머니는 위공(衛公)의 딸이었고 희공에게 총애를 받았다. 소백은 어려서부터 대부 고혜(高傒)를 좋아하였다. 옹림의 사람들이 무지를 죽이고 군주를 세우는 것을 논의하자, 고혜와 국의중(國懿仲)은 먼저 몰래 거나라에 있는 소백을 불러들였다. 노나라도 무지가 죽었다는 소식을 듣고 군대를 보내 공자 규를 보내는 한편 관중에게 별도의 군사를 이끌고 가서 거나라로 통하는 길을 막게 하였다. 관중이 소백을 향해 화살을 쏘았는데 허리띠 쇠를 맞혔으나 죽은척했다. 관중은 사람을 시켜 노나라로 달려가 보고하게 했다. 노나라는 공자 규를 호송하는 행군을 늦추어 6일 만에 제나라에 이르렀다. 그런데 공자 소백이 이미 제나라로 들어와서 고혜가 그를 임금으로 세운 뒤였으니 그가 바로 제환공이다.

간체자	及瓜而代
발음	지 과 얼 다이 jí guā ér dài
편명	제태공세가 齊太公世家

| 해설 |

임기가 끝나면 자리를 옮겨 주는 것을 비유하는 말이며, 때로는 약속을 제대로 지키지 않는다는 뜻으로도 사용된다.

임무를 맡은 군대가 오이가 익는 7월에 갔다가 그 이듬해 7월에 다른 부대와 교대하도록 한 것이다.

『좌전』「장공(莊公)」8년의 기록이다. 춘추 시대 제나라 양공이 노(魯)·진(陳)·채(蔡)·송(宋)나라 군대와 함께 위(衛)나라를 공격했다. 주(周)나라 장왕(莊王)은 군대를 보내 위나라를 도왔으나 패하고 말았다. 제양공은 주장왕(周莊王)이 다시 공격해 올 것에 대비하여 연칭을 국경에 보내 수비하게 했다. 연칭은 오이가 익을 무렵 국경으로 떠나면서, 언제쯤 교대시켜 줄 것인지 물었더니 양공이 말하였다.

"내년에 오이가 익을 때쯤 교대해 주겠다."

하지만 이듬해 여름이 되어 오이가 익어 가는데도 양공의 명이 내려오지 않았다. 연칭은 교대시켜 달라고 부탁했으나 양공은 허락하지 않았다. 이에 불만을 품은 연칭은 군사를 일으켜 쳐들어가 양공을 죽여 버렸다고 하였다.

오이가 익을 때 교대해 주겠다는 말에서 유래한 '급과이대'는 관리가 임기가 차서 다른 사람으로 교대하는 것을 비유하는 말로 쓰였다. '과대(瓜代)'뿐만 아니라 '과시(瓜時)', '과수(瓜戍)', '과기(瓜期)', '급과(及瓜)'를 사용하여 임기가 만료되어 다른 사람으로 교체하는 것을 가리켰다. 임기가 만료되는 것을 '과만(瓜滿)'이라고 한다.

『집해』에 동해는 『여씨춘추』에 동이(東夷)의 땅이라고 하였고, 『색은』에 초주(譙周)가 태공망에 대해 "성이 강(姜)이고 이름이 아(牙)이다. 염제의 후예로 백이(伯夷)의 후손이다. 사악(四岳)을 관장하여 공을 세우니 여(呂) 땅에 봉해져서 그의 자손들이 봉지(封地)를 성씨로 삼았다고 하였다"라고 하였다.

강자아(姜子牙, 기원전 1156년~기원전 1017년)는 자는 자아(子牙)

이며 호는 비웅(飛熊)이다. 고대 중국의 저명한 정치가이자 군사가, 전략가로 주나라 개국 공신이었고 상나라 말, 주나라 초 병법에 능통하여 병학(兵學)의 기초자였다. 그의 선조는 사방을 관장하는 사악(四岳)으로 우임금의 치수 사업을 도운 공을 세웠다. 72세 때 위수(渭水) 반계(磻溪), 지금의 섬서성 보계(寶鷄)에서 낚시하고 있었다. 훗날 주나라 문왕(文王)이 되는 서백후(西伯侯) 희창(姬昌)이 수렵을 나가기 전에 점을 쳤더니 패왕의 사업을 도와줄 신하를 얻게 될 곳이라는 점괘가 나왔다. 희창이 수렵을 나가 강자아를 만나 그를 등용하였다. 강자아는 무관인 태사(太師)가 되었는데 태공(太公), 즉 희창의 부친이었던 선군(先君) 고공단보(古公亶父)가 바라던 사람이라고 하여 태공망(太公望)으로 추존되었다. 그는 희창을 도왔으며 문왕의 아들 무왕 때는 사상보(師尚父)로 불렸으며 군사 통수권자가 되었는데 사람들이 강상(姜尚)이라고 하였다. 태공망은 무왕을 도와 상나라 주왕(紂王)을 물리쳤다. 성왕(成王)을 보필한 주공(周公) 단(旦)을 보좌하여 내란을 평정하고 영토 확장에 힘써 '성강지치(成康之治)'를 이룩하였다. 강왕(康王) 6년에 호경(鎬京)에서 쌍을 떠났다. 후세에 역대 황제들과 전적에서 그를 병가(兵家)의 비조(鼻祖), 무성(武聖), 백가(百家)의 종사(宗師)로 추존하였다. 당대 숙종(肅宗) 때 무성왕(武成王)에 봉하고 무묘(武廟)를 설치하여 제사를 지냈으며 송대 진종(眞宗) 때는 시호를 소열(昭烈)로 추증하였다.

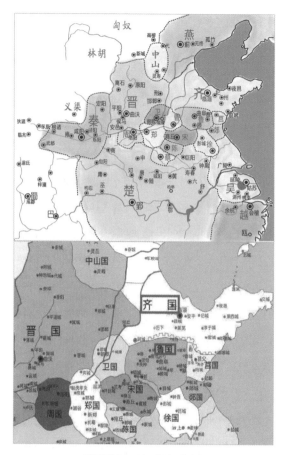

제환공(齊桓公) 때의 제나라

기원전 656년 제환공은 송(宋), 노(魯), 진(陳), 위(衛), 정(鄭), 허(許), 조(曹) 등 7개국과 연합하여 초나라를 공격하였고, 송나라 규구(葵丘), 지금의 하남성 난고(蘭考)에서 제후들을 불러 모으고 주나라 천자의 사자도 초대하는 등 여러 차례 구합제후(九合諸侯)의 맹약을 맺는 등 제후국 가운데 패자가 되었다. 기원전 645년에 관중이 죽고, 2년 뒤에 제환공도 죽자, 다섯 아들이 군주 자리를 놓고 권력투쟁을 벌여 내란이 발생하여 제나라는 패자의 위치를 상실하였다.

기원전 11세기에 태공망 혹은 강태공, 강자아 등으로 불리는 여상이 주나라 무왕을 도와 상나라를 멸망시킨 후 영구(營丘), 지금의 산동성 임치(臨淄)에 봉해져서 이곳에 제나라를 건립하였다. 동해(東海) 부근 사람이며, 성은 본래 강씨(姜氏)였지만 강태공의 선조가 우임금을 도와 물과 땅을 다스리는데 큰 공을 세웠다. 그는 하나라 시대 때 지금의 하남성 남양(南陽) 서쪽의 여(呂) 땅에 봉해져서 봉지를 성으로 삼아 여상이라고 부른 것이다. 영토는 지금의 산동성 북부였고 후에 동부까지 확장되었다.

주나라 태왕 고공단보의 셋째 아들 계력이 주나라 왕으로 즉위하였는데 즉위한 후에 계력은 공계(公季)였는데 주나라 무왕이 상나라를 멸망시킨 뒤에는 왕계(王季)로 추존되었다. 계력이 부친 고공단보를 계승하여 농업을 발전시키고 인의를 실행하여 주나라가 점차 강성해지자 제후들이 모두 귀순하여 상나라 왕은 계력이 서방의 패주가 된 것을 승인하여 서백(西伯)이라고 불렀다. 서백은 작위로 주나라 시조인 후직(后稷)에서부터 주문왕에 이르기까지 10여 명이 차지하였다.

계력의 아들 희창(姬昌)은 부친의 서백 작위를 계승하였고 서백이 죽은 뒤에 그의 아들 희발(姬發)이 기원전 1044년에 강태공과 넷째 동생 주공(周公) 단(旦), 소공(昭公) 석(奭)의 도움으로 은나라를 멸망시킨 뒤 주무왕에 오른 뒤에 서백은 주문왕이 되었다.

한묘화상석(漢墓畫像石) 중의 주공성왕보우도(周公輔佑成王圖)

　주무왕이 은나라 주왕을 쳐부수고 주나라를 세운 지 2년 뒤에 죽자 13세의 어린 아들이 등극하여 성왕이 되자 주공 단이 보좌한 사실을 나타낸 것이다. 서주(徐州)의 한화석(漢畵石)박물관 소장

제나라 군주 연표(여씨)

시호(諡號) 제(齊)+	군주 성명 여(呂)+	재위 기간(기원전)+년	재위 연수 (年數)
1. 태공(太公)	상(尙)/강태공	1046~?	
...			
12. 장공(莊公)	구(購)	794~731	64년
13. 희공(僖公)	녹보(祿甫)	730~698	33년
14. 양공(襄公)	제아(諸兒)	697~686	12년
15. 전폐공 (前廢公)	무지(無知)/공손무지 (公孫無知)	686	2월
16. 환공(桓公)	소백(小白)	685~643	43년
17. 중폐공(中廢公)	무궤(無詭)/ 무휴(無虧)	643	3월
18. 효공(孝公)	소(昭)	642~633	10년
19. 소공(昭公)	반(潘)	632~613	20년
20. 후폐공 (後廢公)	사(舍)	613	5월
21. 의공(懿公)	상인(商人)	612~609	4년
22. 혜공(惠公)	원(元)	608~599	10년
23. 경공(頃公)	무야(無野)	598~582	17년
...			
32. 강공(康公)	대(貸)	404~386	19년

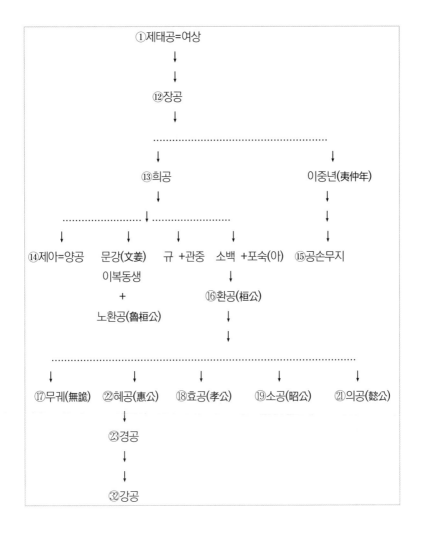

먹던 것을 뱉고 감고 있던 머리를 움켜쥐다

토포악발(吐哺握髮)

주공 단이 봉지인 노(魯) 땅으로 부임하는 아들 백금에게 훈계한 말

주공(周公) 단(旦)은 주나라 무왕(武王)의 동생이다. 문왕(文王)이 왕위에 있을 때부터 단은 아들로서 효도하고 인정 많으며 어질어서 여러 아들과는 달랐다. 무왕이 즉위하자, 단은 항상 무왕을 보좌하며 매우 많은 일을 했다.

무왕 9년, 동쪽으로 정벌을 가서 맹진(孟津)에 이르렀는데 주공이 보좌하여 갔다.

무왕 11년, 주(紂)를 정벌하여 목야에 이르렀는데 주공이 무왕을 보좌하여 「목서(牧誓)」를 짓고 은(殷)나라를 쳐부수고 상(商)의 궁궐에 들어가 먼저 주왕을 주살하였다.

주공은 소호(少昊)의 옛터인 곡부(曲阜)에 봉해졌고 국호를 노(魯)라고 하였다. 주공은 봉국(封國)에 가지 않고 머물며 무왕을 보좌하였다.

무왕이 세상을 떠났을 때, 태자 성왕(成王)은 나이가 어려서 강보에

吐 토할 토 哺 먹을 포 握 쥘 악 髮 터럭 발

싸여 있었다. 주공은 천하 사람들이 무왕의 붕어 소식을 듣고 모반할까 두려워하여, 주공은 성왕을 대신하여 등극하고 섭정하여 국정을 처리했다.

무왕의 동생 관숙(管叔)과 여러 동생은 나라에 유언비어를 퍼뜨려 말했다.

"주공은 앞으로 성왕에게 이롭지 못할 것입니다."

주공은 태공망(太公望) 강태공(姜太公)과 소공(召公) 석(奭)에게 말했다.

"내가 피하지 않고 섭정하는 것은 천하가 모반할까 두렵기 때문입니다. 무왕은 일찍 세상을 떠났고 성왕은 아직 나이가 어려서 장차 주나라의 대업을 완성하기 위해서 내가 이렇게 하는 것이오."

그래서 성왕을 도왔고, 그의 아들 백금에게 주공 자신을 대신하여 노(魯) 땅에 봉했다.

주공이 백금에게 훈계하여 말했다.

"나는 문왕의 아들이자 무왕의 동생이며 성왕의 숙부이니, 내가 천하에 비천한 사람은 아닐 것이다. 그러나 나는 한 번 밥을 먹는데도 세 번 뱉어내고 일어나고, 한 번 머리 감는데 머리카락을 세 번 움켜쥐면서 자리에서 일어나 선비를 우대해도 오히려 천하의 어진 사람을 잃을까 두려워하였다. 네가 노나라 땅으로 가더라도 나라를 가졌다고 남에게 교만하지 말고 몸을 삼가라."

무왕의 동생 관숙, 채숙(蔡叔)과 무경(武庚)이 과연 회이(淮夷)를 이끌고 모반했다. 주공은 성왕의 명을 받들어 군대를 일으켜 동쪽으로 정벌을 가서 관숙을 주살하고 무경을 죽였으며 채숙은 추방하였다.

제후들은 모두 승복하여 주나라를 받들었다.

간체자	吐哺握发
발음	투 부 워 파 tǔ bǔ wò fà
편명	노주공세가 魯周公世家

| 해설 |

밥을 먹거나 머리를 감을 때에 손님이 오면 먹던 밥은 뱉고, 감던 머리는 쥐고 바로 나가 마중한다는 뜻으로, 널리 인재를 구하고 어진 선비를 잘 대접함을 가리킨다.

원문에는 '일목삼착발(一沐三捉髮), 일반삼토포(一飯三吐哺)'라고 하였는데, '목(沐)'은 머리 감음, '착(捉)'은 잡음을 뜻한다. 성어는 잡을 '착(捉)'자 대신 쥘 '악(握)'자를 썼다.

주공은 목야에서 무왕을 보좌하며 「목서(牧誓)」를 지었다. 이 글은 『상서』에 기록하였다.

조조의 단가행(短歌行)에 보면, "산은 높은 것을 마다하지 않고, 물은 깊은 것을 마다하지 않는 법. 주공은 씹던 음식마저 뱉고서 인재를 맞아들였더니, 천하의 인심에 그에게 돌아갔네"라고 하여 '주공토포(周公吐哺)로 천하귀심(天下歸心)'이라고 하였다.

주공 단의 일생을 개괄한다면, '국궁진췌(鞠躬盡瘁), 사이후이(死而後己)'로 표현할 수 있다. 제갈량의 「후출사표(後出師表)」에 나오는 성어인데, "몸에 병 기력이 소진할 때까지 맡은 소임을 다하고, 죽은 뒤에야 그만둔다"라는 뜻으로 몸과 마음을 다 바쳐 나라와 황제께 이바지하겠다는 결의를 나타낸 말이다. 주공 역시 살아있는 동안 끝까지 성왕을 위해 힘쓰고 심지어 죽은 뒤에도 성왕 곁을 지키겠다는 유언을 남길 정도로 오직 나라만을 생각한 인물이었음을 알 수 있다.

「노주공세가」에서는 주공의 일생과 주나라의 중요한 제후국인 노나라의 흥망성쇠를 기록하였다. 노나라는 25세대에 걸쳐 전후 36명의 군주가 재위하였고 천 년을 존속하였다. 주공은 중국 정치, 문화에 아주 중요한 인물로 중국문화 발전에 커다란 공헌을 하였다. 그는 무왕을 보좌하여 주왕조 건설에 기틀을 마련하였고, 예악(禮樂)의 의한 행정체계를 제정하여 윤리를 중시하고 검약을 중시하였다.

노국(魯国) 군주

군주 칭호	성명	재위 기간 기원전 (년)	재위 연수	신분
1. 주공(周公)	단(旦)	1046	1년	주문왕의 아들/ 주무왕의 동생
2. 노공(魯公)	백금(伯禽)	1045~ 998	48년	주공 단의 아들
...				
37. 노경공(魯頃公)	구(仇)/ 수(讎)	279~256	24년	문공의 아들

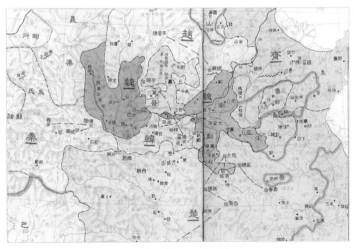

주국(周国)의 강역(疆域)

하남성 맹진(孟津), 언사(偃師), 공현(鞏縣), 여양(汝陽) 등지과 황하를 건너 지금의 온현(溫縣)을 포함한다. 도성은 성주(成周), 즉 낙양(洛阳), 지금의 하남성 낙양과 언사 사이다. 후에 서주와 동주로 분열되어 낙양은 동주에 속했고 동주는 실질적인 독립국이었다. 서주의 도성은 하남(河南), 지금의 낙양이고, 동주의 도성은 초기에는 공현, 지금의 하남성 공의(鞏義)였으나 후에 낙양으로 천도했다.

53

팥배나무가 남긴 사랑

감당유애(甘棠遺愛)

나무 아래에서 펼친 소공의 바른 정치를 기념하여 백성들이 칭송한 노래

소공(召公) 석(奭)은 주나라와 성이 같은데 희씨(姬氏)이다. 주무왕이 주(紂)를 멸하고 소공을 북연(北燕)에 봉했다.

성왕 때 소공은 삼공(三公)이 되었다. 섬(陝)의 서쪽을 소공이 주관하게 했고, 섬의 동쪽은 주공이 다스렸다. 성왕이 나이가 어려 주공이 섭정하여 국사를 관장했다. 소공이 그를 의심하자, 주공이 「군석(君奭)」을 지었으나 소공은 여전히 주공에게 불만을 나타냈다.

이에 주공이 소공에게 말하였다.

"탕(湯) 때 이윤(伊尹), 태정(太丁) 때 이척(伊陟)과 신호(臣扈)가 있어 모두 하늘의 뜻을 따랐기 때문에 그들의 공덕(功德)이 훌륭했고, 무함(巫咸)이 왕실을 다스렸다. 조을(祖乙) 때 무현(巫賢)과 무정(武丁) 때 감반(甘盤)과 같은 어진 신하가 있었다. 이렇게 진술한 사람들을 거느리니 은나라가 보호되고 잘 다스려졌다."

소공이 서쪽 땅을 다스릴 때 많은 백성의 호응을 얻었다. 소공이 고

―――――――――
甘 달 감 棠 팥배나무 당 遺 남길 유 愛 사랑 애

을과 성읍(城邑)을 순행할 때 팥배나무가 있었는데 그 아래에서 정치 사안에 대한 송사를 판결하였고 귀족에서부터 일반 백성에 이르기까지 제각각 맞는 자리를 얻어 직분을 잃지 않았다.

소공이 죽자 백성들은 소공의 정치를 그리워하고 팥배나무가 생각나서 그 나무를 함부로 베지 않고 「감당(甘棠)」이란 시를 지어 불러 그를 칭송하였다.

간체자	甘棠遺爱
발음	간 탕 이 아이 gān táng yí ài
편명	연소공세가

| 해설 |

선정(善政)을 베푼 사람을 그리워하는 마음을 비유하는 말이다.

청렴결백한 사람에게도 사용하며, 떠나가는 지방관을 칭송할 때 사용하기도 한다.

원문에는 '감당유애'라는 말은 없고, 「감당」이란 시 제목만을 언급하였다. 여기에서 이 성어가 유래하였다.

「감당(甘棠)」은 『시경』 국풍(國風) 「소남(召南)」에 속하는 시다. 「모시서(毛詩序)」에 감당 시는 소백(召伯)을 미화한 시로 소백의 가르침이 남국(南國)에 밝게 드러난 것이라고 하였다. 시에서

蔽芾甘棠(폐불감당) 무성한 팥배나무는
勿剪勿伐(물전물벌) 자르지도 베지도 말라
召伯所茇(소백소발) 소백님이 멈추셨던 곳이니.
蔽芾甘棠(폐불감당) 무성한 팥배나무는

勿剪勿敗(물전물패) 자르지도 꺾지도 마라

召伯所憩(소백소게) 소백님이 쉬셨던 곳이니.

蔽芾甘棠(폐불감당) 무성한 팥배나무는

勿剪勿拜(물전물배) 자르지도 휘지도 마라

召伯所說(소백소세) 소백님이 머무셨던 곳이니.

라고 하여 소공의 공명정대한 정치와 백성에 대한 사랑을 칭송한 것이다.

『좌전』 양공(襄公) 14년의 기록에 "진(秦)나라 군주가 도망간 진(晉)의 사앙(士鞅)에게 묻기를, 진(晉)나라의 대부 중에 누가 먼저 망할 것인지 묻자. 대답하길, 난염(欒黶)으로 거만하기 때문이고 자신은 화를 면하겠지만 그의 아들 난영(欒盈)이 망할 것인데, 난염의 부친 난무자(欒武子)가 베풀었던 덕이 백성들에게 숭상을 받음이 마치 주나라 사람이 소공(召公)의 덕을 생각한 것과 같으며, 소공의 덕을 사랑하여 그가 쉬었던 자리의 팥배나무(감당)를 사랑했기 때문에 그의 친아들이야 더할 나위가 있겠습니까? 난염이 죽고 그의 아들 난영이 착하다 하더라도 그의 착함이 백성들에게 끼쳐지기 전에 난무자가 베풀었던 덕을 잊게 될 것이고, 난염에 대한 원망은 확실히 나타날 것이니, 난염이 망할 것입니다"라고 하였다.

주나라의 식읍(食邑)이 소(召) 땅이어서 소공이라고 하였다.

"소공이 주공을 의심했다"라는 말은 주공이 천자를 대신하여 섭정하자, 주공이 천자의 자리를 탐하지 않을지 의심했다는 뜻이다.

「군석(君奭)」은 『상서(尙書)』에 수록되어 있다. 주공이 먼저 수성(守城)의 어려움을 기술하고 상과 주나라의 교체기 역사를 교훈 삼아 국정을 보좌하는 대신이 왕조의 흥망과 성쇠의 중요한 역할을 밝히면서 자신이 재차 은상의 멸망을 거울로 삼아 경계하여 소공에게 자신과 한마음이 되어 협력하여 국가를 잘 다스리는 것에 힘쓰자고 권하는 내용이다. 전문에 주공이 역사의 교훈을 수용하려는 우환(憂患) 의식이 충만하다. 주공은 은나라는 천명을 잃었기 때문에 멸망했다고 말하면서 천명을 중시하였지만, 소공은 "오직 사람에게 달려 있다(惟人)"라고 하면서 "하늘은 믿고 있는 수만은 없다(天不可信)"라고 하였다.

"이렇게 진술한 사람들을 거느리니 은나라가 보호되고 잘 다스리게 되었다"라는 문구의 원문은 「率維茲有陳, 保乂有殷」인데, "이에 앞서 진술한 어진 신하가 신하의 도리를 따르며 마음을 다하여 군왕을 보좌하니 은나라가 안정되고 잘 다스려졌다"라는 뜻이다.

"제각각 맞는 자리를 얻었다"라는 말의 성어는 '각득기소(各得其所)'인데 각자 자기가 있을 자리에 있음을 말하여 사회구성원이 각자에게 맞는 자리에 있어야 한다는 '적재적소(適材適所)'와 유사어이다.

연국(燕國) 군주

칭호	대수 (代數)	이름	재위 연수	재위 기간 기원전	소개
소공(召公)	1	석(奭)	4	1042~1039	소강공(召康公), 주인(周人)
연혜후(燕惠侯)	9	?	38	864~827	소공의 9대손
...					
상국(相國)		회자지 (姬子之)	3	316~314	314년, 제나라가 연나라를 멸망시킴.
		국가 멸망 시기		제나라 통치 3년	
연소왕(燕昭王)	38	평(平)	33	312~280	쾌의 아들. 국가 수복
...					
연효왕(燕孝王)	41	–	3	257~255	무성왕의 아들
연왕(燕王)	42	희(喜)	33	254~222	효왕의 아들 222년 진(秦)나라가 연나라를 멸망시킴.

54

상아로 만든 젓가락과 구슬로 만든 잔

상저옥배(象箸玉杯)

주왕이 처음으로 상아 젓가락을 사용하자 기자가 한탄하며 간한 말

미자개(微子開)는 은나라 제을(帝乙)의 맏아들이고, 주왕(紂王)의 서형(庶兄)이다. 주왕이 자리에 오르고 나서 밝지 못하고 정사에도 음란하여 미자가 여러 차례 간언했으나 듣지 않았다.

미자는 주왕을 헤아리니 끝내 간언할 수 없다고 여기고 그를 죽으려고 하다가 떠날 무렵 스스로 결정할 수 없어 태사(太師)와 소사(少師)에게 물었다.

"은나라는 정치가 밝지 않아 국가가 잘 다스려지지 못하고 있소. 우리 선조가 전대에 이미 나라를 세우고 통치에 힘썼는데, 주왕은 술에 크게 취하고 여자들 말만 듣다가 후대에서 결국 탕(湯)의 덕정을 어지럽히고 망쳤소. 은나라가 어린이 노인 할 것 없이 모두 재야에서 도둑질하고 간사하고 악독한 짓 하길 좋아하고 조정의 대신들과 관리들도 이를 서로 스승으로 여겨 본받으니 법도가 없게 되어 모두가 죄를 지은 범법자이니 누구 하나 잡히지 않는 것이오. 일반 백성들도 이에 일

象 코끼리 상 箸 젓가락 저 玉 구슬 옥 杯 잔 배

어나 본받으니 서로 적이 되어버렸소. 지금 은나라는 전장제도를 잃어버렸소! 마치 물을 건너려는데 나루터와 물가가 없는 것과 같소. 은나라가 드디어 망할 때가 바로 지금에 이른 것 같소."

또 말하였다.

"태사! 소사! 내가 조국을 떠나야 하나 아니면 내 집을 보호하여 망하는 데서 구제해야 하나? 그대들이 나에게 일부러 알려주지 않아 내가 망하려 하니 어떻게 하면 좋겠소?"

태사가 말했다.

"왕자님! 하늘이 엄중하게 은나라를 망하게 하려고 재앙을 내렸는데도 주왕은 전혀 두려워하지 않고 원로들의 가르침을 듣지 않았습니다. 지금 은나라 백성들은 천지신명에게 지내는 제사를 무시하고 어지럽히고 있습니다. 지금 진실로 나라를 잘 다스려서 나라가 잘 다스려진다면 제가 죽어도 탓하지 않으나, 죽음을 무릅썼는데도 끝까지 다스려지지 않는다면, 떠나버리는 것이 낫습니다."

드디어 미자는 달아났다.

기자(箕子)는 주왕의 친척이다. 주왕이 처음에 상아로 만든 젓가락을 사용하기 시작하자, 기자가 한탄하며 말했다.

"그 사람이 상아 젓가락을 사용하면 반드시 옥으로 된 잔을 쓸 것이고, 옥 잔을 쓰면 반드시 먼 곳의 진귀하고 기이한 물건들을 그에게 몰고 올 궁리를 할 것이다. 그러니 수레와 말, 궁궐이 이것으로부터 점점 시작될 것이니 나라는 흥성할 수 없을 것이다."

주왕은 음란하고 방자하여 기자가 간언해도 듣지 않았다.

누군가가 말했다.

"떠나셔도 됩니다."

기자가 말했다.

"신하가 된 자가 간언을 하였으나 군주가 듣지 않는다고 떠나버리면, 이것은 군주의 죄악이 옳고 훌륭한 것이라 표창하는 꼴이 되어 나자신이 백성들을 달래서 군주의 악행을 묵과하라는 것과 같으니, 나는차마 떠나갈 수 없습니다."

그래서 머리를 풀고 미친 척하다가 노예가 되었다. 그러다가 마침내숨어 살면서 거문고를 타며 슬퍼하였다.

간체자	象箸玉杯
발음	샹 주 위 베이 xiàng zhù yù bēi
편명	송미자세가 宋微子世家

| 해설 |

사치할 마음이 싹틈을 비유하는 말이다.

미자(微子)는 자(子)가 성씨이고 이름은 계(啓)이다. 세상에서는 미자개(微子開), 미자계(微子啓), 송미자(宋微子)라고 하였다. 그런데 사마천이 미자개(微子開)라고 한 것은 한나라 경제(景帝)의 이름이 유계(劉啓)였으므로 휘(諱)한 것이다.

상나라 왕 제을(帝乙, 기원전 1101년~기원전 1076년 재위)은 서북지역인 지금의 기산(歧山) 일대의 견융(犬戎)인 곤이(昆夷)의 공격을 막아내고 남동지역인 강회(江淮)의 회이(淮夷)를 정벌하였다. 제을의 장자미자계는 모친이 지위가 비천하였기 때문에 아들을 후계자로 세울 수가없었다. 미자는 일찍이 미자국(微子國), 지금의 산서(山西)성 장치(長治)

노성(潞城) 미자진(微子鎭) 일대의 제후국 왕으로 있었다. 주나라 초에 상구(商丘)에 봉해져서 송국(宋國) 초대 군주가 되었다. 계(啓)는 봉국(封國)이 미(微)이고 성씨가 자(子)였으므로 미자(微子)라고 불렸다.

『여씨춘추』와 『제왕세기(帝王世紀)』의 기록에 의하면, 미자계가 출생할 때 그의 모친이 첩이었기 때문에 예법에 따라 미자계는 서출(庶出)이고, 작은아들 제신(帝辛)이 모친이 정실이었기 때문에 제신이 적출(嫡出)이어서 제을이 그를 후계자로 세웠는데 그가 주왕(紂王)이다. 제을은 재위 말년에 말(沬) 즉 조가(朝歌), 지금의 하남 기현(淇縣)으로 천도하였다. 기원전 1076년에 제을이 죽고, 주왕이 계승하였다. 제을 통치 시기에 국세가 기울기 시작하였고 주왕 때 나라가 망하였다.

태사(太師)는 기자(箕子), 소사(少師)는 비간(比干)이다.

기자(箕子)는 이름이 서여(胥餘)이다. 상나라 말년 때 문정(文丁)의 아들이고 제을의 동생이며 주왕의 숙부다. 상나라 말경에 도가 행해지지 않자 동쪽의 조선(朝鮮)으로 갔다고 전하는 인물이다. 기자는 미자, 비간과 더불어 '은말삼인(殷末三仁)'으로 『논어』 「미자(微子)」에 "미자는 떠나가고, 기자는 종이 되고, 비간은 간하다가 죽었다. 공자가 말하길 은나라에는 어진 사람이 셋이나 있었다"라고 하였다.

기존의 번역본은 마지막 구 「是彰君之惡而自說于民」의 뒷부분 「自說于民」을 "백성들의 기쁨을 뺏는 것이다"라고 해석하였지만, "군주가 악행을 저지르는 것을 미자가 간하여 악행을 그만두게 하지 못하고 내버려 둔다면, 이것은 군주의 그릇된 행위를 옳고 훌륭하다고 표창하는 것이나 마찬가지이고, 그러한 직간을 포기하여 군주의 악행이 계속 이어진다면 군주의 악행으로 고통을 받는 백성을 미자가 마치 달래어 백성의 환심을 사는 것과 같다"라는 뜻이다.

55

한쪽 윗몸을 드러내고 두 손을 등 쪽으로 묶고 얼굴만 보이게 하다

육단면박(肉袒面縛)

주나라 무왕이 주왕을 정벌하여 은나라가 망했을 때 미자가 한 행동

왕자 비간도 주왕의 친척이다. 기자가 간하였으나 주왕이 듣지 않아 노예가 되자 말하였다.

"군주가 잘못이 있는데도 죽음을 무릅쓰고 간하지 않았는데, 백성에게 무슨 죄가 있으리오!"

비간이 직접 주왕에게 간언하자, 주왕이 노여워하며 말했다.

"내가 듣기로 성인은 마음에 구멍이 일곱 개나 있다고 하던데, 믿을 만한가?"

그러고는 왕자 비간을 죽여 가슴을 갈라 그의 심장을 꺼내어 보았다.

미자가 말했다.

"부자지간에는 골육(骨肉)의 정이 있고, 신하와 군주 사이는 도의(道義)로 연결되어 있다. 그러므로 아버지에게 잘못이 있으면 아들이 세 차례 간하여도 듣지 않는다면 그를 따라다니며 통곡하면 되지만, 신하가 된 자가 세 차례 간하여도 군주가 듣지 않는다면 신하는 도의

肉 고기 육 袒 웃통 벗을 단 面 낯 면 縛 동여맬 박

적으로 떠나면 될 것이다."

그래서 태사와 소사가 미자에게 떠날 것을 권하자, 미자는 마침내 떠났다.

주나라 무왕이 주왕을 정벌하여 은나라를 무너뜨리자, 미자는 종묘의 제기(祭器)를 가지고 무왕의 군문(軍門)으로 가서 <u>윗도리 한쪽을 벗고 윗몸을 드러내고, 두 손을 등 쪽으로 묶고 얼굴만 보이게 하고는</u> 사람을 시켜 왼쪽으로는 양(羊)을 끌도록 하고, 오른쪽으로는 띠 모(茅)를 쥐게 하고는 무릎으로 기어가면서 무왕 앞으로 나아가 고하였다. 이에 무왕은 미자를 풀어주고 그의 작위를 이전과 같이 회복시켜 주었다.

간체자	肉袒面縛
발음	러우 탄 멘 푸 ròu tǎn miàn fù
편명	송미자세가

| 해설 |

항복을 비유하는 말이다.

미자가 종묘의 제기를 가지고서 군문에 나와 고하며 항복을 표한 것은 은나라의 종사(宗社)를 보존하기 위해서였다.

기자와 비간은 모두 주왕에게 간하였는데, 주왕이 비간을 죽이고 기자를 가두어 종으로 삼으니 기자는 머리를 풀고 거짓으로 미친 척하고 치욕을 받았다고 한다.

"죽음을 무릅쓰고 간하다"는 말은 '간쟁(諫爭)'이라고 한다.

"아버지에게 잘못이 있으면 아들이 세 차례 간하여도 듣지 않는다면 그를 따라다니며 큰 소리로 울면 된다(子三諫不聽, 則隨而號之)"라는 문구는 『예기(禮記)』「곡례(曲禮)」에서 유래하였다. "신하가 된 자가 예로 군주를 섬기는데 군주가 잘못이 있으면 겉으로 드러내어 간하지 않고 몰래 세 번 간하여 군주가 듣지 않는다면 떠나야 한다. 아들이 부모를 모시는데 부모가 잘못이 있으면 세 번 간하여 부모가 듣지 않는다면 큰 소리로 울며 부모를 따라다녀야 한다"라고 하였다.

이와 유사한 내용의 기록이 『논어』「이인(里仁)」에 보인다. "공자가 말하길, '부모를 섬기되 음미하게 간해야 하니, 부모의 뜻이 내 말을 따르지 않는다 하더라도 더욱 공경하고 어기지 않으며, 수고롭지만 원망하지 않아야 한다'고 말했다"라고 하였다. 주희(朱熹)의 『집주(集注)』에 『예기』「내즉(內則)」과 표리(表裏)의 관계가 있다면서 인용하여 "부모가 잘못이 있거든 자식은 기운을 내리고 얼굴빛을 온화하게 하여 부드러운 소리로 간하고, 부모의 마음이 자식의 말을 받아들이지 않더라도 자식은 더욱 부모를 공경하고 더욱 효도하여 부모가 기뻐하시면 자식은 다시 간하며, 부모가 노하여 기뻐하지 않아서 자식의 종아리를 때려 피가 흐르더라도 자식은 부모를 미워하고 원망하지 말 것이고 더욱 부모를 공경하고 효도하라"라고 하였다.

또 같은 편에서 "자유(子游)가 말하길, '군주를 섬기되 자주 간하면 욕을 당하고, 친구 간에 자주 충고하면 소원해진다'라고 했다"라고 하였다. 『집주(集注)』에 여러 사람의 말을 인용하여 "군주를 섬기되 신하가 간하는 말이 행해지지 않으면 마땅히 떠나야 하고, 친구를 인도하되 착한 말이 받아들여지지 않으면 마땅히 중지해야 하니, 번거롭게 되면 말한 자가 가벼워지고 듣는 자가 싫어한다. 그래서 도리어 욕을 당하고 친해지길 바라다가 도리어 소원해지는 것이다. 군신과 친구 사이는 모두 의(義)로 합하였기 때문에 그 일이 같은 것이다"라고 하였다. 군주, 부모, 친구 사이의 직간, 충고는 반드시 해야 하지만 두세 번 정도로 하고 그때도 받아들여지지 않으면 그만두라는 것이다.

송국(宋国) 군주

	칭호	성명	재위 연수	재위기간 기원전	소개
1	송미자 (宋微子)	자계(子啓) /미자개 (微子開)		1114~?	상왕(商王) 제을(帝乙) 장남 /주왕(紂王)의 이복형.
2	송미중 (宋微仲)	자연(子衍)		서주 시기	상왕 제을의 아들/송미자 동생
	…				
19	송환공 (宋桓公)	자어설 (子禦說)	31년	681~651	장공의 아들/민공의 동생 위문공(衛文公) 여동생이 환공의 부인
20	송양공 (宋襄公)	자자보 (子茲甫)	14년	650~637	환공의 아들. 춘추5패의 하나
	…				
34	송강왕 (宋康王)	자언(子偃)	43년/ 『사기』 에는 47년	329~286 /329~283	척성군의 동생. 형을 추방하고 자립, 11년에 스스로 왕에 오름

길을 빌려주자 괵나라를 멸하다

가도멸괵(假道滅虢)

진헌공이 괵나라에 복수하려고 대부 순식을 시켜 우나라에 길을 빌리도록 한 일

진국(晉國) 군주

칭호		성명	재위 기간 기원전	재위 연수
당숙우(唐叔虞)		희우(姬虞)	1033~?	
진후(晉侯)		희섭(姬燮)		당숙의 아들
…				
진목후(晉穆侯)		희비왕 (姬費王)	811~785	27년 헌후의 아들
진문후(晉文侯)		희구(姬仇)	780~746	35년 목후의 동생 상숙(殤叔)을 주살
진소후(晉昭侯)		희백(姬伯)	745~740	6년 문후의 아들
진소후는 진문후의 동생 환숙(桓叔)을 곡옥(曲沃)에 봉하여 진나라는 익(翼)과 곡옥 둘로 분열				
진후(晉侯) /익후(翼侯)	진효후(晉孝侯)	희평(姬平)	739~724	16년 소후의 아들. 반보를 주살

假 빌릴 가 道 길 도 滅 멸할 멸 虢 나라 이름 괵

	진악후(晉鄂侯)	희극(姬郤)	723~718	6년 효후의 아들
	진애후(晉哀侯)	희광(姬光)	717~709	9년 악후의 아들
	진소자후 (晉小子侯)	희소자 (姬小子)	708~705	4년 애후의 아들
	진후(晉侯)	희민(姬緡)	704~679	27년 애후의 동생
곡옥백(曲沃伯)	곡옥환숙 (曲沃桓叔)	희성사 (姬成師)	745~731	14년 문후의 동생
	곡옥장백 (曲沃莊伯)	희선(姬鱓)	730~716	15년 환숙의 아들. 효후를 시해
	곡옥무공 (曲沃武公)	희칭(姬稱)	716~679	37년 장백의아들 진애후를 주살

곡옥무공(曲沃武公)이 진국을 통일

진(晉)나라 당숙우(唐叔虞)는 주(周)나라 무왕(武王)의 아들이고 성왕(成王)의 동생이다. 무왕이 숙우의 모친과 결혼했을 때 꿈에 하늘의 신(神)이 무왕에게 말했다.

"내가 너에게 아들을 낳게 할 것이니 이름을 우(虞)라고 하고 내가 당(唐)을 그에게 주겠다."

그녀가 아들을 낳았는데 아들의 손에 '虞(우)'라는 무늬가 있었으므로 우라고 명명하였다.

무왕이 죽고 성왕이 자리를 계승했다. 당 땅에 내란이 발생하자 주공(周公)이 당을 멸망시켰다. 성왕이 숙우와 노는데 오동나무 잎을 따서 규(珪)라고 하며 숙우에게 주면서 말했다.

"이것으로 너를 봉한다."

사일(史佚)이 길일을 택하여 숙우를 제후로 봉하도록 청했다.

성왕이 말했다.

"내가 그에게 농담으로 한 말이다."

사일이 말했다.

"천자는 농담하지 않아야 합니다. 한번 말씀하시면 사관은 그것을 기록하고 예의로 그것을 완성하며 악장으로 그것을 노래합니다."

그래서 마침내 숙우를 당 땅에 봉하였다. 당은 황하와 분하(汾河)의 동쪽에 있고 백여 리나 되는데 그를 당숙우라고 하였다. 성이 희씨(姬氏)이고 자는 자우(子于)이다.

진후(晉侯) 희민(姬緡) 28년(기원전 679년), 제환공(齊桓公)이 패자를 칭하기 시작했다. 곡옥무공(曲沃武公)이 진후 민을 정벌하여 진나라를 멸망시키고, 진나라의 모든 금은보화를 주리왕(周釐王)에게 뇌물로 바쳤더니 주리왕이 명하여 곡옥무공을 진나라 군주에 임명하여 그가 제후의 반열에 올랐다. 마침내 곡옥무공은 진나라 영토를 모두 병탄하여 차지하였다.

곡옥무공은 자리에 오른 지 37년이 되어 다시 진무공(晉武公)이라 불렀다.

진무공(晉武公)		희칭(姬稱)	679~677	2년
진헌공(晉獻公)		희궤제 (姬詭諸)	676~651	26년 무공의 아들
진전폐공 (晉前廢公)		희해제 (姬奚齊)	651	1월 여희의 아들
진후폐공 (晉後廢公)		희도자 (姬卓子)	651	1월 여희 여동생의 아들
진혜공(晉惠公)		희이오 (姬夷吾)	650~637	14년 호희 여동생의 아들
진회공(晉懷公)		희어(姬圉)	637~636	4년 이오의 아들
진문공(晉文公)		희중이 (姬重耳)	636~628	9년 호희 여동생의 아들

진무공은 도읍을 진나라 도성으로 옮겼다. 이전에 곡옥에서 즉위한 것을 통합하면 38년이 된다.

무공 칭(稱)은 이전의 진목후(晉穆侯)의 증손자이자 곡옥 환숙(桓叔)의 손자이다. 환숙은 곡옥에 처음으로 봉해졌다. 무공은 장백(莊伯)의 아들이다. 환숙이 곡옥에 봉해졌을 때부터 무공이 진나라를 멸망시킬 때까지 67년이 걸려서야 마침내 진나라를 대신하여 제후가 된 것이다. 무공은 진나라를 통일한 후 2년 만에 죽었다. 곡옥에 있을 때부터 합치면 재위 39년에 세상을 떠난 것이다. 그의 아들 헌공(獻公) 궤제(詭諸)가 계승하였다.

헌공 5년, 헌공이 여융(驪戎)을 정벌하고 여희(驪姬)와 여희의 여동생을 얻었는데 모두 총애했다.

헌공 8년, 대부(大夫) 사위(士蔿)가 헌공에게 말했다.

"원래 진나라의 공자가 많아 만약 주살하지 않으면 화가 되어 반란이 일어날 것입니다."

헌공이 사람을 시켜 공자를 모두 죽이고 성을 쌓고 도읍을 정하고 이름을 강(絳)이라고 하였으니, 이때부터 강이 도성이 되었다.

헌공 9년, 진나라의 공자들이 이미 괵(虢)나라로 도망쳤고 괵나라는 이런 이유로 다시 진나라를 정벌했으나 이기지 못했다.

헌공 10년, 진나라가 괵나라를 정벌하려고 하였으나 사위가 말했다.

"그들이 반란을 일으킬 때까지 기다리십시오."

헌공 12년, 여희가 해제(奚齊)를 낳았다.

헌공은 태자를 폐할 마음이 있어 말했다.

"곡옥은 우리 선조의 종묘가 있는 곳이다. 포(蒲)는 강한 진(秦)에 가깝고 굴(屈)은 적(翟)에 가깝다. 아들들을 그곳에 보내 지키게 하지 않으면 나는 소동이 일어날까 두렵다. 그래서 태자 신생(申生)은 곡옥, 공자 중이(重耳)는 포읍(蒲邑), 공자 이오(夷吾)는 굴읍(屈邑)에 각각 살게 하였다. 헌공과 여희, 아들 해제는 도성 강에 살았다. 진나라 사람들은 태자가 왕위에 오르지 못할 것을 알게 되었다. 태자 신생은 그의 모친이 제환공의 딸로 제강(齊姜)으로 일찍 죽었다. 어머니가 같은 신생의 여동생은 진목공(秦穆公)의 부인이 되었다. 중이의 어머니는 적족(翟族) 호씨(狐氏)의 딸이었고, 이오의 어머니는 중이의 어머니의 여동생이었다. 헌공에게는 8명의 아들이 있었는데, 태자 신생과 공자 중이, 이오가 현명하고 덕행을 갖췄다. 그러나 여희를 얻고 난 후에는 헌공은 그의 세 아들을 멀리하였다.

헌공 19년(기원전 658년)에 헌공이 말했다.

"본래 나의 선왕인 장백(莊伯)과 무공(武公)께서 진(晉)나라의 내란을 토벌할 때 괵나라는 늘 진나라를 도와 우리를 정벌했으며, 또 진나라에서 달아난 공자들을 숨겨주었으니 그들을 토벌하지 않으면 과연 반란을 일으킬 것이니, 그들을 주살하지 않는다면 후에 그 후손들에게 걱정이 생기게 될 것이다."

이에 순식(荀息)에게 굴산(屈產)의 이름난 말을 타고 우(虞)나라에게 길을 빌리게 했다. 우나라가 길을 빌려주자 마침내 괵나라를 정벌하였다.

간체자	假道灭虢
발음	자 다오 메 궈 jiǎ dào miè Guó
편명	진세가 晉世家

| 해설 |

우나라 너머 괵나라를 공격하기 위해 우나라에게 길을 빌려달라고 한 뒤 괵나라를 정벌하고 돌아오는 길에 우나라도 멸망시킨다는 뜻으로, 길을 빌리는 척하다가 공격하여 나라를 빼앗는 것을 비유하는 말이다.

원문에는 '우가도(虞假道), 수벌괵(遂伐虢)'인데, 멸할 '멸(滅)'자 대신 칠 '벌(伐)'자를 썼다.

『좌전』에서 유래한 성어인데, 「희공(僖公)」 2년에 "진나라의 순식(荀息)이 굴산(屈产)의 말을 타고 수극(垂棘)의 옥을 주고 우나라에게 길을 빌려달라고 하여 괵나라를 정벌하였다"라고 하였다. 『삼십육계(三十六計)』 제24계(計)에도 나온다.

문장 마지막 부분에서 진헌공이 말한 말 가운데 과거의 두 가지 사실을 언급하였는데 첫째는 "진(晉)나라의 내란을 토벌할 때 괵(虢)나라는 늘 진나라를 도와 우리를 정벌했다"라는 것과 두 번째는 "진(晉)나라에서 달아난 공자들을 숨겨주었다"라는 것이다. 이것이 바로 진나라가 괵나라를 정벌하려는 이유였다. 첫 번째 사실은 악후가 재위 6년 만에 죽자, 곡옥의 장백이 이를 듣고 군사를 일으켜 진나라를 공격하였는데 이에 주나라 평왕이 괵공을 파견하여 장백을 토벌하도록 하였고, 또한 소자 4년에 무공이 소자를 유인하여 그를 시해하였는데 주나라 환왕이 괵중을 보내어 무공을 정벌하였던 것을 말한다. 두 번째는 헌공 8년에 진나라 대부 사위가 진나라의 공자가 너무 많아서 이들을 다 죽이지 않으면 환란이 발생한다고 건의하자, 헌공을 공자들을 살해하려고 하였으나 공자들은 이미 괵나라로 도망을 갔던 사실을 말한다.

당숙우의 모친은 강태공(姜太公)의 딸이다. 또 당숙우는 주나라 성왕(成王)의 동생으로 숙우를 당(唐) 땅에 봉하였으므로 그를 당숙우라고 하였다.

규(珪)는 천자가 제후를 봉할 때 내리던 신표(信標)인 홀(笏)을 말한다.

사일(史佚)은 사관(史官)을 말한다.

헌공(獻公)은 진무공의 아들이며 진나라의 21대 군주로 26년 동안 재위하였다. 그의 부친이 융적의 수령 궤제(詭諸)를 사로잡았기 때문에 그 이름을 얻었다.

헌공의 공자 중이(重耳)는 진나라 대부 호돌(狐突)의 딸 호계희(狐季姬)가 낳았고, 공자 이오(夷吾)는 호계희의 여동생 소융자(小戎子)가 낳았다.

입술이 없으면 이가 시리다

순망치한(脣亡齒寒)

괵나라와 우나라와의 관계

헌공 22년, 헌공은 두 아들 중이와 이오가 작별인사도 없이 가버린 것에 화가 나서 과연 모반할 뜻이 있다고 생각하고는 군사를 보내 포읍을 치게 했다. 포읍 사람 환관 발제(勃鞮)가 중이에게 명하여 자결할 것을 재촉하였다. 중이가 담을 넘자 환관이 추격하여 그이 옷소매를 베었다. 중이가 적(翟)으로 달아났다. 헌공은 사람을 시켜 이오가 있는 굴(屈)을 정벌하게 했는데 성을 지켜 함락되지 않았다.

이해 진나라가 다시 우나라에게 괵나라를 정벌해야 한다고 하면서 길을 빌려달라고 했다. 우나라의 대부 궁지기(宮之寄)가 우나라 군주에게 간언했다.

"진나라는 길을 빌리려는 것이 아니고 우나라를 멸망시키려고 하는 것입니다."

우나라의 군주가 말했다.

"진나라 군주와 나는 같은 성씨이니 마땅히 나를 정벌하지 않을 것

脣 입술 순 亡 잃을 망 齒 이 치 寒 찰 한

이오."

궁지기가 말했다.

"태백(太伯)과 우중(虞仲)은 주나라 태왕(太王)의 아들로서, 태백이 달아나버려 이 때문에 임금의 자리를 잇지 못했습니다. 괵중(虢仲)과 괵숙(虢叔)은 왕계(王季)의 아들로서 문왕의 경사(卿士)가 되었는데 그들은 공적을 왕실 문서에 기록하고 맹약의 서류를 보존하는 창고에 보관하였습니다. 장차 괵나라를 멸망시킨다면 어찌 우나라를 애석해하겠습니까? 하물며 우나라가 환숙(桓叔)과 장백의 족속들보다 더 친합니까? 환숙과 장백의 족속은 무슨 죄가 있어 모두 멸망시킨 것입니까? 우나라와 괵나라와의 관계는 마치 입술과 이빨과 같아서 입술이 없으면 이가 시리게 되는 것입니다."

우공이 듣지 않고 진나라에게 길을 빌리는 것을 허락해주었다. 궁지기는 그의 가족들을 데리고 우나라를 떠났다. 이해 겨울 진나라는 괵나라를 멸망시켰고 괵공 추(醜)는 주나라로 달아났다. 진나라 군대가 돌아오면서 우나라를 습격하여 멸망시켰다.

간체자	唇亡齿寒
발음	춘 왕 츠 한 chún wáng chǐ hán
편명	진세가

| 해설 |

서로 의지하는 한쪽이 망하면 다른 한쪽도 따라 망하게 됨을 비유한 말이다.

『춘추좌씨전』(春秋左氏傳) 희공(僖公) 5년의 기록에 우나라의 대부 궁지기가 우나라 군주에게 한 말이다. 궁지기가 말하길, "괵나라와 우나라는 한 몸이나 다름없는 사이라 괵나라가 망하면 우나라도 망할 것이옵니다. <u>입술이 없어지면 이가 시리다</u>고 했습니다. 이는 바로 괵나라와 우나라의 관계를 말한 것입니다. 길을 빌려주어서는 안 될 것입니다"라고 하였다. 그러나 뇌물에 눈이 어두워진 우왕은 "진나라와 우나라는 동종(同宗)의 나라인데 어찌 우리를 해칠 리가 있겠소?"라며 듣지 않았다. 궁지기는 후환이 두려워 가족과 함께 우나라를 떠났다. 진나라는 궁지기의 예견대로 괵나라를 정벌하고 돌아오는 길에 우나라도 정복하였다. '가도멸괵'과 연결된 성어다.

임진왜란은 도요토미 히데요시(豐臣秀吉)가 일본을 통일하고 나서 일으킨 정벌 전쟁이다. 도요토미 히데요시가 일본을 통일한 때가 1587년도였고, 임진왜란은 1592년도에 일어났다. 이 침략전쟁은 조선 선조 25년(1592년) 4월 14일부터 선조 31년(1598년) 11월 19일까지 7년 동안 지속되었다. 도요토미 히데요시의 개인적인 대륙 진출의 야욕이 시발점이 되어 센고구(전국)시대를 거치면서 남아 있던 무장세력을 국외로 발산시키기 위해 전쟁을 일으켰다. 이 침략전쟁의 표면적인 명분은 '정명가도(征明假道)', "명나라를 정벌할테니 조선은 길을 빌려주라"는 의사를 조선 조정이 거부했기 때문이다. 이 명분의 원조가 바로 '가도멸괵'이다.

58

치아가 화근이 되다

치아위화(齒牙爲禍)

진헌공이 여융을 공격하기 전에 점친 결과

헌공 19년, 헌공은 몰래 여희에게 말했다.

"내가 태자를 폐하고 대신 해제를 태자로 세우겠소."

여희가 흐느끼며 말했다.

"태자를 세운 것을 제후들이 이미 다 알고 있고 여러 차례 군대를 통솔하여 백성들이 그에게 의지하고 있는데, 어찌하여 천한 첩 때문에 적자를 폐하고 서자를 태자로 세우시렵니까? 군왕께서 반드시 그렇게 행하신다면 첩은 자결하겠습니다."

여희는 거짓으로 태자를 칭찬하였지만 몰래 사람을 시켜 태자를 헐뜯고 미워하게 하고 자기 자식을 태자로 세우려고 하였다.

헌공 21년 여희가 태자에게 말했다.

"군왕께서 꿈에 제강(齊姜)을 보았다고 하시니 태자는 속히 곡옥에 가서 제사를 지내고 군왕께 제사에 남은 고기를 보내시오."

그래서 태자는 곡옥에 가서 모친 제강의 제사를 지내고 남은 제사

齒 이 치 牙 어금니 아 爲 될 위 禍 재앙 화

고기를 헌공에게 바쳤다. 헌공이 마침 사냥을 나가서 고기를 궁중에 놓아두었다. 여희가 사람을 시켜 독약을 고기에 넣게 하였다. 이틀이 지나서 헌공이 사냥에서 돌아와 선식(膳食)을 주관하는 주방장이 고기를 헌공에게 바치자 헌공이 그 고기를 먹으려고 하였다. 여희가 옆에서 그것을 저지하며 말했다.

"고기가 멀리서 왔으니 마땅히 검사해봐야 합니다."

고기를 땅이 약간 솟아오른 둔덕에 던지고 개에게 주니 개가 먹고 죽었다. 어린 환관에게 주니 어린 환관이 먹고 죽었다.

여희가 울며 말했다.

"태자가 어찌 이리 잔인할까! 자기 부친까지 시해하고 그 자리를 대신하려 하니, 하물며 다른 사람에게는 어떨까요? 군왕께서는 연로하시어 곧 돌아가실 것인데 장차 그걸 기다리지 않고 시해할 수 있을까!"

그리고는 헌공에게 말했다.

"태자가 저런 것은 첩과 해제 때문일 것입니다. 첩이 청컨대 모자가 다른 나라로 피하겠습니다. 혹 좀 일찍 자결하더라도 우리 모자가 태자의 어육(魚肉)이 되지 않게 해주십시오. 처음에 군왕께서 태자를 폐하려 하실 때 소첩은 그것을 유감으로 생각했지만, 지금에 이르러서는 첩이 아주 크게 잘못한 것 같습니다."

태자가 이 말을 듣고 신성(新城)으로 달아났다. 헌공이 화가 나서 태자의 스승 두원관(杜原款)을 죽였다.

어떤 사람이 태자에게 물었다.

"독을 탄 사람은 여희인데 태자께서 왜 가서 이 사건을 설명하지 않으십니까?"

태자가 대답했다.

"부친은 늙으셔서 여희가 아니면 편안하게 주무시지 못하고 식사도 달게 드시지 못하오. 사실을 알려 변호한다면 군왕께서 여희에게 화내실 텐데 그렇게 못하겠소."

"다른 나라로 달아나는 것이 좋겠습니다."

"이런 악명을 짊어지고 밖으로 도망친다면 그 누가 나를 받아주겠소? 자결하는 게 낫소!"

그리고는 태자는 신성에서 자결하였다.

이때 중이와 이오가 조회를 오자 누군가가 여희에게 말했다.

"두 공자는 여희께서 태자를 헐뜯고 죽인 것을 원망하고 있습니다."

여희가 헌공에게 두 공자를 모함하였다.

"신생이 제사 고기에 독약을 넣은 것을 두 공자가 알고 있어요."

두 공자는 이 소식을 듣고 중이는 포읍, 이오는 굴읍으로 달아나서 성을 지키고 각자 스스로 방비하였다.

헌공 22년, 헌공은 두 아들이 아무 말도 없이 가버린 것에 노여워하고 음모를 꾸미고 있다고 여겨 군대를 보내 포읍을 공격하게 하였다. 포성 사람 환관이 중이에게 자결하라고 재촉하자 중이는 담을 넘어 도망쳐서 적(翟)나라로 달아났다. 또 사람을 보내 굴읍을 공격하게 하였는데 굴성 사람들이 방어하여 함락시킬 수가 없었다.

헌공 23년, 헌공은 가화(賈華) 등을 시켜 굴읍을 토벌하자, 이오는 적나라로 도주하려고 하였으나 중이가 적나라에 있었으므로 양(梁)나라로 달아났다.

헌공 25년, 진(晉)나라가 적나라를 공격하였다. 적나라에 중이가 있었고 또 적나라가 진나라를 공격하였으므로 진나라는 돌아갔다. 이때 진(晉)나라는 강성해지기 시작하여 서쪽으로 하서(河西)를 차지하고 진(秦)나라와 국경을 마주하게 되었다. 여희 여동생이 도자(悼子)를 낳았다.

헌공 26년(기원전 651년) 여름에 제환공이 규구(葵丘)에서 제후들과 회합하여 맹약하였는데 헌공은 병이 들어 이르지 못하고 도중에 되돌아갔다.

헌공이 병이 매우 심하여 순식(荀息)에게 말했다.

"내가 해제를 후사로 삼으려고 하는데 나이가 어려 대신들이 복종하지 않고 반란을 일으킬까 두려우니 그대가 해제를 옹립할 수 있겠소?"

"가능합니다."

이에 드디어 진헌공은 해제를 순식에게 맡겼다. 순식이 재상이 되어 국정을 주관하였다.

가을 9월에 진헌공이 세상을 떠났다. 이극(里克)과 대부 비정(邳鄭)은 중이를 들어오게 하여 세 공자의 무리로 반란을 일으키고는 순식에게 말했다.

"세 사람이 원한이 있어 일어나려 하고 진(晉)과 진(秦)나라 사람들이 도우려고 하는데 그대는 장차 어떻게 할 것이오?"

순식이 말했다.

"나는 선왕의 유언을 저버릴 수 없습니다."

10월, 이극은 관(棺)을 지키는 곳에서 해제를 죽였다. 헌공의 장례가 끝나지 않았다.

순식이 장차 죽으려고 할 때, 어떤 사람이 말했다.

"해제의 동생 도자를 세워 그를 보좌하는 것이 더 낫습니다."

순식은 도자를 세운 뒤 헌공을 장례를 끝냈다.

11월, 이극이 조정에서 도자를 시해하니, 순식도 죽었다.

애초에 헌공이 여융(驪戎)을 정벌할 때 점을 쳐서 말했다.

"치아가 화근이 된다."

뒷날 여융을 친 후 여희를 얻고 그녀를 총애하였으나 마침내 이로써 진나라를 어지럽힌 것이다.

이극 등이 이미 해제, 도자를 죽인 후 적나라에서 공자 중이를 맞이하여 그를 왕으로 세우고자 하였다.

중이가 말했다.

"부친의 명을 저버리고 도망하였으니 부친이 세상을 떠나셨는데도 자식의 예로 상을 모시지 못했으니 내가 어찌 귀국할 수 있으리오! 대부들은 다른 공자를 세우시오."

또 이극에게 보고하자 이극은 양나라에서 이오를 맞이하려고 하였다. 이오가 가려고 하는데 여성(呂省)과 극예(郤芮)가 말했다.

"나라 안에 아직 임금 자리를 이을 공자가 있는데 나라 밖에서 찾는다는 것은 믿기 어렵습니다. 만약 진(秦)나라로 가서 강대국의 권세를 빌려서 귀국하는 데 도움을 받지 않는다면 위험할 것으로 추정됩니다."

이에 이오는 극예에게 후한 뇌물을 가지고 진(秦)나라로 가도록 하면서 말했다.

"만일 귀국할 수 있게 해준다면 진(晉)나라의 하서(河西) 땅을 진(秦)나라에 준다고 약속하라."

그리고는 이극에게 편지를 보냈다.

"진실로 임금의 자리를 얻게 된다면 분양(汾陽)의 성읍을 그대에게 봉읍으로 주겠소."

진목공(秦穆公)은 즉시 군대를 출동시켜 이오를 진(晉)나라로 호송해왔다. 제환공은 진(晉)나라에 내란이 발생했다는 소식을 듣고 제후들을 거느리고 진(晉)나라로 갔다. 진(秦)나라 군사가 이오와 함께 진나라에 도착하였다. 이에 제나라는 습붕(隰朋)을 보내 진(秦)나라 군사와 만나 함께 이오를 귀국시켜 그를 진나라 군주로 세우게 하니 이 사람이 혜공(惠公)이다.

간체자	齿牙为祸
발음	츠 야 웨이 훠 chǐ yá wéi huò
편명	진세가

| 해설 |

참언이 후에 큰 화를 초래할 것이라는 뜻으로, '화종구출(禍從口出)'이라고도 한다.

점을 칠 때 거북이 배 껍질에 구멍을 뚫고 그 구멍에 불을 쬐고 갈라진 무늬를 보고 판단을 하였는데, 거북이 배 껍질 좌우에 갈라진 무늬가 마치 치아와 같고 중간에 직선이 있으면 이것은 참언으로 해를 입는 것으로 풀었다고 한다.

여희가 태자에게 곡옥에 가서 모친에게 제사를 지내고 제사를 지낸 고기를 군왕께 보내라고 한 문구에서 "제사 고기를 군왕께 보내다"는 「귀리우군(歸釐于君)」이라고 하였는데 '귀(歸)'는 보낸다, 물건을 준다는 뜻이고, '리(釐)'는 『강희자전(康熙字典)』에 제사에서 남은 고기라고 하였다. 『한서』「가의전(賈誼傳)」에 "한문제(漢文帝)가 미앙궁(未央宮) 전전(前殿) 정실(正室)인 선실에 앉아서 수희하였다(上方受釐, 坐宣室)"라고 하였다. 다스릴 '리(釐)'는 복(福) '희(禧)'와 같은 글자이다. 서광(徐廣)과 응소(應劭)의 주(註)에 '수희(受釐)'란 제사를 지내고 남은 고기를 받는 것이라고 하였다. 신이 하사하는 복을 받음을 상징한다. '희(釐)'는 제사를 지내고 남은 고기(祭餘肉)이다.

어육(魚肉)은 생선의 가시와 내장을 발라낸 것처럼 완전히 결딴낸 상태를 비유적으로 이르는 말이다. 두 가지 뜻이 있는데 하나는 「항우본기」의 홍문연(鴻門宴)에서 유방이 번쾌에게 항우에게 작별인사도 하지 못하고 연회 자리를 떠났으니 어떻게 하면 좋으냐고 묻자, 번쾌가 유방에게 "지금 항우는 칼과 도마이고 우리는 어육 신세이니 무슨 작별인사를 합니까?"라고 말했다. 여기에서 어육은 침해당하거나 압박당함을 뜻한다. 다른 하나는 『한서』「관부전(灌夫傳)」에서처럼 "태후가 화를 내며 밥을 먹지 않고 말하길, "내가 살아있을 때 사람들은 모두 내 동생에게 의지했지만 나를 죽게 한 후에는 모두 그를 어육으로 만들 것이오"라고 하였다. 여기에서 어육은 업신여김을 당하거나 살해됨을 뜻한다.

예물이 많고 말이 달콤하다

폐후감언(幣厚甘言)

진(秦)나라 목공의 사신이 진(晉)나라에 가서 뇌물을 후하게 주자 대부가 한 말

혜공 이오 원년, 비정(邳鄭)을 진(秦)나라에 보내 사죄의 말을 전하
게 했다.

"처음 나는 하서 땅을 군왕께 드리기로 했는데 지금 다행히 귀국하
여 즉위하니 대신들이 말하길, '땅은 선군의 땅이고 주군께서 외국에
망명했는데 어찌 진나라에 마음대로 줄 수가 있습니까?' 라고 했습니
다. 과인이 나라를 쟁취했으나 대신들의 지지를 받지 못해 귀국에 사
죄를 드립니다."

그리고는 이극에게 분양(汾陽)을 봉읍으로 주지 않고 그의 권력을
빼앗았다.

혜공은 중이가 나라 밖에 있으므로 이극이 정변을 일으킬까 두려워
이극에게 죽음을 내리면서 말했다.

"만일 그대가 없었더라면 과인은 왕의 자리에 오르지 못했을 것이

幣 예물 폐 厚 두터울 후 甘 달 감 言 말씀 언

오. 비록 그렇더라도 그대 또한 두 군주 해제와 도자 그리고 대부 순식을 살해하였으니 그대의 군주인 내가 어찌 어려움에 놓이지 않겠소?"

이극이 대답했다.

"두 군주를 폐하지 않았다면 군왕께서 어떻게 일어날 수 있었겠습니까? 저를 죽이시려는데 어찌 핑계가 없겠습니까? 마침내 이와 같은 구실을 찾으신다면 신은 명을 따르겠습니다."

그리고는 이극이 자신의 칼을 품고 죽었다. 이때 비정이 진나라에 사신으로 가서 사죄하고 아직 돌아오지 않았으므로 살해당하지 않았다.

비정이 진나라에 사신으로 갔다가 이극이 피살됐다는 소식을 듣고 진목공을 설득했다.

"진(晉)나라의 대부 여성(呂省), 극칭(郤稱), 기예(冀芮)는 실제로 하서의 땅을 진(秦)나라에게 주는 것을 따르지 않았습니다. 만일 그들에게 많은 재물을 주고 모의하여 진나라 군주 이오를 내쫓고 중이를 돌아오게 한다면 반드시 성공할 것입니다."

진목공은 그렇게 하도록 허락하고 사람을 보내 비정과 함께 진(晉)나라로 돌아가 보복하기 위해 세 사람에게 뇌물을 후하게 주었다.

진나라 대부 세 사람이 말했다.

"예물이 많고 말이 달콤한 것을 보니 이것은 분명 비정이 우리를 진(秦)나라에 팔려는 것이다."

이에 그들은 비정과 이극 그리고 비정의 무리 일곱 명의 대부를 죽였다.

혜공이 왕의 자리에 오르고 나서 진(秦)나라에게 땅을 주겠다는 것과 이극에게 봉토(封土)를 주겠다고 한 약속을 위반하고 일곱 대부를 죽이자, 나라 사람들은 혜공에게 귀의하지 않았다.

6년 봄, 진목공이 군사를 통솔하여 진나라를 공격하였다.

6년 9월, 진목공과 진혜공이 한원(韓原)에서 싸웠다.

진목공의 장사가 진나라 군대에 돌진하여 무찌르니 진나라 군대는 패하여 진목공을 놓쳤다. 반대로 진혜공을 사로잡아 돌아왔다. 진나라가 장차 진혜공을 죽이고 하늘에 제사를 지내려고 하였다. 진혜공의 누이는 진목공의 부인이었으므로 상복을 입고는 눈물을 흘렸다.

이에 진목공은 왕성(王城)에서 진혜공과 회맹하고 그가 귀국할 수 있도록 허락했다.

11월, 진혜공을 돌려보냈다.

진혜공은 신하들과 계책을 세워 말했다.

"중이가 나라 밖에 있으니, 제후들은 대부분 그를 나라로 들어오게 하는 것이 이롭다고 한다."

그리고는 사람을 보내 적나라에서 중이를 죽이려고 하였다. 중이는 이 소식을 듣고 제나라로 갔다.

진혜공 8년, 태자 어(圉)를 진(秦)나라의 볼모로 보냈다.

3진혜공 14년(기원전 637년) 9월, 혜공이 죽자, 태자 어가 자리에 올랐으니 이 사람이 회공(懷公)이다.

진목공이 군대를 출동시켜 중이를 진나라로 귀국시키는데, 고량(高

梁)에서 회공을 죽인 다음 중이를 귀국시켰다. 중이가 왕의 자리에 올랐으니 이 사람이 진문공(晉文公)이다.

간체자	币厚甘言
발음	비 허우 간 옌 bì hòu gān yán
편명	진세가

| 해설 |

뇌물을 주며 '감언이설(甘言利說)'로 남을 속이는 것을 뜻한다. '감언후폐(甘言厚幣)'라고도 한다.

비정의 무리 일곱 명의 대부란 '칠여대부(七輿大夫)'인데, 신생(申生)이 지휘하는 하군(下軍)의 여러 대부를 말한다. 신생에게 수레가 일곱 대가 있어 수레 한 대마다 대부 한 사람이 주관했으므로 칠여대부라고 하였다. '여(輿)'는 수레란 뜻이다.

한원(韓原)은 지금의 섬서성 서안 동쪽 황하 강가의 한성(韓城) 부근이다.

60

벌 같은 눈매와 승냥이 같은 목소리

봉목시성(蜂目豺聲)

초나라 성왕의 태자 상신(商臣)에 대해 영윤(令尹) 자상(子上)이 한 말

초(楚)나라 선조는 전욱(顓頊) 고양(高陽)에서 나왔다. 고양은 황제(黃帝)의 손자이며, 창의(昌意)의 아들이다. 고양은 칭(稱)을 낳았고, 칭은 권장(卷章)을 낳았으며, 권장은 중려(重黎)를 낳았다. 중려는 제곡(帝嚳) 고신(高辛)의 화정(火正)으로 공을 세웠으며 천하를 밝게 비출 수 있어 제곡이 그를 축융(祝融)이라고 하였다. 공공씨(共工氏)가 반란을 일으키자, 제곡이 중려를 시켜 그를 죽이라고 했으나 완전히 다 소멸시키지는 못했다. 제곡은 경인일(庚寅日)에 중려를 주살하고 그의 동생 오회(吳回)를 중려의 후계자로 삼아 다시 화정에 임명하고 축융이라고 하였다.

오회는 육종(陸終)을 낳았다. 육종은 아들을 여섯 낳았는데, 모두 배를 절개하여 낳았다. 첫째아들은 곤오(昆吾), 둘째 아들은 참호(參胡), 셋째아들이 팽조(彭祖), 넷째아들은 회인(會人), 다섯째아들은 조성(曹姓), 여섯째아들이 계련(季連)이다. 계련의 성은 미(羋)로, 초나라 왕족

蜂 벌 봉 目 눈 목 豺 승냥이 시 聲 소리 성

이 바로 그의 후손이다.

곤오씨는 하(夏)나라에서 후백(侯伯)을 지냈고, 걸왕(桀王) 때 탕왕(湯王)에게 멸망당했다. 팽조씨는 은나라에서 후백을 지냈고 은나라 말경에 멸망당했다. 계련은 부저(附沮)를 낳았고 부저는 혈웅(穴熊)을 낳았다. 그 후에 점점 쇠미해져서 어떤 사람은 중원에 살고, 어떤 사람은 동남쪽 만이(蠻夷)에 살아 그들의 가계를 기록할 수가 없게 되었다.

주문왕 때 계련의 후손인 죽웅(鬻熊)이 있었다. 죽웅은 아들처럼 문왕을 모셨으나 일찍 죽었다. 그의 아들은 웅려(熊麗)이고, 웅려는 웅광(熊狂)을 낳았으며 웅광은 웅역(熊繹)을 낳았다.

웅역은 주성왕 때 성왕이 문왕과 무왕의 공신 후손들을 등용하였는데 웅역을 초만(楚蠻)에 봉하고 자남(子男) 작위의 토지를 주었으며 성을 미(半)라고 하고 단양(丹陽)에 도읍하였다. 웅역은 성왕을 섬겼다.

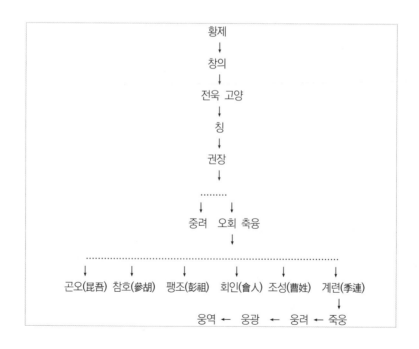

약오(若敖) 20년, 주유왕(周幽王)이 견융(犬戎)에게 피살되어 주나라 왕실은 동쪽으로 천도하였다. 진양공(秦襄公)이 제후에 봉해졌다.

초무왕(楚武王) 51년, 무왕의 아들 문왕(文王) 웅자(熊貲)가 왕위를 계승하고 처음으로 영(郢)으로 천도하였다.

초문왕 11년, 제환공(齊桓公)이 처음으로 패자라고 칭하였다. 초나라도 강해졌다.

초문왕 13년, 초문왕이 죽고 그의 아들이 왕위를 계승하니 이 사람이 장오(莊敖)이다.

장오 5년, 장오가 동생 웅운(熊惲)을 죽이려고 하였으나 웅운이 수(隨)나라로 도망가서 수나라 사람과 함께 장오를 죽이고 왕위를 계승하니 이 사람이 성왕(成王)이다.

성왕 원년, 웅운이 외위에 올라 은덕을 내리고 제후들과 과거의 우호 관계를 회복하였다. 사람을 보내어 주나라 천자에게 예물을 바치자, 천자는 제육(祭肉)을 하사하고 말했다.

"남방에 있는 이월(夷越)의 반란을 진압하고 중원의 각국을 침범하지 말길 바란다."

이때 초나라의 영토는 천 리나 확장되었다.

성왕 46년, 이전에 성왕이 상신을 태자로 삼겠다고 병권을 장악한 영윤 자상(子上)에게 말했다.

자상이 말했다.

"주군께선 나이가 젊고 또 궁 안에 총애하는 처첩이 많아 태자로 세우셨다가 물리치시면 반란이 일어날 것입니다. 초나라가 태자를 세우는데 항상 나이가 어렸습니다. 또 상신은 벌 같은 눈매에 승냥이 같은 목소리를 가지고 있어 태자로 세워서는 아니 됩니다."

성왕은 자상의 말을 듣지 않고 상신을 태자로 삼았다. 후에 다시 공자 직(職)을 태자로 세우고 상신을 폐위하려고 했다.

상신이 이 소식을 듣고 사실 여부를 조사하지 않고 그의 선생 반숭 (潘崇)에게 알렸다.

"어떻게 하면 그 사실을 알 수 있겠습니까?"

"왕이 총애하는 첩 강미(江芈)를 식사에 초대하고 공경하지 않는 태도로 대하시면 됩니다."

상신이 일러주는 대로 하자 강미가 화를 내며 말했다.

"옳거니 군주께서 너를 죽이고 직을 세우려는 것도 당연하다."

상신이 반숭에게 이를 알렸다.

"사실입니다."

반숭이 말했다.

"직을 태자로 섬길 수 있습니까?"

"할 수 없습니다."

"다른 나라로 도망치실 수 있겠습니까?"

"할 수 없습니다."

"큰일을 행하실 수 있겠습니까?"

"할 수 있습니다."

겨울 10월, 상신은 궁을 지키는 경비병으로 성왕을 포위했다. 성왕이 곰발바닥요리를 먹고 죽기를 청했으나 상신은 들어주지 않았다. 성왕은 스스로 목을 매에 죽었다. 상신이 대신 왕의 자리에 올랐으니 그가 목공(穆公)이다.

간체자	蜂目豺声
발음	펑 무 차이 성 fēng mù chái shēng
편명	초세가 楚世家

| 해설 |

흉악한 모습과 무서운 목소리를 뜻하며 흉악한 인상을 나타내어 잔인한 사람을 비유하는 말이다.

직(職)은 상신의 서제(庶弟)였다.

반숭이 상신에게 간한 "큰일을 행하다(行大事)"라는 것은 정변(政變)을 가리켜 쿠데타를 일으켜 군주를 죽이라는 암시였다.

'웅번(熊蹯)'은 '곰발바닥요리'인데 익히기 어렵고 시간이 많이 들기 때문에 성왕은 구원병이 올 시간을 벌려고 곰발바닥요리를 먹게 해달라고 한 것이다.

'화정(火正)'이란 불을 맡은 벼슬이다. 『집해(集解)』에 "서광(徐廣)이 말하길, '『세본(世本)』에 노동(老童)이 중려(重黎)와 오회(吳回)를 낳았다'라고 하였고, 초주(譙周)가 말하길, '노동은 권장(卷章)이다'라고 하였다"라고 하였고, 『색은(索隱)』에는 "권장은 노동이고, 『계본(系本)』에 '노동이 중려를 낳았다'라고 하였다. 중씨(重氏)와 여씨(黎氏) 두 관리가 대신 천지(天地)를 맡았는데, 중(重)은 목정(木正), 여(黎)는 화정(火正)이 되었다고 하였다. 『좌씨전(左氏傳)』에 소호씨(少昊氏)의 아들을 중(重), 전욱씨(顓頊氏)의 아들을 여(黎)라고 하였는데, 지금은 중려(重黎)를 한 사람으로 여겨 여전히 전욱씨의 자손이다"라고 하였다. 이 두 기록에 근거하면, 권장이 노동이고 노동이 중려와 오회를 낳았으므로, 중려가 형이고, 오회가 동생임을 알 수 있다. 또 중려는 중씨와 여씨가 합쳐진 이름으로 여씨가 화정이란 벼슬을 맡았음을 알 수 있다.

'축융(祝融)'의 '융(融)'이 밝다는 뜻이다.

61

한 번 울면 사람이 놀라게 한다

일명경인(一鳴驚人)

오거가 낸 수수께끼에 대해 초나라 장왕이 대답한 말

목왕이 왕위에 오른 후 자신이 살던 태자궁을 반숭에게 하사하고, 그를 태사(太師)에 임명하여 국사를 관장하게 했다.

목공 12년에 죽고 장왕(莊王) 여(侶)가 왕위에 올랐다.

장왕이 즉위하고 3년 동안 호령(號令)하지 않고 밤낮으로 향락만 즐기면서 국중(國中)에게 말했다.

"가히 간하는 자가 있으면 용서하지 않고 죽이리라."

오거(伍擧)가 간하려고 입궐하여 보니, 장왕은 왼손으로 정희(鄭姬)를 껴안고 오른손으로 월녀(越女)를 안고 무희와 악대 중간에 앉아 있었다.

오거가 말했다.

"말씀 올리길 청합니다."

이어서 수수께끼를 냈다.

"새가 한 마리가 언덕에 앉아 있는데, 3년 동안 날지도 않고 울지도 않았습니다. 이 새는 무슨 새입니까?"

─ 한, 한번 일 鳴 울 명 驚 놀랄, 놀라게 할 경 人 사람, 남 인

장왕이 말했다.

"3년 동안 날지 않았으나 날면 하늘을 날아오를 것이고, 3년 동안 울지 않았으나 <u>한번 울면 사람을 놀라게 할 것</u>이다. 그대는 물러가라, 나는 그대의 뜻을 알겠다."

몇 달이 지나도 장왕은 음란함이 더욱 심해졌다.

대부 소종(蘇從)이 입궐하여 간했다.

장왕이 말했다.

"그대는 내 명을 듣지 못했소?"

"제가 스스로 죽더라도 주군을 밝게 하는 것이 제가 원하는 것입니다."

장왕은 비로소 음란한 짓과 가무 즐기는 환락을 그만두고 정사를 돌봤다. 수백 명을 죽였고, 등용된 사람도 수백 명이나 되었다. 장왕은 오거와 소종에게 국정을 맡기니 백성들이 기뻐했다. 이해에 용(庸)나라를 멸하고, 6년에는 송나라를 멸망시키고 수레 오백 대를 획득했다.

간체자	一鸣惊人
발음	이 밍 징 런 yì míng jīng rén
편명	초세가

| 해설 |

뜻밖에 사람을 놀라게 한다는 뜻으로 평소에는 특별한 것이 없다가도 한 번 시작하면 사람을 놀랠 정도의 큰일을 이룸을 비유하는 말이다.

원문에는 '일명경인'이라고 하지 않고, "울면 장차 사람을 놀라게 한다(鳴將驚人)"라고 하였다. 이 문구 바로 앞에 '삼년불명(三年不鳴)'이 있으므로 앞 구의 '명(鳴)'자 앞에 '일(一)'자가 생략된 것으로 볼 수 있다.

태사(太師)는 삼공(三公) 중에 으뜸으로 관직은 자상이 맡았던 영윤보다 높았다. 삼공은 태사, 태부(太傅), 태보(太保)다.

호령(號令)이란 윗사람이 사람을 움직이기 위해 명령하는 것을 말하므로 나라를 다스린다는 뜻이니 정치를 뜻한다. 초장왕이 국사를 돌보지 않았다는 뜻이다.

"무희와 악대 중간에"는 '종고지간(鐘鼓之間)'인데, 종고(鐘鼓)는 종과 북이란 뜻으로 음악을 가리키며, 종고지간(鐘鼓之間)이란 가무(歌舞)와 악대(樂隊)의 중간을 뜻한다.

낡은 수레를 타고 해어진 옷을 입다

필로남루(蓽露藍蔞)

초나라 영왕이 주나라의 구정을 얻으려고 하자 줄 것이라며 대부가 한 말

장왕 23년에 장왕이 죽고, 아들 공왕(共王) 심(審)이 왕위를 계승하였다.

공왕 31년, 공왕이 죽고 아들 강왕(康王) 초(招)가 왕위를 계승했다.

강왕 15년 재위하고 죽자, 아들 원(員)이 왕위를 계승하니, 이 사람이 겹오(郟敖)이다.

강왕이 총애한 동생은 공자 위(圍) 등이 있었다.

겹오 3년, 숙부인 강왕의 동생 위를 영윤(令尹)으로 삼아 군사권을 장악하게 하였다.

겹오 4년 공자 위가 정나라에 사신으로 가는데 왕이 병들었다는 소식을 듣고 돌아왔다. 12월, 공자 위가 궁으로 들어와서 왕이 병든 것을 보고는 비단 줄로 목을 졸라 왕을 죽였다.

위가 왕위에 오르니, 그가 영왕(靈王)이다.

영왕 11년, 서(徐)나라를 정복하여 오나라를 압박했다. 영왕은 건계

蓽 가시나무 필 露 이슬 로 藍 누더기 람 蔞 누더기 루

(乾谿)에 머무르며 서나라를 정복한 군대를 기다렸다.

영왕이 말하였다.

"제나라, 진(晉)나라, 노나라, 위나라는 제후에 봉해질 때 모두 주나라 왕실로부터 보물을 받았는데, 우리만 없었다. 지금 내가 사신을 파견하여 주나라에 정(鼎)을 요구하여 분봉(分封)의 보물로 삼으려고 하는데, 그것을 나에게 주겠소?"

초나라 대부 석보(析父)가 대답하였다.

"그것을 국왕에게 줄 것입니다! 옛날에 우리의 선조 웅역(熊繹)이 멀리 궁벽한 형산(荊山)에 있으면서, 낡은 수레를 타고 해어진 옷을 입고 초원에 살면서도 산을 넘고 물을 건너 숲을 지나 이리저리 돌아다니며 이러한 정신으로 천자를 받들고, 초나라에는 특산물이 별로 없어 오로지 복숭아나무로 만든 활과 가시나무로 만든 화살을 무기로 주나라 왕실에 공급하였습니다. 제나라는 주나라 천자의 큰아버지이고, 진나라와 노나라 그리고 위나라의 제후는 각각 주나라 성왕 혹은 무왕과 같은 어머니의 형제들이고, 초나라는 분봉 받지 못해 보물이 없고 그들은 모두 가지고 있습니다. 주나라는 지금 네 나라와 함께 군왕에게 복종하고 있으므로 오직 군왕의 명령에 따를 것이니, 어찌 감히 정을 아까워하겠습니까?"

간체자 荜露蓝蒌 발음 비 루 란 러우 bì lù lán lóu 편명 초세가

| 해설 |

창업의 어려움을 비유하는 말이다. '필로(荜露)'의 '로(露)'는 '로(路)',

'로(輅)'와 같은 글자로 '필로'란 가시나무로 만든 장식이 없는 수레를 말한다. '남루(藍蔞)'는 '남루(藍縷)', '남루(襤褸)'와 같아 누더기와 같은 옷을 말한다. 그래서 이 성어는 '필로남루(篳路藍縷)'라고도 한다.

중국의 춘추 시대에 정(鄭)나라는 지리적으로 강대국인 진(晉)나라와 초(楚)나라 사이에 있어, 두 나라의 눈치를 보아야 하는 처지였다. 노(魯)나라 선공(宣公) 12년 봄에 초나라가 정나라를 공격하자, 정나라는 이를 당해내지 못하고 화친을 요청하였다. 그러자 진나라는 정나라를 구한다는 명목으로 군대를 파견하였지만, 속셈은 정나라를 차지하려는 것이었다. 그런데 진나라가 진군하는 도중에 정나라가 초나라에 항복하였고, 승리한 초나라 군대는 돌아갈 채비를 하고 있었다. 진나라 군대 내부에서는 진군을 멈추어야 한다는 쪽과 계속 진군하여야 한다는 쪽으로 의견이 갈렸다. 그러던 차에 정나라에서 초나라가 손쉽게 승리한 도취감에 교만해져서 기강이 해이해지고 경비도 허술해졌으니 진나라가 초나라를 공격하면 자신들도 돕겠다는 제안을 하였다. 그러자 계속 진군할 것을 주장하였던 장수들이 좋은 기회라고 동조하였다. 이때 난무자(欒武子)가 나서서, 초나라는 항상 모든 군민(軍民)에게 경계심을 늦추지 말도록 가르치고 있으며, 그들의 선조인 약오와 분모가 '섶나무 따위로 만든 초라한 수레와 누더기와 같은 옷을 입고 산림을 개척한 일'을 교훈으로 삼고 있으므로 교만을 부려 경비가 허술해졌을 리가 없다고 하면서 진군을 반대하였다.

이 고사는 『춘추좌씨전』 선공(宣公) 12년에 실려 있다. 여기서 유래하여 '필로남루'는 초라한 수레와 누더기와 같은 옷을 입고, 산림을 개척하듯이 창업의 고달픔이나 어려움을 비유하는 말이 되었다.

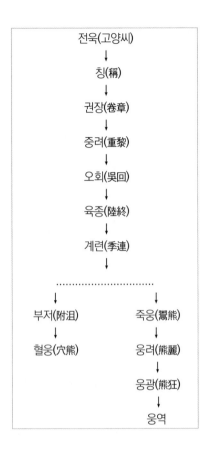

서열	칭호	씨명	재위기간 기원전	재위연수	비주
01	웅역(熊繹)				주성왕(周成王) 시기
	...				
17	초무왕(楚武王)	웅통(熊通)	740~690	51년	분모의 동생 웅통이 분모의 아들을 죽이고 참월(僭越)하여 즉위
	...				
20	초성왕(楚成王)	웅운(熊惲)	671~626	47년	장오의 동생이 시해
21	초목왕(楚穆王)	웅상신 (熊商臣)	625~614	12년	태자가 성왕을 시해

22	초장왕(楚莊王)	웅려(熊侶)	613~591	23년	
	...				
24	초강왕(楚康王)	웅초(熊招)	559~545	15년	동생 자위, 자비, 자석, 기질
26	초영왕(楚靈王)	웅위(熊圍)	541~529	12년	강왕의 동생. 겹오와 그의 두 아들을 시해
	...				
28	초평왕(楚平王)	웅거(熊居)	528~516	13년	웅위의 동생 기질. 초왕과 자석이 자살.
	...				
37	초회왕(楚懷王)	웅괴(熊槐)	328~299	30년	
38	초경양왕 (楚頃襄王)	웅횡(熊橫)	298~263	36년	양왕(襄王)
39	초고열왕 (楚考烈王)	웅완(熊完)	262~238	25년	열왕(烈王)
40	초유왕(楚幽王)	웅한(熊悍)	237~228	10년	
41	초애왕(楚哀王)	웅유(熊猶)	228	2月	유왕의 동생
42	초왕부추 (楚王負芻)	웅부추 (熊負芻)	227~223	5년	애왕의 서형(庶兄)이 시해

　강왕이 죽고 그의 아들 원(員)가 왕위를 계승하니 그가 겹오(郟敖)다.
강왕이 총애하는 동생 공자가 넷이나 있었다. 위(圍), 비(比), 석(晳),
기질(棄疾)이다.

　공자 위가 겹오를 시해하고 겹오의 두 아들도 죽였다. 공자 비는 진
(晉)나라로 도망치고, 위가 왕위에 오르니 그가 영왕이다.

　영왕(?~기원전 529년)은 기원전 541년에 초나라 군주가 되었는데,
춘추 시대 임금 중 가장 사치하고 어리석으며 포악한 군주로 유명했
다. 기원전 531년에 채(蔡)나라 영후(靈侯)가 초나라에 오자 그를 죽여
채나라가 멸망했고, 기원전 530년에는 군대를 보내 서나라를 포위하

고 오나라를 위협했다. 기원전 529년 부역에 시달린 초나라 백성들이 그의 통치를 전복시키려고 하자 영왕이 도망하였다.

초나라에 멸망당한 채나라 대부의 아들 관종(觀從)이 오나라 첩자가 되어 초나라 수도 영(郢)으로 들어가 영왕의 태자를 죽이고 공자 비(比)를 초왕(初王)으로 옹립하고 공자 석을 영윤에 임명하였으며 기질을 사마(司馬)에 임명하였다.

영왕은 시종들이 자신의 곁을 떠나버리자 산속을 헤매는 등 3일 동안 아무것도 먹지 못해 땅바닥에 쓰러지는 비참한 지경에 이르러도 백성 중에 아무도 영왕을 도우려 하지 않아 결국 영왕은 객사하였다.

왕이 된 비가 영왕이 귀국할까 두려워하여 관종이 비에게 기질을 죽이지 않으면 화를 당할 것이라며 동생 기질을 죽이라고 해도 말을 듣지 않자 관종이 비 곁을 떠나버렸다. 공자 비가 왕이 된 지 10일이 지나서 공자 기질이 귀국하며 영왕이 귀국한다고 거짓 소문을 퍼뜨리자 비와 공자 석은 자살하였다.

기질이 왕위를 계승하고 이름을 거(居)로 바꾸니 그가 평왕(平王)이다.

평왕 때의 유명한 오자서 고사는 다음과 같다.

평왕 2년, 평왕의 총애를 받는 대부 비무기(費無忌)를 진(秦)나라에 보내어 태자 건(建)을 위해서 태자의 비를 맞아들이려고 했다. 비무기가 보니 태자 비가 될 여자가 미인인지라 평왕에게 그녀를 취하시고 태자에게는 다른 여자를 구해주시라고 청했다. 평왕이 비무기 말대로 하고 웅진(熊珍)을 낳았다. 태자에게는 다른 여자를 구해주었다.

이때 오거의 아들 오사(伍奢)가 태자의 태부(太傅)가 되고 비무기는 소부(少傅)가 되었다. 비무기는 태자의 총애를 받지 못하자 태자를 자주 모함하였다. 태자의 모친은 채나라 여인으로 평왕의 총애를 얻지 못하여 태자와 멀어지게 되었다.

　평왕 6년, 태자는 변방을 지키게 하고, 비무기는 밤낮으로 태자를 모함하였다.

　"제가 진나라 여자를 후궁으로 데려온 날부터 태자는 저를 미워하고 대왕에 대한 원망하고 있습니다. 태자는 병권을 쥐고 제후들과 결탁하여 쳐들어올 것입니다."

　평왕은 태자의 태부 오사를 불러 이 사건을 규명하라고 지시했다.

　오사는 비무기가 태자를 모함한 것으로 알고 말했다.

　"대왕께서 하찮은 소인의 말을 듣고 혈육을 멀리하십니까?"

　비무기가 지금 태자를 제압하지 못하면 후회할 것이라고 말하자, 평왕이 태자를 옥에 가두고 죽이려고 하니 태자가 송나라로 도망갔다.

　비무기가 말했다.

　"오사에게는 두 아들이 있는데 함께 죽이지 않으면 초나라에 화근이 될 것입니다. 부친의 죄를 면해준다는 명분으로 불러들이면 틀림없이 올 것입니다."

　평왕은 사신을 오사에게 보내 말을 전하게 하였다.

　"너의 두 아들을 불러오면 살려줄 것이요, 불러오지 않으면 죽을 것이다."

　오사가 말했다.

　"큰애 상(尙)은 오겠지만 작은아이 서(胥)는 오지 않을 것이다."

　평왕이 왜 그러하냐고 물으니, 오사가 대답했다.

　"큰애는 사람됨이 품행이 단정하고 절개를 위해서 죽을 수 있으며 효성이 지극하고 어질어서 왕명을 받고 부친의 죄를 면하게 할 수 있다면 틀림없이 와서 자신의 생사를 돌보지 않을 것이지만, 작은아이 오서는 기지가 있고 계략을 잘 꾸미며 용감하면서 공명을 바라며 오면 반드시 죽는다는 것을 알기 때문에 틀림없이 오지 않을 것입니다. 그러나 장차 초나라는 이 아이 때문에 우환이 생길 것입니다."

평왕이 사람을 오사의 두 아들에게 보냈다.

"너희가 오면 부친의 죄를 사해주겠다."

오상이 오서에게 말했다.

"가지 않으면 불효가 되니 아버님이 돌아가신 다음에 복수할 사람이 없다면 지모가 없는 것이다. 너는 도망쳐서 부친의 복수를 갚아라, 나는 부친한테 가서 죽겠다."

오상은 영도로 갔다. 오서는 오나라에 망명했다.

오사가 이 소식을 듣고 말했다.

"서가 도망쳤으니 초나라는 위험에 처할 것이다."

초나라는 오사와 오상을 죽였다.

평왕이 죽고 태자 웅진(熊珍)이 왕위를 계승하니 그가 소왕(昭王)이다.

소왕 원년, 비무기의 모함으로 태자 건이 도망하였고 오사 부자가 죽었기 때문에 초나라 백성들은 비무기를 싫어했다. 백비(伯嚭)와 오자서(伍子胥)는 오나라로 도망쳤다.

오나라가 여러 차례 초나라를 공격하자 초나라 백성들은 비무기를 원망하였다. 영윤 자상은 백성들의 환심을 사려고 비무기를 죽였는데 백성들이 기뻐했다.

소왕 10년, 오왕 합려(闔閭), 오자서, 백비가 초나라를 공격하여 초나라 군대를 대파하고 영도에 입성했다. 오자서는 평왕의 무덤을 파헤쳐서 시체에 채찍을 가하는 모욕을 주었다.

공왕(共王 기원전 600년~기원전 560년)은 아들이 다섯이 있었다. 초(招)는 강왕(康王)이 되었고, 그의 아들 원(員)이 왕위를 계승하여 겹오가 되었으나 공왕의 차남 위(圍)가 겹오를 죽이고 즉위하니 그가 영왕(靈王)이고, 영왕이 죽자 공왕의 셋째아들 비(比)가 잠시 왕위를 계승하니 그가 초왕(初王)이 되었다가 석과 함께 자살하니, 공왕의 다섯 번째 아들 기질이 왕위를 계승하여 평왕이 되었다.

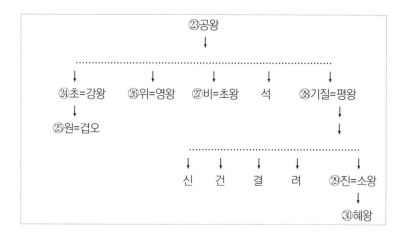

평왕(?~기원전 519년)에게도 아들이 다섯 있었다. 왕자 신(申), 태자 건(建), 왕자 결(結), 왕자 여(閭)와 태자 진(珍)이 있었다.

태자 건은 모친이 채나라 여자로 평왕의 총애를 얻지 못해 평왕이 건을 멀리하고 변방을 지키게 하였다. 비무기의 모함을 받아 정나라로 도망쳤고 진(晉)나라와 모의하여 정나라를 탈취하려다가 정정공(鄭定公)에게 피살되었다.

공자 신은 자(字)가 자서(子西)였다. 평왕이 죽었을 때 장군 자상(子常)이 영윤(令尹) 자서를 옹립하려고 하였으나 자서가 자신은 서자이고 왕위 계승의 질서를 바꾸면 나라가 어지러워진다며 거절하여 진이 왕위를 계승하였는데 그가 소왕이다.

소왕의 모친 백영(伯嬴)은 진경공(秦景公)의 딸로 원래는 태자 건의 부인이 될 여자였는데 비무기가 속여서 평왕에게 시집보내 소왕을 낳은 것이다.

소왕(기원전 523년~기원전 489년)은 열 살 때 왕위를 계승하였지만 이후 장성한 뒤 초나라를 중흥(中興)시킨 군주다.

소왕의 처첩으로는 월녀(越女)와 제나라 군주의 딸 정강(貞姜)이 있었는데, 월녀와의 사이에서 아들 장(章)을 낳아 이 사람이 초나라의 혜왕이 되었다.

63

사족

사족(蛇足)

진나라의 사신 유세객 진진이 제나라를 위해서 초나라의 주국 소양을 설득하여
제나라를 공격하지 못하게 하려고 인용한 말

　　초나라 회왕 원년, 장의(張儀)가 진(秦)나라 혜왕(惠王)의 재상에 등
용되었다.

　　회왕 4년, 진혜왕(秦惠王)이 왕을 칭하였다.

　　회왕 6년, 초나라는 주국(柱國) 소양(昭陽)에게 군대를 통솔하게 하
고 위나라를 공격하여 양릉(襄陵)에서 격파하고 8개의 성을 탈취하였
다. 다시 군대를 움직여 제나라를 공격하니, 제나라 왕이 근심하였다.
마침 진진(陳軫)이 진(秦)나라의 사신이 되어 제나라에 와있었다.

　　제나라 왕이 진진에게 말했다.

　　"어찌하면 좋겠소?"

　　진진이 대답했다.

　　"왕께선 걱정하시지 마십시오. 제가 군대를 멈추게 하겠습니다."

　　진진은 소양 군중에 가서 소양을 알현하였다.

　　"저는 초나라의 법을 알고 싶습니다. 적군을 격파하고 장수를 죽인

蛇 뱀 사 足 다리

다면 어떻게 귀하게 대접하는지요?"

소양이 대답했다.

"관직은 상주국(上柱國)이 되고, 최고 관작인 집규(執圭)에 봉하오."

"이보다 더 존귀한 작위가 있습니까?"

"영윤(令尹)이오."

"지금 당신은 영윤(令尹)이시니, 나라에서 관직이 가장 높습니다. 제가 비유를 들어 말씀드리지요. 어떤 사람이 문객들에게 술 한 잔을 주자, 문객들이 의논하여 말하였습니다. '여러 사람이 이 술을 마시려고 한다면 다 마시기에는 부족하다. 땅에 뱀을 먼저 그린 사람만이 이 술을 마시기로 합시다.' 어떤 사람이 말했습니다. '내가 가장 먼저 뱀을 그렸소.' 그는 술잔을 들고 일어나서 말했습니다. '나는 뱀에게 다리를 그릴 수 있습니다.' 그가 뱀에게 다리를 그려 넣자, 그 사람 다음으로 뱀을 그린 사람이 그의 술잔을 빼앗아 마시고 나서 말했습니다. '뱀은 본래 다리가 없는데, 뱀에 다리를 그렸으니 그것은 뱀이 아닙니다.' 지금 당신께서는 초나라 재상의 지위에 있으면서 위나라를 공격하여 위나라 군대를 격파하고 위나라 장수를 죽여 공로가 이보다 큰 것이 없는데, 가장 높은 관직에 있게 되어 더 보탤 수 없는 것과 같습니다. 이제 또 군대를 이동시켜 제나라를 공격하려 하시는데, 제나라를 이겨도 관직은 이보다 더 높아질 수 없습니다. 만일 공격하여 이기지 못하면 생명을 잃거나 관직을 잃을 것이며, 또 초나라에 손실을 가져다줄 것입니다. 이것은 뱀에 다리를 그린 것과 같은 것입니다. 당신께서 군대를 이끌고 떠나 제나라에 덕을 베푸는 것만 못합니다, 이것이 바로 자신의 지위를 보존하는 방법입니다."

"좋소."

그리고는 소양은 군대를 이끌고 떠났다.

간체자 蛇足　**발음** 서 쭈 shé zú　**편명** 초세가

| 해설 |

뱀의 다리라는 뜻으로, 유사한 성어로는 '화사첨족(畵蛇添足)'이 있는데, 뱀을 다 그리고 나서 있지도 아니한 발을 덧붙여 그려 넣는다는 뜻으로, 쓸데없는 군짓을 하여 도리어 잘못되게 함을 비유하는 말이다. 『전국책(戰國策)』「제책(齊策)」(2)에서 유래하였다.

전국 시대인 초나라 회왕 때의 이야기이다. 어떤 인색한 사람이 제사를 지낸 뒤 여러 하인 앞에 술 한 잔을 내놓으면서 나누어 마시라고 했다. 그러자 한 하인이 제안하기를 "여러 사람이 나누어 마신다면 간에 기별도 안 갈 것이니, 땅바닥에 뱀을 제일 먼저 그리는 사람이 혼자 다 마시기로 하는 것이 어떻겠나?"라고 하자, "그렇게 하세"라고 하였다. 하인들은 모두 찬성하고 제각기 땅바닥에 뱀을 그리기 시작했다. 이윽고 뱀을 다 그린 한 하인이 술잔을 집어 들고 말했다. "이 술은 내가 마시게 됐네. 어떤가, 멋진 뱀이지? 발도 있고." 그때 막 뱀을 그린 다른 하인이 재빨리 그 술잔을 빼앗아 단숨에 마셔 버렸다. 그리고 이렇게 말했다. "세상에 발이 달린 뱀이 어디 있나!" 술잔을 빼앗긴 하인은 공연히 쓸데없는 짓을 했다고 후회했어도 소용이 없었다.

진진은 제나라를 위하여 초나라 군대를 격퇴한 인물로 장의조차 그를 죽이려고 하였던 유명한 종횡가(縱橫家)이다.

주국(柱國)은 초나라의 최고의 무관이다.

초나라가 제나라를 공격하려고 할 때, 장의(張儀)와 함께 진혜공(秦惠公)을 섬긴 유세가(遊說家) 진진이 때마침 진(秦)나라의 사자로서 제나라에 와 있었다.

집규(執圭)는 선진 시대 때 초나라의 최고 작위의 명칭이다. 금, 옥, 나무, 상아 등으로 만든 규(圭)로 작위의 등급을 나누어 신하가 조정에 나아가 조회에 참석할 때 이것을 손에 쥐고 갔다.

"자신의 지위를 보존하는 방법"이란 '지만(持滿)'인데 가득한 것을 지탱한다는 뜻으로 자신의 충분한 지위를 보존하고 지탱하는 것을 가리킨다.

일석삼조

일계삼리(一計三利)

장의가 초왕이 제나라와 단교하여 얻게 되는 이익으로 설득한 말

초회왕 11년, 소진(蘇秦)은 산동(山東)의 여섯 나라와 연합하여 함께 진(秦)나라를 공격하고, 초나라 회왕은 합종(合縱)의 맹주가 되었다. 합종 연합군이 함곡관에 이르자, 진나라는 출병하여 여섯 나라를 격파하였다. 6국은 병사를 이끌고 돌아갔는데 제나라 홀로 나중에 돌아갔다.

회왕 16년, 진(秦)나라는 제나라를 공격하려고 했지만, 초나라가 제나라와 합종하니, 진혜왕(秦惠王)은 이 상황을 걱정하여 장의(張儀)를 재상 자리에서 해임한다고 선포하고는, 장의를 남쪽으로 초나라에 사신으로 보내 초왕을 알현하게 하였다.

장의가 초나라 왕에게 말했다.

"저의 왕께서 아주 기뻐하는 분은 대왕보다 앞서는 사람이 없습니다. 비록 제가 문을 지키는 종이 되길 원하는 분도 대왕보다 앞서는 사람은 없습니다. 저의 왕께서 가장 증오하는 사람이 제나라 왕보다 앞서는 사람은 없습니다. 비록 제가 아주 증오하는 사람도 제나라 왕

一 한 일 計 꾀할 계 三 석 삼 利 이로울 이

보다 앞서는 사람은 없습니다. 대왕께서 제나라와 우호 관계를 맺으신
다면 저의 왕께서는 대왕을 모실 수가 없고 또 저도 대왕의 문지기가
될 수 없습니다. 대왕께서 저를 위하여 관문을 닫고 제나라와 단교하
시어, 원래 사자를 저와 함께 서쪽으로 보내시어 이전에 진나라가 나
누어 가졌던 초나라의 상오(商於) 땅 사방 6백 리를 회수하시면 제나
라는 약해질 것입니다. 이것은 북쪽으로 제나라를 약하게 만들고, 서
쪽으로는 진나라와 친하게 지내는 동시에 초나라 자신도 상오 땅이 보
태져서 부유해질 것입니다. 이것을 <u>일석삼조</u>라고 하는 것입니다.”

회왕은 기뻐했다. 그리하여 재상의 인장(印章)을 장의에게 건네주고
날마다 술자리를 마련해주고는 선포하였다.

“내가 다시 나의 상오의 땅을 얻었도다.”

신하들이 모두 축하하였다. 진진만이 애도를 표하였다.

회왕이 말하였다.

“무슨 까닭 때문인가?”

진진이 대답하였다.

“진나라가 대왕을 중히 여기는 까닭은 대왕에게 제나라가 있기 때
문입니다. 지금 아직 상오 땅을 받지도 않았는데 먼저 제나라와 단교
한다면 초나라는 고립될 것입니다. 진나라는 또 어찌 고립된 나라를
중시하겠습니까? 반드시 초나라를 경시할 것입니다. 먼저 진나라가 땅
을 내놓게 하신 다음, 제나라와 단교하면 진나라의 계략은 성공하지
못할 것입니다. 먼저 제나라와 단교하고 난 다음 진나라에게 땅을 내
놓길 요구한다면 장의에게 속아서 상오 땅을 되돌려 받지 못할 것입니
다. 대왕께서 장의에게 속으시면 그를 원망하게 됩니다. 그를 원망하
시면 서쪽으로 진나라의 걱정거리가 되는 것이고, 북쪽으로 제나라와

단교하게 되는 것입니다. 그렇게 되면 한나라와 위나라 두 나라의 군대가 틀림없이 쳐들어올 것이기 때문에 애도하는 것입니다."

초나라 왕은 진진의 말을 듣지 않고 진나라에 가서 땅을 받아올 장군을 파견하였다.

장의는 진나라로 돌아와서는 거짓으로 술에 취한 척하고 마차에서 떨어져 병을 핑계로 3개월 동안 외출하지 않자, 상오 땅을 되돌려 받지 못하여 초나라 왕이 말하였다.

"장의는 내가 제나라와 단교하는 것만으로는 성의가 부족하다고 여기는가?"

그래서 용사(勇士) 송유(宋遺)를 북쪽으로 제나라에 보내 제나라 왕을 능멸하게 하였다. 제나라 왕이 크게 화를 내고 초나라의 부절(符節)을 끊고 진나라와 연합하였다. 진나라와 제나라가 국교를 맺고 연합하자, 장의는 비로소 조정에 나와서 초나라 장군에게 말하였다.

"그대는 왜 아직도 땅을 받지 않았소? 여기에서 여기까지 사방 6리 땅이요."

초나라 장군이 말하였다.

"신이 명받은 것은 6백 리지 6리라고 듣지 않았소."

즉시 돌아가 초회왕에게 보고했다.

초회왕이 크게 노하여 군사를 일으켜 진나라를 공격하려고 하였다.

진진이 또 말하였다.

"진나라를 공격하는 것은 좋은 계책이 아닙니다. 진나라에 큰 성읍 하나를 뇌물로 주고 진나라와 함께 제나라를 정벌하는 것만 못합니다. 그렇게 하면 우리의 땅을 진나라에 잃게 되는 것이 되겠지만, 제나라로부터 (제나라를 공격하여 땅을 빼앗으면) 보상을 받을 수 있으며 또 우리나라도 안전하게 되는 것입니다. 지금 대왕께서 제나라와 단교하고 진나라에게 (6백 리를 6리라고) 우리를 속인 것을 책망하신다면, 이것은 제가 진나라와 제나라의 우호 관계를 맺게 해주는 것일 뿐만 아니라 천하의 군대가 우리나라를 공격해오도록 하는 것이므로 나라에 반드시 크게 해가 될 것입니다."

초회왕은 진진의 말을 듣지 않고, 마침내 진나라와의 우호를 끊고 군사를 일으켜 서쪽으로 진나라를 공격하였다. 진나라도 군사를 출동시켜 초나라 군대를 공격했다.

회왕 17년 봄, 진나라와 단양(丹陽)에서 싸웠는데 진나라가 초나라 군대를 크게 이겼다. 병사 8만 명의 목을 베었고 초나라 장수 굴개(屈匄), 부장군(副將軍) 봉후축(逢侯丑) 등 70여 명을 포로로 사로잡았으며 한중(漢中)의 군현을 빼앗았다. 초회왕은 크게 노하여 나라의 병사를 모두 동원하여 다시 진나라를 습격하였으나 남전(藍田)에서 크게 패했다. 한나라와 위나라는 초나라가 곤경에 빠졌다는 소식을 듣고 남쪽으로 초나라를 습격하여 등(鄧) 땅에 이르자, 초회왕은 군대를 이끌고 철수하였다.

회왕 18년, 진나라는 사신을 보내 다시 초나라와 친하게 지내자고 약정했다. 진나라가 한중 땅의 반을 돌려주고 초나라와 화친을 맺으려고 하였다.

초나라 왕이 말하였다.

"장의를 바랄 뿐이지 땅을 되돌려 받길 원치 않는다."

장의가 이 말을 듣고 초나라 사신으로 가겠다고 청하였다.

진나라 왕이 말했다.

"(초왕이 그대에게 속았는데) 그러함에도 불구하고 초나라가 그대를 달갑게 여길 수 있을지, 어떻게 하면 좋겠소?"

"저는 초나라 왕의 측근 근상(靳尙)과 사이좋게 지내는 사이입니다. 근상은 또 초나라 왕이 총애하는 애첩 정수(鄭袖)를 모시어 신임을 얻고 있습니다. 정수가 하는 말을 초나라 왕도 따르지 않을 수 없습니다. 지난 번 제가 사신으로 가서 땅을 되돌려주기로 한 약속을 저버려서 지금 초나라와 진나라가 싸우며 서로 미워하고 있으니, 신이 초왕과 대면하고 제가 사죄하지 않는다면 초왕은 원한을 풀지 않을 것입니다. 또 대왕이 계시니 초왕이 마땅히 저를 죽이지는 못할 것입니다. 정말로 저를 죽인다면 우리나라에 유리할 것이니 이것이 바로 제가 바라는 것입니다."

장의가 마침내 초나라에 사신으로 갔다.

장의가 도착하자 회왕은 그를 만나보지도 않고 감옥에 가두고 죽이려고 하였다. 장의는 몰래 근상을 만났다.

근상은 장의를 위해서 회왕에게 청하였다.

"장의를 옥에 가두면 진나라 왕이 반드시 화낼 것입니다. 그리고 천하가 초나라와 진나라가 사이가 나쁘다는 것을 알면 분명 대왕을 경시할 것입니다."

그리고 초왕의 부인 정수에게 말하였다.

"진나라 왕은 장의를 대단히 총애하는데 대왕께서 장의를 죽이려고 합니다. 지금 진나라는 상용(上庸)의 땅 여섯 개 현을 뇌물로 초나라에 주고 미인을 보내며 또 궁중에서 가무에 뛰어난 시녀를 보내려고 합니다. 초왕은 땅을 중시하고 진나라 여자는 틀림없이 대왕의 총애를 받게 되면 부인은 물리치게 될 것입니다. 부인이 장의를 석방하라고 대왕을 설득하는 것이 차라리 낫습니다."

정수는 마침내 초나라 회왕에게 장의를 말하여 장의는 옥에서 나왔다. 장의를 석방한 후 회왕은 정중하게 장의를 잘 대우하자, 장의는 초왕을 설득하여 합종의 맹약을 파기하고, 진나라와 연합하여 친선을 맺고 혼인을 약속하였다.

장의가 떠난 후, 굴원(屈原)이 회왕에게 충언하였다.

"왜 장의를 죽이지 않았습니까?"

회왕은 후회하고 사람을 보내어 장의를 뒤쫓게 하였으나 장의를 따라잡지 못하였다.

간체자 一计三利　**발음** 이 지 싼 리 yī jì sān lì　**편명** 초세가

| 해설 |

한 번 들어서 세 가지 이익을 얻는다는 뜻으로, '일석삼조(一石三鳥)'와 같다.

『전국책』「진책(秦策)」의 장의가 '일계삼리'로 "초회왕을 농락하다"라는 고사에서 유래하였다.

폐읍(敝邑)은 자기가 사는 마을의 겸칭이다. 폐(敝)는 자기를 낮추려고 쓰는 겸사(謙辭)이다.

상오(商於)는 춘추전국 시대 때 진(秦)과 초나라 국경 지역의 지명이다. 원래 초나라에 속했는데 진령(秦嶺)산맥의 남쪽에 위치하여 초나라문화 발상지 중의 하나로 후에 상오는 진나라에 속했고 상앙(商鞅)이 위(魏)나라를 격파한 공으로 상(商) 땅의 15개 읍을 봉지(封地)로 받았다. 부근의 무관(武關)은 진나라 영역의 남쪽 경계였다.

공무(廣袤)는 길이의 단위로 동서(東西)의 길이는 광(廣), 남북의 연장은 무(袤)라고 하므로 광무란 사방을 뜻한다.

단양(丹陽)은 한중(漢中)이다.

65

왼손으로 얽어매고 오른손으로 흔들다

좌영우불(左縈右拂)

실을 달아맨 화살을 활로 쏘아 기러기를 잡는 사람이 초나라 경양왕에게 한 말

초왕 20년, 제나라 민왕(湣王)이 합종의 맹주가 되고 싶어서 초나라와 진나라가 연합하는 것을 싫어하여 초나라 회왕(懷王)에게 사신을 보내 편지를 전하였다.

"대왕께서 장의(張儀)에게 속아서 한중을 잃고 남전에서 패하여, 천하가 대왕을 대신하여 마음속으로 분노하지 않는 사람이 없습니다. 지금 대왕께서 서둘러 먼저 진나라를 섬기는 것을 심사숙고하시기 바랍니다."

회왕 24년, 초나라는 제나라를 배반하고 진나라와 연합하였다. 이해에 진소왕(秦昭王)이 새로 왕위에 올랐다. 진소왕이 초왕에게 후한 뇌물을 보내자, 초나라도 사람을 보내 진나라에서 신부를 영접하였다.

회왕 25년, 초회왕은 진나라에 가서 진소왕과 맹약하고 황극(黃棘)에서 약정하였다. 진나라는 다시 초나라에 상용(上庸) 땅을 돌려주었다.

회왕 27년, 진나라에는 초나라 태자와 때리며 싸운 대부가 있었는데 초나라 태자가 그를 죽이고 본국으로 도망쳤다.

左 왼쪽 좌 縈 얽어맬 영 右 오른쪽 우 拂 흔들 불

회왕 30년, 진나라 다시 초나라를 공격하여 8개의 성을 빼앗았다. 진나라 소왕이 초나라 왕에게 편지를 보냈다.

과인은 초나라와 국경을 접하고 있으므로 혼인 관계를 맺어 서로 친하게 지낸 지 오래되었소. 지금 초나라와 진나라는 관계가 나빠져서 제후들을 호령할 수 없게 되었습니다. 과인은 군왕과 무관(武關)에서 만나 그 자리에서 서로 동맹을 맺기를 희망하는데 이것이 과인이 원하는 바입니다.

회왕은 편지를 보고 걱정이 되었다. 가고 싶은데 속을까 두렵고, 가지 않으면 진나라가 화를 낼까 두려웠다.

소저가 말하였다.

"대왕께서는 가시지 말고, 군대를 보내어 국경을 굳게 수비하시면 됩니다. 진나라는 호랑이나 늑대 같아서 믿을 수가 없고 제후들을 병합할 마음만 가지고 있습니다."

회왕의 아들 자란(子蘭)은 회왕이 진나라에 가길 권하면서 말하였다.

"왜 진나라의 호의를 거절하십니까!"

그래서 회왕은 무관으로 가서 소왕을 만나려고 하였다. 초왕이 도착하자 무관을 닫아버리고 초왕을 사로잡아 함께 서쪽으로 함양에 이르렀다. 진소왕이 초왕을 장대(章臺)에서 만났는데 속국의 신하를 대하듯 하여 대등한 예로써 접견하지 않았다. 초회왕이 크게 분노하며, 소저의 말을 듣지 않은 것을 후회했다. 진나라는 초왕을 구류하고는 무(巫)와 검중(黔中)의 군(郡)을 떼어달라고 요구했다. 초왕이 맹약하려고 했으나 진나라가 먼저 땅을 달라고 하였다.

초왕이 화를 내며 말했다.

"진나라가 나를 속이고, 또 땅을 달라고 나에게 강요하네!"

다시 진나라에 허락하지 않자, 소왕은 회왕을 계류하고 귀국하지 못하게 했다.

초나라 대신들은 이 일을 걱정하며 상의하여 제나라에 인질로 가 있던 태자 횡(橫)을 귀국시켜 초나라가 그를 옹립하니 이 사람이 경양왕(頃襄王)이다. 그리고 진나라에 새 왕을 옹립하였다고 통고하였다.

경양왕 14년, 초나라 경양왕과 진소왕이 완(宛)에서 만나 우호 관계를 맺고 화친하였다.

경양왕 18년, 초나라에는 작은 활과 줄을 매달은 가느다란 화살로 북쪽으로 돌아가는 기러기를 맞추길 좋아하는 사람이 있었는데, 경양왕이 이 사실을 듣고 그를 불러 물었다. 그가 대답하여 말하였다.

"지금 진·위·연·조나라는 작은 기러기와 같고, 제·노·한·위나라는 머리가 청색인 작은 새와 같으며, 추(騶)·비(費)·담(郯)·비(邳)나라는 작은 오리와 같습니다. 이외에 나머지 나라는 쏘아 맞힐 가치가 없습니다. 이 열두 마리 작은 새를 대왕께서는 어떻게 잡으시겠습니까? 대왕께서는 어찌하여 성인(聖人)을 활로 삼고 용사를 화살로 삼아 시기를 잘 맞춰서 화살을 당겨 그들을 쏘아 죽이지 않으십니까? 이 열두 마리의 새는 잡아서 자루에 담을 수 있습니다. 그 즐거움은 아침저녁의 짧은 시간의 즐거움이 아니며, 그 수확은 작은 새나 기러기처럼 하찮은 사냥감이 아닙니다. 대왕께서 아침에 활시위를 당겨 위나라의 대량(大梁)의 남쪽을 쏘면, 그 오른팔을 치게 되어 곧바로 한나라에 영향을 주고 하북(河北)에서 중원으로 통하는 길이 차단되어 상채(上蔡)는 공격하지 않아도 스스로 무너질 것입니다. 또 어(圉)의 동쪽을 쏘면 위나라 왼쪽 팔뚝을 절단하는 것이며, 밖으로 정도(定陶)를 치면 위나라의 동쪽 밖은 방치되어 포기하게 되니 대송(大宋)과 방여(方與) 두 군을 얻을 수 있습니다. 위나라는 양팔이 절단되면 나라가 뒤집어 엎어지고 넘어져서 혼란에 빠질 것이고, 정면에서 담국(郯國)을 공격하면 대량(大梁)은 초나라가 소유할 수 있게 될 것입니다. 대왕께서 활에 줄을 매어 난대(蘭臺)를 쏘고, 서하(西河)에서 말에 물을 마시게 하며, 위나라의 도읍 대량을 평정하시면 이것이 바로 활을 쏘는 첫 번째 즐거움입니다. 대왕께서 화살에 줄을 매어 사냥하는 것을 정말 좋아하시어 싫증이 나지 않으면 보배처럼 귀한 활을 꺼내어 새 줄에 돌을 메어 동해(東海)에서 부리가 큰 새를 쏘아 죽여 장성으로 뒤덮고 둘러싸서 방어선으로 삼아야 합니다. 아침에 동거(東莒)를 쏘고 저녁에 패구(淇丘)를 쏘며 밤에는 즉묵(卽墨)을 공격하고 돌아오다가 오도(午道)를 점거하신다면 장성의 동쪽을 거두고 태산(太山)의 북쪽을 빼앗을 수 있습니다. 제나라는 서쪽으로 조나라와 국경을 접하고 북쪽으로는 연나라에 닿아 있어 제, 조, 연 세 나라가 새가 날개를 펼치고 날아오를 모습이므로 합종은 약정을 맺지 않아도 이루어진 것이나 마찬가지입니다. 북쪽으로 연나라의 요동을 유람하고 남쪽으로 월나라 회계산에 올라 굽어볼 수 있으니 이것이 활을 쏘는 두 번째 즐거움입니다. 사수(泗水) 유역의 열두 제후들은 <u>왼손을 들어 가리키고 오른손을 들어 흔들기</u>만 하면 하루아침에 전부 잡아들일 수 있습니다. 대왕께서 보배로운 활을 꺼내시어 새 줄에 돌을 매어 놓고 명새(郯塞)로 가서 진나라가 피곤할 때를 기다리시면, 산동(山東)과 하내(河內)의 땅을 얻어 하나로 통일하실 수 있습니다. 백성들을 위로하고 사람들을 쉬게 하시면 남쪽을 바라보고 왕을 칭하실 수 있습니다만 그런데 진나라는 큰 새입니다. 진나라는 하룻밤 사이에 혼자의 힘으로 제압할 수 없습니다."

그는 경양왕을 격노하게 할 생각으로 이렇게 말하였다.

경양왕이 그를 불러 물어보자 그가 말하였다.

"선왕께서 진나라에 속아서 국외에서 객사하셨으니 원한이 이보다 더 큰 것은 없을 것입니다. 지금 보통 백성들이 원한이 있는데 만승(萬乘)의 군주에게 보복할 수 있는 사람은 백공(白公)과 오자서(伍子胥)뿐입니다. 지금 초나라 땅은 5천 리에 달하고 백만의 대군을 가지고 있어서 들판에서 군사들이 뛰고 기마병이 빨리 달릴 수 있습니다. 가만히 앉아서 곤경에 처하셨으니 제가 은밀히 대왕께서 이렇게 하고 계시면 안 된다고 한 것입니다."

그래서 경양왕은 사신을 제후들에게 보내어 다시 합종 연맹을 계획하고 연합으로 진나라를 정벌하려고 하였다. 진나라가 이 소식을 듣고 군사를 일으켜 초나라를 공격하였다.

경양왕 19년, 진나라가 초나라를 공격하였다. 초나라 군대가 패하여 일부 땅을 진나라에 할양하였다.

경양왕 21년, 진나라 장군 백기(白起)가 초나라 영도를 점령하였다. 또 진나라가 초나라의 여러 군(郡)을 점령하였다.

경양왕 36년, 경양왕이 병들자 태자가 도망쳐 돌아왔다. 경양왕이 죽고 태자가 왕위에 올랐는데 그가 효열왕(孝烈王)이다.

효열왕 25년, 효열왕이 죽고 아들이 왕위에 올랐는데 그가 유왕(幽王)이다. 효열왕이 아들이 없자 이원(李園)이 자기 여동생을 먼저 춘신군에게 시집을 보낸 다음 임신하자 춘신군과 공모하여 그녀를 효열왕에게 보내어 유왕을 낳게 하였다. 효열왕이 죽은 후 이원은 춘신군이 이 사실을 누설할까 두렵고 걱정이 되어 춘신군을 죽였다.

유왕 10년, 유왕이 죽고 애왕(哀王)이 즉위하였으나 애왕의 서형(庶兄)

부추(負芻)의 무리가 갑자기 애왕을 죽이고 부추를 왕으로 옹립하였다.

부추 4년, 진나라 장군 왕전(王翦)이 초나라 군대를 이기고 장군 항연(項燕)을 죽였다.

부추 5년, 진(秦)나라 장군 왕전과 몽무(蒙武)가 초나라를 멸망시키고, 초나라와 왕 부추를 사로잡았으며, 초나라 국호를 없애고 남군(南郡), 구강(九江), 회계(會稽)의 삼군(三郡)을 설치하였다.

간체자	左萦右拂
발음	줘 잉 여우 푸 zuǒ yíng yòu fú
편명	초세가

| 해설 |

적을 쉽게 거두어들임을 비유하는 말이다.

왼쪽 손을 뒤로 묶어 매고 오른손만으로 흔들어서 몽땅 줍는다는 뜻이다.

초나라 경양왕이 활에 줄을 매어 새를 잡는 사람에게 활 쏘는 방법을 물었더니, 새 사냥꾼은 새 사냥에 비유하여 천하 정세를 분석하고 초나라의 대처 방략을 설명하였다. 초나라와 인접한 위나라와 제나라를 공격하여 영토를 확장하는 방법을 알려주었는데 이렇게 하면 "왼손을 묶어놓고 오른손으로 휘두르기만 해도" 작은 나라들은 모두 빼앗을 수 있다고 역설하면서 이 성어를 인용하였다.

초회왕 30년에 진소왕이 초왕에게 편지를 보내 무관에서 만나 맹약을 하고 싶다고 하자, 초왕은 망설이는데 초왕은 자기 아들의 말을 듣고 가는 것으로 결정했다. 이후 문장은 원문에 「于是往會秦昭王. 昭王

「詐令一將軍伏兵武關, 號爲秦王」을 어떤 번역본에는 "그래서 회왕은 진소왕을 만나러 갔다. 진 소왕은 회왕을 속이기 위해서, 장군에게 군사를 주어 무관에 매복하게 한 다음 진나라 왕의 깃발을 내걸게 하였다"라고 하였다. 그러나 첫 문장은 앞에서 진소왕이 초왕을 무관에서 만나기로 하였으므로, "회왕은 진소왕을 만나러 갔다"가 아니라 "회왕은 무관으로 가서 진소왕을 만나려고 하였다"이며, 다음 문장 원문의 '호(號)'를 "깃발을 내걸다"로 번역하였지만, "부르게 하다, 일컫다"로 해석해야 한다. 앞의 '속이다, 거짓말하다'라는 뜻의 '사(詐)'자와 연결하여 '가장(假裝)하다'로 해석하면, 이 문장은 그래서 초회왕은 무관으로 가서 진소왕을 만나려고 하였다. 그러나 진소왕은 (무관에서 초회왕과 만나기로 한 약속을 저버리고 대신 다른) 한 장군에게 명하여 병사들을 무관에 매복시키고 "속여서 진왕이라고 부르게 하였다" 또는 "진나라 왕이라고 속이게 하였다"라는 문장으로 번역된다.

초왕이 죽고 난 후 그의 아들 경양왕 집정 때, 어떤 사냥꾼이 경양왕의 물음에 대답하는 말 가운데 「其樂非特朝夕之樂也, 其獲非特雁之實也」의 어떤 번역본의 해석을 보면 "이 즐거움은 하루아침에 얻을 수 있는 즐거움이 아니고, 이 수확은 오리나 기러기 같은 사냥물이 아닙니다"라고 하였다. 앞의 문구에서 "하루아침에 얻을 수 있다"라고 한 것은 원문의 '조석(朝夕)'을 번역한 것인데, 하루아침에 얻을 수 있는 즐거움이 아님과 오리나 기러기 같은 사냥물이 아님은 도대체 무슨 뜻인지 알 수 없거나 뜻이 명확하지 않다. 여기에서 '조석'은 아주 짧은 시간을 뜻한다. 사냥할 때 느끼는 즐거움이 짧은 시간 동안에만 끝나버리는 그러한 즐거움이 아님을 뜻한다. 또 후반부는 문장 속에 의미가 내포되어있는 채로 직역하였다고 보아도 무방하다. 하여튼 이 문장은 작은 새나 오리, 기러기 정도의 작아서 하찮은 사냥감에 불과한 것이 아니라는 것을 뜻한다. 작은 나라들을 공격하여 차지해도 사냥감이 너무 작아서 실망하여 사냥의 즐거움이 하루아침이라는 짧은 기간에 느끼는 그런 즐거움이 아니며, 작은 새나 오리, 기러기가 아주 작은 사냥감이 아니라는 것이다.

『집해』에 '쟁(繒)'은 영(縈)이라고 하였고, 『정의』에 '교(繳)'는 비단 줄을 화살에 매어 새를 쏘는 것을 말한다고 하였다.

'파(磻)'는 주살에 메는 돌을 말한다.

'주(噣)'는 새의 부리라는 뜻으로 '주조(噣鳥)'란 『색은』에 "갈고리 모양의 부리를 가진 큰 새이며 제(齊)나라에 비유하였다"라고 하였다. 또 '환(還)'은 둘러쌀 요(繞)와 같고, '개(蓋)'는 덮어씌울 복(覆)과 같아서 「還蓋長城以爲防」은 "화살을 쏘는 자가 둘러싸고 덮어씌워 날아갈 길을 없게 하는 것처럼 장성을 방어선으로 삼는다. 장성은 제나라 남쪽에 있다"라고 하였다. 『정의』에는 "태산(太山) 서북쪽에 장성이 있다. 강을 따라서 태산을 지나며 천여 리에 달하는데 낭야대(琅琊臺)에 이르러 바다로 들어간다"라고 하였다.

'고(顧)'는 반(反)과 같은 글자로 다른 어떤 나라를 공격한 다음 본국으로 돌아오는 것을 말한다.

'시(羽氏)'는 시(翅)와 같은 글자로 새가 하늘로 날아가는 것을 말하는데, '포시(布翅)'는 새가 날개를 펴서 하늘로 날아가려는 모습을 가리킨다.

제, 조, 연 세 나라는 서로 인접하고 있는데 마치 새가 날개를 펴고 하늘로 날아가는 모습과도 같다고 새 사냥꾼이 두 번째 새를 잡는 즐거움을 말하는 장면이 있는데 서쪽으로 조나라와 인접하고 북쪽으로 연나라와 직통하고 있는 나라를 기존의 번역본에는 "우리나라"라고 하였는데 여기에서 우리나라는 초나라가 아니라 '제나라'이다.

66

쓸개를 맛보다

상담(嘗膽)

월왕 구천이 회계산에서 당한 치욕을 잊지 않기 위해 자신에게 일부러 행한 행동

월왕(越王) 구천(句踐)은 그의 조상이 우(禹)임금의 후손이고, 하후(夏后)의 군주 소강(小康)의 서자로 회계(會稽) 땅에 봉해졌고, 우임금의 제사를 지키며 받들었다. 그들은 몸에 문신하고 머리를 짧게 잘랐으며, 풀과 잡초를 베어 황무지를 개척하고 도읍을 세웠다. 후에 20여 대가 흘러 윤상(允常)에 이르렀다. 윤상이 왕위에 있을 때, 오왕(吳王) 합려(闔閭)와 싸우게 되니 그들은 서로 미워하여 정벌하였다. 윤상이 죽고 아들 구천(句踐)이 즉위하니, 그가 월왕(越王)이다.

월왕 구천 원년, 오왕 합려는 윤상이 죽은 것을 알고는 군사를 일으켜 월나라를 공격하였다. 월왕 구천이 죽기를 각오한 병사를 싸우게 하였는데 세 줄로 행군하여 오나라 진영에 이르러 크게 외치며 자결하였다. 오나라 군사들이 쳐다만 보고 있는데 월나라의 군대가 그들을 습격하니, 오나라 군사가 취리(檇里)에서 패하였고 화살을 쏘아 오왕 합려에게 상처를 입혔다. 합려는 죽을 때 그의 아들 부차(夫差)에게 고하였다.

嘗 맛볼 상 膽 쓸개 담

"반드시 월나라를 잊지 말라."

구천 3년, 구천은 오왕 부차가 밤낮으로 군대를 다스리며 훈련하여 월나라에 복수하려고 한다는 것을 듣고, 월나라가 먼저 오나라가 군대를 일으키기 전에 군사를 일으켜 가서 토벌하려고 하였다.

범려(范蠡)가 간하였다.

"안 됩니다. 신이 듣건대 병기는 흉기이고, 전쟁은 도의(道義)를 위배하는 것이며, 싸워서 빼앗는 것은 일을 처리하는 것 중에 하책(下策)에 속합니다. 음모를 꾸미고 도리에 역행하며 흉기 사용하길 좋아하고 몸소 말단의 하책을 시행하는 것은 하늘이 금지한 것이니 실행하는 자에게 이롭지 않습니다."

월왕이 말했다.

"내가 이미 결정하였다."

마침내 군사를 일으켰다.

오왕이 이 소식을 듣고 정예 병사를 모두 동원하여 월나라를 공격하여 부초산(夫椒山)에서 월나라를 물리쳤다. 이에 월왕은 남은 병사 5천 명을 이끌고 회계산(會稽山)을 지켰는데, 오왕이 추격하여 회계산을 포위하였다.

월왕이 범려에게 말했다.

"그대의 말을 듣지 않아 이 지경에 이르렀소. 어찌하면 좋겠소?"

범려가 대답했다.

"가득 찬 것을 지탱할 수 있으려면 하늘을 본받아야 하고, 전복된 것을 안정시킬 수 있으려면 대중의 지지를 얻어야 하며, 절약할 수 있으려면 땅을 배워야 한다고 했습니다. 말을 낮추어 겸손하게 하며 후한 예물을 그에게 주되 그가 받지 않고 강화하지 않으면 왕께서 몸소

가서 그를 섬기십시오."

구천이 대답했다.

"그렇게 하겠소."

구천은 대부 문종(文種)에게 시켜 강화를 청하게 하였다.

문종은 무릎으로 걷고 머리를 조아리며 말했다.

"군왕이시여! 그대의 도망한 신하 구천은 그대의 신하 수하의 신하인 제가 감히 군왕에게 보고 드립니다. 구천은 신하가 되고, 그의 처는 군왕의 첩이 되기를 청합니다."

부차가 이를 승낙하려 하자, 오자서(伍子胥)가 오왕에게 말했다.

"하늘이 월나라를 오나라에게 하사하는 것이니, 승낙하지 마십시오."

문종이 돌아와서 구천에게 보고했다. 구천은 처자를 죽이고 보물을 불에 태워버리고 목숨을 걸고 싸우려고 하였으나 문종이 구천을 말리며 말했다.

"오나라의 태재(太宰) 백비(伯嚭)는 탐욕스러운 사람이라 뇌물로 그를 유인할 수 있을 것입니다. 몰래 가서 그를 설득하겠습니다."

이에 구천은 문종을 시켜 미녀와 보물을 은밀히 오태재 백비에게 바치도록 했다.

백비가 뇌물을 받은 후에 대부 문종에게 오왕을 만나게 해주었다.

문종이 머리를 조아리며 부차에게 말하였다.

"대왕께서 구천의 죄를 사면해주시기 바라옵고 월나라의 보물을 다 받아주십시오. 불행하게도 사면해주지 않으시면 구천은 처자를 죽이고 보물을 불태운 뒤 5천 명의 군사 전부는 오나라와 죽음을 무릅쓰고 결전을 할 것이니 오왕은 반드시 상당한 대가를 치르게 될 것입니다!"

백비가 오왕을 설득하며 말했다.

"월나라가 신하로 복종하니, 월왕을 사면해주시면 이것은 나라의 이익이 됩니다."

오왕이 이를 하락하려고 하자 오자서가 간하였다.

"지금 월나라를 멸하지 않으면, 후에 반드시 후회하게 될 것입니다. 구천은 현명한 군주이고 문종, 범려는 훌륭한 신하이니, 만약 그들 나라로 돌아가면 반드시 반란을 일으킬 것입니다."

오왕은 오자서의 말을 듣지 않고 마침내 월왕을 사면해주고, 군사를 철수시켜 돌아왔다.

구천이 회계산에서 포위되었을 때 한숨 쉬며 탄식하여 말했다.

"나는 여기에서 죽는 것인가?"

문종이 말하였다.

"탕(湯)은 하대(夏臺)에 구금되었고, 문왕은 유리(羑里)에 갇혔으며, 진(晉)나라의 공자 중이(重耳)는 적(翟)나라로 도망하였고, 제(齊)나라의 소백(小白)은 거(莒)나라로 도망했습니다. 그들 모두 최후에는 왕이 되어 천하의 패자가 되었습니다. 이것으로 볼 때 화(禍)가 어찌 갑자기 복이 되지 않는다고 하겠습니까?"

오왕이 월왕을 사면해주자 월왕 구천은 귀국하였다. 월왕은 근면하며 고통을 받고 근심 걱정하며 고심하였는데, 앉은 자리에 쓸개를 매달아 놓고서, 앉아 있을 때나 누워 있을 때나 쓸개를 쳐다보며, 음식을 먹을 때 쓸개를 핥곤 하였다.

구천은 스스로 말했다.

"너는 회계산에서의 치욕을 잊지 않았겠지?"

구천은 친히 밭을 갈고, 부인은 직접 베를 짜며, 고기를 먹지 않았고, 옷은 이중으로 겹쳐 입지 않았다. 자신을 굽히고 어진 이를 겸손하게 대하며, 손님을 후하게 접대하며, 가난한 사람을 구호하고 죽은 자를 애도하며 백성과 수고로움을 함께하였다.

구천은 오나라 국정을 범려에게 맡기려고 하자, 범려가 말했다.

"군사에 관한 일이라면 제가 문종만 못합니다. 민심을 얻어 나라를 안정시키고 백성들이 따르게 하는 일은 제가 문종만 못합니다."

그래서 문종에게 국정을 맡기고, 범려와 대부 자계(柘稽)를 보내 강화를 맺고 오나라에 인질로 남게 하였다. 2년이 지나자 오나라는 범려를 월나라로 돌려보냈다.

구천이 회계산에서 돌아온 지 7년이 되던 해에, 병사와 백성들을 어루만져 위로하고 그들을 이용하여 오나라에 복수하려고 하였다.

대부 봉동(逢同)이 간하였다.

"최근 나라가 망했다가 요즘 다시 번창하고 부유해졌으니 군대를 수리하고 정돈하여 무기를 준비한다면 오나라는 반드시 두려워할 것이고 오나라가 두려워하면 오나라에 반드시 재난이 닥칠 것입니다. 매나 수리와 같은 사나운 새가 습격할 때는 자신의 모습을 감춥니다. 지금 오나라는 제나라와 진(晉)나라를 공격하고 있으나, 초나라와 월나라에 깊은 원한이 있습니다. 명성이 천하에 높지만, 주나라 왕실을 해치고 있습니다. 덕은 적은데 무력으로 이룬 공이 많아 틀림없이 자만에 빠져있을 것입니다. 월나라를 위해 계책을 낸다면, 제나라와 교류를 맺고 초나라와 친하게 지내며 진(晉)나라에 의지하는 동시에 오나라를 후하게 받드는 것이 낫습니다. 오나라가 야심이 커지면 틀림없이 경솔하게 전쟁을 도발할 것입니다. 이것이 우리가 제, 초, 진 세 나라의 권력에 도움을 받을 시기이니 연락하면 세 나라가 오나라를 정벌할 것이고 우리 월나라는 오나라가 피곤하여 지친 틈을 이용하여 공격하면 오나라를 패배시킬 수 있을 것입니다."

구천이 대답했다.

"좋소."

2년의 세월이 지나서, 오왕이 제나라를 공격하려고 하자, 오자서가 간하였다.

"아니 됩니다. 신이 듣건대 구천은 두 가지 음식을 먹지 않으며, 백성과 더불어 고락을 같이한다고 합니다. 이 사람이 죽지 않으면 반드시 우리나라에 화근이 될 것입니다. 오나라에 월나라는 뱃속의 질병과 같지만, 제나라는 오나라에게 있어 피부병인 옴 정도에 불과합니다. 청컨대 제나라는 제쳐두고 먼저 월나라를 공격하시기 바랍니다."

오왕은 듣지 않고 제나라를 공격하여 애릉(艾陵)에서 물리치고, 제나라 대신 고장(高張)과 국하(國夏) 둘을 포로로 잡아 귀국했다. 오자서를 꾸짖었다.

오자서가 말하였다.

"왕께서는 너무 기뻐하지 마십시오!"

오왕이 노하자, 오자서가 자결하려 하니 오왕이 듣고 그를 제지하였다.

월나라 문종이 말하였다.

"신이 보건대 오왕은 정치하는 것이 매우 교만합니다. 시험 삼아 식량을 빌려달라고 하고 우리에게 대하는 태도를 살펴보십시오."

과연 식량을 빌려달라고 청하자, 오왕이 주려고 하는데, 오자서가 주지 말라고 간하였다. 그러나 오왕이 마침내 빌려주자, 구천은 속으로 기뻐하였다.

오자서가 말하였다.

"왕께서 나의 간언을 듣지 않으시니, 3년 후에 오나라는 폐허가 될 것이야!"

태재 백비가 이 말을 듣고서 여러 차례 오자서와 월나라 문제에 대하여 논쟁을 벌였으므로, 오왕에게 오자서를 참언하여 말하였다.

"오원(伍員)은 밖으로는 충성스러워 보이나, 실제로는 잔인한 사람입니다. 그의 아버지와 형을 돌보지 않았는데, 어찌 왕을 섬기겠습니까? 왕께서 이전에 제나라를 치려고 할 때 그는 강하게 반대하였는데, 얼마 후 제나라를 공격하여 공을 세우자 오히려 이 때문에 왕을 원망하고 있습니다. 왕께서 그를 경계하지 않으시면 그는 반드시 반란을 일으킬 것입니다."

백비는 월나라 대부 봉동과 함께 음모를 꾸미며, 왕에게 오자서를 비방하였다. 오왕은 처음에는 믿지 않다가 오자서를 제나라에 사신으로 보낸 뒤에 오자서가 자기 아들을 제나라의 대부 포씨(鮑氏)에게 맡겼다는 것을 뒤늦게 듣고서는 크게 화를 내며 말했다.

"오원이 과연 과인을 속였구나!"

오자서가 돌아오자, 오왕은 사람을 시켜 속루(屬鏤)라는 명검을 오자서에게 보내 자결하게 하였다. 오자서는 크게 웃으며 말하였다.

"나는 그대의 아버지가 천하를 얻게 하였고, 나는 또 그대를 옹립하였다. 그래서 너는 애초에 오나라의 절반을 나에게 주려고 하였지만, 나는 받지 않았다. 그런데 이제 너는 도리어 참언을 믿고 나를 죽이려고 하다니. 아! 아! 이 자는 혼자 서지 못할 것이다!"

또 사자에게 고하였다.

"반드시 내 눈을 파내어 오나라 동쪽 문에 매달아 놓아 월나라 군사가 쳐들어오는 것을 지켜보게 해달라."

마침내 오왕은 백비에게 국정을 맡겼다.

3년이 지나 구천은 범려를 불러 말하였다.

"오왕이 이미 오자서를 죽였고, 또한 영합하고 아부하는 자들이 많으니, 공격해도 좋겠소?"

범려가 말하였다.

"아직 안 됩니다."

이듬해 봄이 되자, 오왕은 북쪽의 황지(黃池)에서 제후들과 결맹하였다. 오나라의 정예 병사들이 왕을 수행하였고, 오로지 노약자와 태자만이 남아 성을 지켰다. 구천이 다시 범려에게 물었다.

범려가 대답하였다.

"가능합니다."

이에 수전(水戰)에 익숙한 2천 명, 군사 훈련을 받은 병사 4만 명, 왕의 친위병 6천 명, 군관(軍官) 천 명을 보내 오나라를 정벌하게 했다. 오나라 군대를 패배시키고, 태자를 죽였다. 오나라는 오왕에게 급히 알렸으나, 오왕은 황지에서 제후들과 만나고 있었는데 천하가 이를 알까 두려워서 비밀로 하였다. 오왕은 이미 황지에서 결맹하였고, 사람을 보내 후한 예물로 월왕과 강화를 청하게 하였다. 월왕 역시 오나라를 멸할 수 없다는 것을 헤아리고, 오나라와 평화 협정을 맺었다.

그 후 4년이 지나, 월나라는 다시 오나라를 공격하였다. 오나라 병사와 백성은 피로하여 지쳐버렸다. 날쌘 병사들은 제나라, 진(晉)나라와의 싸움에서 다 죽었다. 월나라는 오나라를 크게 물리쳤기 때문에 남아서 3년 동안 포위하였고 오나라가 패하자 월나라는 마침내 다시 오왕을 고소산(姑蘇山)에서 포위하였다. 오왕은 대부 공손웅(公孫雄)을 보내 어깨를 드러내고 무릎걸음으로 앞으로 나아가 월왕에게 강화를 청하며 말하였다.

"고립무원의 신하 부차는 감히 진심을 말하겠나이다. 이전에 일찍이 회계산에서 죄를 지었고 부차는 감히 천명(天命)을 거역하지 못해 군왕과 강화를 맺고 귀국하고자 합니다. 지금 군왕께서 친히 옥보를 걸으시어 고립된 신하를 죽이시려 하니, 고립된 신하는 명을 듣겠습니다. 고립된 신하 부차가 사적으로 뜻하는 바는 회계산에서 고립된 신하가 (군왕을) 사면해준 것처럼 고립된 신하 부차의 죄를 용서해주시는 것입니다."

구천은 모진 마음을 먹지 못하고 그에게 허락하려 하였다. 그러나 범려가 말하였다.

"회계산의 일은 하늘이 월나라를 오나라에게 하사한 것인데 오나라가 받지 않은 것입니다. 이제 하늘이 오나라를 월나라에게 주려고 하는데, 어찌 월나라가 천명을 거역할 수 있겠습니까? 군왕께서는 아침 일찍 조회에 나가시었다가 해가 저물 때 물러가신 것은 오나라를 정복하기 위해서가 아니었습니까? 22년간 도모하였는데, 하루아침에 이를 버리실 수 있겠습니까? 하늘이 주는 것을 받지 않는다면 오히려 재앙을 받을 것입니다. '나무를 베어서 도끼 자루를 만드는데, 그 본보기는 먼 곳에 있지 않다'라고 했습니다. 왕께서는 회계산에서의 재앙을 잊고 계신 것은 아닙니까?"

구천이 말했다.

"내가 그대의 말을 듣겠지만, 나는 그 사자를 모질게 대하지 못하겠소."

범려는 북을 쳐서 군사들을 진격시켰다.

범려가 말했다.

"왕은 이미 나에게 정치를 맡겼소. 사자는 가시고 가지 않으면 죄를 묻겠소."

오나라 사자가 눈물을 흘리며 가니, 구천이 그를 불쌍하게 여겨 사람을 보내 오왕에게 전하게 했다.

"나는 그대를 용동(甬東)으로 보내줄 것이니, 그곳에서 일백 호의 통치자가 되시오."

오왕이 거절하며 말하였다.

"나는 이미 늙었으니, 군왕을 섬길 수 없소."

그리고는 자결하면서 물건으로 얼굴을 가리고 말하였다.

"나는 오자서를 볼 면목이 없다."

월왕은 오왕을 장사지내고, 태재 백비를 주살하였다.

구천이 오나라를 평정한 후, 군대를 이끌고 북상하여 회하(淮河)를 건너 제나라, 진나라와 서주(徐州)에서 결맹하고 주(周) 왕실에 공물을 올렸다. 주원왕(周元王)은 구천에게 제사를 지낸 고기를 내리고, 제후의 수령으로 삼았다. 구천은 서주를 떠난 후 회남(淮南)을 건너 회화 유역의 땅을 초나라에게 주고, 오나라가 침탈한 송나라 땅은 송나라에 돌려주었으며, 노나라에게는 사수(泗水) 동쪽의 백 리 땅을 주었다. 당시 월나라 병사가 장강과 회하(淮河) 동쪽을 차지하고 횡행하니, 제후들은 모두 축하하며 구천을 패왕(霸王)이라고 칭하였다.

간체자 尝胆 **발음** 창 단 cháng dǎn **편명** 월왕구천세가 越王句踐世家

'상담'은 '와신상담(臥薪嘗膽)'과 같은 뜻으로, 원수를 갚기 위해 온 갖 괴로움을 참고 견디는 것을 비유하는 말이다.

원수를 갚거나 '절치부심(切齒腐心)'하여 실패에서 재기(再起)하는 비유에도 사용된다. 유사 성어는 '분발도강(奮發圖强)', '발분도강(發 奮圖强)', '발분도강(發憤圖强)', '여정도치(勵精圖治)', '각고자려(刻苦 自勵)' 등이 있다.

『좌전』의 정공(定公)과 애공(哀公) 양대 군주 부분에 월왕 구천의 고사가 기록되어 있지만 구천이 '와신상담'하였다는 자체 기록은 보이 지 않는다. 『국어』 중의 「오어(吳語)」와 「월어(越語)」에 오월(吳越)의 전쟁의 기록은 보이지만 '와신상담'의 기록은 없다. 그런데 서한(西漢) 때 사마천의 『사기』 「월왕구천세가」 중에는 '와신(臥薪)'은 없고 '상 담'만 기록되어 있다. 동한(東漢) 시기 『월절서(越絕書)』와 『오월춘추 (吳越春秋)』는 춘추전국 시대 때 오월 양국의 역사를 상세하게 기록하 고 있어도 실제 역사를 기초로 소설적 상상이 가미되었다. 전자에는 '와신상담'을 언급하지 않았고, 후자에는 "월왕 구천이 창문 바깥에 쓸 개를 걸어놓고 출입할 때마다 항상 맛을 보았으며 입에서 끊지를 않았 다"라고 하였어도, 땔나무에 누웠다는 '와신'의 기록은 없다.

그렇다면 언제부터 '와신상담'이란 성어가 출현하였을까? 북송의 문학가 소식의 문장 「의손권답조조서(擬孫權答曹操書)」에서 실제 구 천과는 아무 상관이 없는 내용인데, 소식은 손권이 천하를 삼국으로 나눌 때 '좌신상담(坐薪嘗膽)'하였다는 가설을 내놓았다. 남송 때 여조 겸(呂祖謙)이 「좌씨전설(左氏傳說)」이란 문장에서 구천이 아닌 오왕 부차의 '좌신상담'에 대해 논하였고, 명대 장부(張溥)는 「춘추열국론(春秋列國論)」에서 월왕 구천이 아닌 오왕 부차가 복수하기 위해 '와신상담'하였다고 하였다.

명말 양진어(梁辰魚)의 전기(傳奇) 극본『완계사(浣溪沙)』에 구천의 '와신'과 '상담'의 두 가지 사실을 영웅적인 행위로 표현하였다. 명말의 소설가 풍몽룡(馮夢龍)도 그의 소설『동주열국지(東周列國志)』에서 구천의 '와신상담' 고사를 여러 차례 언급하였다. 청대 초기 때 오승권(吳乘權)도 『강감역지록(綱鑒易知錄)』에서 '와신상담'을 언급하였다.

『죽서기년(竹書紀年)』에 하조(夏朝)의 군주의 칭호는 앞에 후(后)를 붙여서 후계(后啓), 후소강(后小康), 후걸(后桀) 등으로 불렀는데, 최고 통치자라는 뜻이다. 군주, 왕과 같은 의미라고 하였다. 「하본기(夏本紀)」에 치수에 공을 세운 대우(大禹)가 만민의 추대를 받아 등극하고 왕이 되어 통일된 왕조 하조를 건립하고 국호를 하라고 정하였으며, 사성(姒姓) 하후씨(夏后氏)를 우두머리로 하는 왕권 세습제도를 확립하고, 후에 왕위를 아들 하후계(夏后啓)에게 전하였다고 하였다.

월왕 구천 원년은 기원전 496년이다.

'지만(持滿)'은 충분한 지위를 보전하여 지탱함을 뜻한다. '여천(與天)'이란『집해』에 "하늘을 본받는 것을 말하는데, 하늘의 도는 가득 차되 넘치지 않는다"고 하였다. 천하를 얻어 왕위에 있으면서 창업을 수성할 수 있으려면, 하늘을 본받아야 한다는 뜻이다.

'절사자이지(節事者以之)'란『색은』에 "『국어』에 '이(以)'를 '여(與)'라고 하였고, 땅이 만물로 재물을 만드는데 군주는 마땅히 절용(節用)하여 땅을 본받아야 하므로 땅이 그것을 준다고 하였다"라고 하였다.

'시(市)'는 『집해』에 이(利)라고 하였다. 『정의』에 "월왕이 몸소 가서 오왕을 섬기는데 마치 시장에서 물건을 교환하여 이득을 얻는 것과 같다. 이것은 기울어져서 위기에 처한 곤경에서 안정을 되찾는 계책이다"라고 하였다.

배신(陪臣)은 제후의 대신이 천자에게 일컫는 자신에 대한 호칭이다. 여기에서는 월왕의 대신 문종이 오왕에게 일컫는 자칭(自稱)이다.

집사(執事)란 귀인(貴人)을 직접 지칭하기 황송하여 그의 옆에 모시고 있는 사람이란 뜻으로 여기에서는 오왕을 가리킨다.

'간행언지(間行言之)'에서 '간행(間行)'은 몰래 가거나 숨어서 감을 뜻하고, '언(言)'은 유세할 설(說)과 같으며 '지(之)'는 백비를 가리킨다.

'하거불위복호(何遽不爲福乎)'는 "어찌 갑자기 화가 복이 되는 '전화위복(轉禍爲福)'이 아니겠냐"라는 뜻이다.

'절절(折節)'은 자기를 굽히고 의지를 꺾음을 말한다. 하(下)는 낮춤 혹은 겸손함을 말한다.

'진무(塡撫)'는 민심을 진정시키고 나라를 안정시키는 것을 말한다.

'친부(親附)'는 가까이 지내 정이 들어 따르게 함을 말한다.

'부순(拊循)'은 어루만지고 위무(慰撫)함을 말한다.

'선식(繕飾)'은 수리하고 정돈함을 뜻한다. '이(利)'는 칼처럼 날카로운 것, 즉 무기를 말한다. '비리(備利)'는 무기를 설비함을 뜻한다.

'지조(鷙鳥)'는 매나 수리 같은 무서운 맹금을 말한다.

'개선(疥癬)'은 피부병의 일종인 옴을 뜻한다.

'속루(屬鏤)'는 오왕 부차의 보검(寶劍)인데 이 검이 유명한 것은 어떠한 칼도 이 보검보다 예리하지 않기 때문이다. 이 검에는 두 사람의 충혼(忠魂)이 서려 있다. 하나는 오원 오자서이고, 다른 한 사람은 월나라 충신 문종이다. 오자서는 양대에 걸쳐 오왕을 섬기면서 자객 전제(專諸)를 합려가 공자일 때 소개하여 오왕이 되게 하였으며 유명한 병법가 손무(孫武)를 등용하여 초나라를 격파하고 월나라를 대패시키는 등 오나라를 강대하게 만들었지만, 월나라가 오나라에 투항하는 문제로 오왕과 의견이 대립하여 최후에는 오왕이 사사하여 오자서는 분을 삼키고 이 속루 보검으로 자결하였다. 두 번째 죽음은 월나라 충신 문종인데, 월왕 구천이 회계산에서 참패한 후에 10년 동안 월나라의 인구를 늘리고 10년 동안 패배를 교훈 삼아 와신상담하여 복수를 결심했다. 구천이 범려와 문종의 보좌로 마침내 강한 오나라를 멸망시켰다. 범려는 "환난(患難)은 같이 할 수 있어도 부귀는 같이 할 수 없다"라고 하며 문종에게 관직을 버리고 도망치자고 했으나, 문종은 "월왕의 대업이 아직 완성되지 않아 우리의 도움이 더 필요한데 어찌 월왕을 버리고 가버리냐"라고 하며 거절했다. 범려가 떠난 다음 월왕은 과연 보검 속루를 문종에게 보내니 문종도 자결하였다.

'도유(導諛)'는 영합하고 아첨하는 사람을 말한다.

'습류(習流)'는 수전(水戰)에 익숙한 병사를 말한다. 사마정(司馬貞)의 『색은』에 '유배당한 죄인을 전투 훈련을 시켜 군대에 편입하였으므로 2천 명이라고 한 것이다'라고 하였지만, 서천우(徐天祐)의 『오월춘추주(吳越春秋注)』「구천벌오외전(句踐伐吳外傳)」에 "입택(笠澤) 전투에서 월나라는 삼군(三軍)에게 잠수하여 강을 건너게 하고 수군(水軍)으로 승리하였다. 이것을 습류(習流)라고 일컫는 것인데, 수전(水戰)에 익숙한 병사를 말한다"라고 하였다. 또 고염무(顧炎武)는 『일지록(日知錄)』「사기주(史記注)」에 "습류(習流)란 병사 중에 헤엄을 잘 치는 자를 별도로 하나의 군대로 만든 것을 가리킨다"라고 하였다. 『색은』

에서 말하는 유배당한 죄인의 뜻은 아니고 물의 특성을 잘 알거나 물에 익숙함 또는 그러한 병사를 뜻한다.

'교사(敎士)'는 『색은』에 평소에 교련(敎鍊), 즉 훈련을 받은 병사라고 하였다.

'군자(君子)'는 춘추전국 시대 때 군자군(君子軍)을 말한다. 『국어(國語)』 「오어(吳語)」에 "월왕은 친위 병사 군자군 6천 명을 중군(中軍)으로 삼고 이튿날 송강에서 수전(水戰)을 벌일 준비를 하였다"라고 하였다. 『집해』에 "위소(韋昭)의 주(注)에 군자란 왕의 친위대 가운데 지조 있고 덕이 있는 자를 말한다"라고 하였다.

'어(御)'는 군관(軍官)을 말한다.

'경예(輕銳)'는 날쌤을 뜻한다.

'고신(孤臣)'이란 군주의 신임을 받지 못하거나 버림을 받은 신하를 뜻하는데 '고립무원(孤立無援)'의 신하를 말하기도 한다.

'복심(腹心)'은 심복(心腹)이란 뜻인데 여기서는 진심(眞心)을 말한다.

'옥지(玉趾)'는 남의 발을 가리키고, "거옥지(擧玉趾)"는 몸소 걷는다는 뜻이다. 『좌전』 희공(僖公) 26년에 제나라의 효공(孝公)은 천하에 패왕이 되고자 하여 노나라에 기근이 들자 노나라의 북쪽 변방을 공격하였다. 이에 노나라 희공이 전희(展喜)를 파견하여 제나라 병사들을 위로한다는 명분으로 가서 제효공을 설득하도록 하였다. 전희가 제나라 효공에게 말하길, "과인의 군주가 대왕께서 친히 옥보(玉步)를 걸으시어 저희 노나라에 오시려고 하신다는 소식을 듣고 소신더러 군주를 모시는 신하들을 위로하시라고 하셨습니다"라고 하였다. 마침내 전희는 제환공이 제후들을 규합하여 불화를 없애고 제후국들 사이에 재화가 발생하면 서로 도왔던 과거를 얘기하며 제효공을 설득하여 제나라 군사를 물러나게 하였다.

『시경』「벌가(伐柯)」에 "나무를 베어 도끼 자루를 만들려면, 그 본보기가 먼 곳에 있지 않네(伐柯伐柯, 其則不遠)"라고 하였다. '칙(則)'은 규범, 표준, 본보기의 뜻이고, '기칙(其則)'은 도끼 자루를 만드는데 나무를 벨 때 표준이 될 본보기라는 뜻이다. '불원(不遠)'이란 나무를 베는 도끼에 자루가 있으므로 표준이 되는 자루는 먼 곳에 있는 것이 아니라는 것이다.

'용동(甬東)'은 지금의 절강성 영파(寧波) 앞바다의 주산(舟山)군도이다.

'조(胙)'는 제육인란 뜻으로 제사 지내고 분배하는 고기를 말한다.

'백(伯)'은 백작이란 뜻이지만, 여기에서는 우두머리를 말한다.

'횡행(橫行)'이란 거리낌 없이 마음대로 돌아다님을 뜻하여 자기 세력권임을 나타내는 말이다.

67

교활한 토끼가 잡히면 사냥개는 삶아지다

토사구팽(兎死狗烹)

관직을 버리고 은거하는 범려가 대부 문종을 설득한 말

범려는 월나라를 떠나 제나라에서 대부 문종에게 편지를 보내 말하였다.

"날아다니는 새가 다 잡히면, 좋은 활은 거두어지는 것이고, 교활한 토끼가 모두 잡히면, 사냥개는 삶아지는 법이오. 월왕은 목이 길고 입은 새처럼 뾰족하니, 어려움은 함께할 수 있어도, 즐거움은 같이할 수 없소이다. 그대는 왜 월나라를 떠나지 않는 것이오?"

문종이 편지를 읽고서 병을 핑계로 조회에 가지 않으니, 어떤 사람이 문종을 참소하여 그가 반란을 일으키려고 한다고 하였다. 구천은 그에게 칼을 주며 말하였다.

"그대는 과인에게 오나라를 벌할 일곱 가지 계책을 가르쳐주었소. 나는 그중에 세 가지만을 사용하여 오나라를 패배시켰소. 나머지 네 가지는 그대에게 있으니, 그대는 나를 위해 선왕(先王)을 따라가서 그것을 시험해보시오."

兎 토끼 토 死 죽을 사 狗 개 구 烹 삶을 팽

문종은 마침내 자결하였다.

간체자	兔死狗烹
발음	투 쓰 거우 펑 tù sǐ gǒu pēng
편명	월왕구천세가

| 해설 |

필요할 때는 쓰고 필요 없을 때는 버리는 것을 비유한 유명한 성어이다.

유사어로는 "새가 다 죽고 나면 활은 감춰진다"는 뜻의 '조진궁장(鳥盡弓藏)', "물고기를 잡고 나면 통발을 잊는다"라는 뜻의 '득어망전(得魚忘筌)' 등이 있고, 반의어로는 "은혜에 감사하고 덕을 생각하다"라는 뜻의 '감은대덕(感恩戴德)'이 있다.

정사 『삼국지』「낙통전(駱統傳)」에 손권이 장군 신분으로 회계 태수를 겸했을 때 낙통은 오정(烏程)이란 고을의 상(相)으로 잘 다스려 백성들은 그의 은혜로운 정치에 감탄하였고 이 소식을 들은 손권은 그를 칭찬하고 불러서 승진시켜주었는데, 낙통은 손권의 부족한 부분을 도와 만사가 해결되도록 하였고, 또 언제나 손권에게 어진 사람을 존중하고 선비를 등용하라고 권하면서 그들이 모두 손권의 은혜에 감사하고 의로움을 간직하고 보답하려는 마음을 품게 하도록 권유했다고 하였다. 여기에서 "은혜에 감사하고 의로움을 간직하다"라는 것은 '감은대의(感恩戴義)'라고 한다.

"날아다니는 새가 다 잡히면, 좋은 활은 거두어진다"라는 구는 「비조진(蜚鳥盡), 양궁장(良弓藏)」으로 「교토사(狡兎死), 주팽구(走烹狗)」
와 함께 쓰이는 같은 뜻의 성어다.

'구술(九術)'에 대해서는 다음 두 기록에 보인다. 원강(袁康) 찬(撰),
오평(吳平) 집록(輯錄), 『월절서(越絶書)』권12 「내경(內經)」〈구술(九
術)〉에 "첫째는 천지를 존경하고 귀신을 섬기는 것이요, 둘째는 재물
을 중히 여겨 이를 그 임금에게 보낸 것이요, 셋째는 오나라의 곡식과
말 먹이를 비싼 값으로 사들여 그 나라를 텅 비게 하는 것이요, 넷째는
아름다운 미녀를 보내어 그들의 의지를 해이하게 하는 것이요, 다섯째
는 기교에 뛰어난 장인을 보내어 그들이 궁궐과 높은 누대를 짓느라
그들의 재물을 다 탕진하고 힘을 피로하게 하는 것이요, 여섯째는 아
첨하는 신하를 보내어 쉽게 칠 수 있도록 하는 것이오, 일곱째는 그들
의 간언하는 신하를 더욱 강직하게 하여 그들이 자살하도록 하는 것이
요, 여덟째는 우리나라의 모든 집을 더욱 부유하게 하고 무기를 갖추
도록 하는 것이요, 아홉째는 우리나라 군비를 더욱 견고하게 하고 군
사들을 훈련하여 저들의 피폐한 틈을 노리는 것입니다.

조엽(趙曄) 찬, 『오월춘추(吳越春秋)』권9 「구천음모외전(句踐陰謀
外傳)」에 문종이 월왕에게 '구술(九術)'은 탕왕과 문왕이 왕업을 이루
었고 제환공과 진목공이 패업을 이룬 계책이라 하면서, "첫째는 하늘
을 존경하고 귀신을 섬겨 그 복을 구하는 것이며, 둘째는 재물과 돈을
중시하는 상대 군주에게 주고 많은 물건을 뇌물로 주어 그 군주의 신
하들을 즐겁게 하는 것이며, 셋째는 식량과 말 먹이 건초를 비싼 값으
로 사들여 그 나라를 텅 비게 하고 이익에 대한 욕심으로 그 백성을
피폐하게 하는 것이며, 넷째는 미녀를 보내어 군주의 마음을 미혹시키
고 그의 모략을 혼란하게 하는 것이며, 다섯째는 솜씨 뛰어난 장인들

과 훌륭한 목재를 보내어 그들이 궁궐을 짓도록 하여 그들의 재물을 탕진시키는 것이며, 여섯째는 아첨하는 신하를 보내어 쉽게 남을 공격하게 하는 것이며, 일곱째는 간언하는 신하를 강하게 하여 자살하도록 하는 것이며, 여덟째는 군왕의 우리나라를 부강하게 하고 날카로운 무기를 준비하게 하는 것이며, 아홉째는 날쌘 군사를 써서 그들이 피곤해지고 지친 틈을 타는 것입니다"라고 하였다.

68

천금을 가진 부자의 아들은
시장바닥에서 처형당하지 않는다

천금지자(千金之子)

불사어시(不死於市)

범려가 그의 둘째 아들이 사람을 죽이자 막내아들에게 한 말

범려가 월왕 구천을 모셨는데, 고생하며 온 힘을 다하여 구천을 위해 20여 년간 계략을 세워 마침내 오나라를 멸망시키고 회계산에서의 치욕을 갚았다. 이후 북쪽으로 출병하여 회하(淮河)를 건너, 제나라와 진(晉)나라를 정벌하여 중원을 호령하였으며, 주나라 왕실을 존숭하여 구천은 패왕이 되었고, 범려는 상장군이 되었다. 월나라로 돌아와서, 범려는 자신이 너무 유명해져서 그 명성을 오래 유지하기 어렵다고 여겼고, 게다가 구천의 사람됨은 어려울 때는 같이할 수는 있어도, 평안할 때는 함께 살기 어려우므로, 사직서를 써서 구천에게 말했다.

"신이 듣건대, 국왕이 걱정하는 것이 있으면 신하는 고생을 마다하지 않고, 국왕이 모욕을 당하시면 신하는 나라를 위하여 싸우다가 희

千 일천 천　金 황금 금　之 어조사 지　子 아들 자
不 아니 불　死 죽을 사　於 어조사 어　市 시장 시

생되어야 한다고 합니다. 이전에 왕께서 회계에서 모욕을 당하셨는데, 제가 죽지 않았던 것은 이것 때문이었습니다. 이제 그 치욕을 설욕하였으니, 신은 마땅히 스스로 대왕께서 회계에서 모욕을 당하시게 한 죄과를 추론하여 벌하실 것을 청합니다."

이에 구천이 말하였다.

"나는 그대에게 나라를 둘로 나누어 갖도록 하려 하오. 그렇게 하지 않으면, 나는 그대를 벌할 것이오."

범려가 말했다.

"군주는 명령을 집행하고, 신하는 자기의 뜻에 따를 뿐입니다."

범려는 가벼운 보물들을 싣고 몰래 하인들과 함께 배를 타고 바다로 나가서 끝내 돌아오지 않았다. 그래서 구천은 회계산에 표시하여 범려의 봉읍지로 삼았다.

범려는 배를 타고 바다로 나아가 제나라에 나타나서는 성과 이름을 바꾸고 스스로 '치이자피(鴟夷子皮)'라고 칭하였다. 그는 해변에서 농사를 지었는데 고생하며 온 힘을 다하여, 아들과 함께 생산에 힘썼다. 산 지 얼마 안 되어서 곧 재산이 수천만에 달하였다. 제나라 사람들이 그가 현명하다는 것을 듣고서 그를 상국(相國)으로 삼았다.

범려는 탄식하며 말하였다.

"집에서는 천금의 재산을 이루었고, 관직은 재상까지 이르렀으니, 보통사람으로는 가장 성공한 셈이다. 존귀한 이름을 오랫동안 가지고 있는 것은 상서롭지 못하다."

이에 그는 상국의 인장을 돌려주었다. 또 재산을 나누어서 친구와 마을 사람들에게 주고, 귀중한 보물만 품에 안고 몰래 떠나가서 도(陶)라는 땅에 이르러 멈추고는 이곳이 천하의 중심이므로 여기에는 있고 저곳에는 없는 물건이 서로 유통하게 되어 여기에서 생계를 도모하면 재산을 모을 수 있다고 여겼다. 그는 스스로 '도주공(陶朱公)'이라고 칭하였다. 다시 절약해서 부자가 함께 농사를 짓고 가축을 기르며, 상품을 팔거나 사서 쌓아두었으며 때를 기다려 되팔아 1할의 이윤을 얻었다. 얼마 되지 않아 치부하여 엄청난 재산이 쌓였고, 세상 사람들이 도주공을 칭찬하였다.

범려는 도 땅에 살면서 막내아들을 낳았다. 이 막내아들이 청년이 될 무렵, 주공(朱公)의 둘째 아들이 사람을 죽여 초나라에 갇혔다.

범려가 말하였다.

"살인했으니 죽어야 하는 것은 당연하다. 그러나 천금을 가진 부자의 아들은 시장바닥에서 처형당하지 않는다고 들었다."

범려는 막내아들에게 알리고 가서 살피게 하였다. 이에 황금 천 일(鎰)을 싣고 가게 하였는데, 갈색 그릇에 넣어 소가 끄는 수레에 싣고 가게 했다.

간체자	千金之子, 不死于市
발음	첸 진 즈 쯔 qiān jīn zhī zǐ 부 쓰 위 스 bù sǐ yú shì
편명	월왕구천세가

| 해설 |

돈만 있으면 죽은 목숨도 건질 수 있음을 뜻하는 말로 돈의 위력을 나타낸 것이다.

동의어로는 "돈이 있으면 무죄이고, 돈이 없으면 유죄다"라는 '유전

무죄(有錢無罪), 무전유죄(無錢有罪)'와 "돈이 있으면 귀신도 부릴 수 있다"라는 뜻의 '유전사귀신(有錢使鬼神)' 등이 있다.

'고신역력(苦身戮力)'에서 '고(苦)'는 노고(勞苦)의 뜻으로 고생함, '신(身)'은 신경(身經)으로 체험함, 겪음의 뜻이다. '육(戮)'은 죽임, 합함의 뜻이고, '육력(戮力)'은 있는 힘을 다 씀, 심혈을 기울임을 말한다. 고생하며 온 힘을 다함을 말한다.

'임(臨)'은 침, 정벌함을 뜻한다.

'치이자피(鴟夷子皮)'에서 '치이'는 가죽으로 만든 자루를 뜻하는데, 오나라 왕 부차는 오자서를 죽여 그의 시신을 가죽 자루에 넣어 강물에 던졌고, 범려는 자신의 죄도 오자서의 경우와 같다고 여겨 자신을 '치이'라고 칭한 것이다.

'한행(閑行)'은 잠행(潛行)의 뜻으로 몰래 가는 것을 말한다.

'도(陶)'는 지금의 산동성 정도(定陶)이다.

"교역유무지로통(交易有無之路通)"은 '유무상통(有無相通)'의 뜻과 같아 여기에는 있고 저곳에는 없는 물건이 서로 유통하게 됨을 말한다.

'위생(爲生)'은 생계를 도모함을 뜻한다.

'폐거(廢居)'는 폐는 못쓰게 됨, 폐기함, 버림의 뜻이고 거는 저장함이란 뜻으로 폐거는 상품을 버리거나 저장하여 둠이란 뜻인데, 시세를 보아 물건을 사거나 팔아 이익을 얻는 일을 말한다.

'후시전물(候時轉物)'에서 후(候)는 기다림, 전(轉)은 전매(轉賣)로 되팖을 뜻하므로 때를 기다렸다가 화물을 되파는 것을 말한다.

'축(逐)'은 구(求)함, 얻음을 뜻한다.

'무하(無何)'는 얼마 안 됨을 뜻한다.

'거만(巨萬)'은 많은 수를 말한다. 엄청난 재산을 뜻한다.

'직(職)'은 『이아(爾雅)』「석고(釋詁)」에 "직(職)은 상(常)이다"리고 하여 상리(常理)의 뜻으로 당연한 이치를 말한다.

'황금 천 일(鎰)'은 황금 2만 4천 냥에 해당한다.

"顧有所不能忍者也"에서 '고(顧)'는 단지의 뜻이고, '인(忍)'의 뜻 가운데 잔인함이란 뜻이 있는데 여기에서는 '인심(忍心)'의 뜻으로 모진 마음을 먹음을 말하며, 돈을 씀이란 뜻의 화전(花錢)이 목적어이다. 그래서 "단지 모진 마음먹고 돈을 쓰지 않은 것이다"라는 의미다. 주공의 장남은 어려서 집안 살림이 어려워 고생만 하고 돈을 써보지 못하여 커서도 돈 쓸 줄을 몰랐다는 것을 말한다. 주공의 장남이 장선생에게 준 황금을 아까워하다가 장선생이 이를 알고는 배신당했다고 여겨 부끄럽게 생각하고 장남을 도와주지 않아 결국 동생이 죽게 된 것이다.

원문 다음의 고사를 간추리면 다음과 같다.

막내아들을 보내려고 하는데 주공의 장남이 자신이 가겠다고 청하여 주공은 부득이 장남을 보내기로 하였다.

주공은 장남에게 옛 친구 장선생(莊先生)에게 줄 편지와 황금을 가져가게 하였다.

장선생은 청렴결백하기로 세상에 소문이 자자한 인물이어서 나중에 주공의 장남에게 황금을 돌려주려고 했다.

왕이 장선생을 신임하였는데, 장선생이 왕을 알현하고 하늘의 별이 움직이니 불길하다며 덕을 베풀면 된다고 하자, 왕이 사자를 보내 금, 은, 동 세 창고를 봉쇄하라고 시켰다.

주공의 장남이 따로 자신이 가져간 황금을 왕의 측근 중 실력자에게 뇌물로 주었는데 그가 장남에게 왕이 사면령을 내릴 때면 항상 세 창고를 봉쇄했다고 하면서 왕이 세 창고를 봉쇄하라고 했으니 곧 사면령을 내릴 것이라고 말했다.

장남은 장선생에게 준 황금이 소용이 없게 되었다며 아까워하였다.

장선생은 주공의 장남이 황금을 다시 가져가고 싶다는 걸 알고는 장남에게 황금을 되돌려주었다.

장선생은 주공의 장남에게 배신을 당해서 부끄러워서 왕을 다시 알현하고 왕에게 말했다.

"밖에서 도 땅의 부자 주공의 둘째가 사람을 죽여 옥에 갇혔는데, 황금으로 왕의 측근을 매수하였고, 사면도 백성을 아껴서가 아니라 주공의 아들을 위해서라는 소문이 있습니다."

왕이 화를 내며 말했다.

"내가 비록 덕행이 없다고는 하지만, 어떻게 주공의 아들이라는 이유만으로 특별히 은혜를 베풀어 사면을 내릴 수 있겠는가?"

먼저 명령을 내려 주공의 아들 사건을 판결하도록 하고는 죽였다. 다음 날 사면령을 내렸다. 주공의 장남은 동생의 시체를 끌고 집으로 돌아갔다.

모친과 마을 사람들은 슬퍼하는데 주공만 웃으면서 말했다.

"나는 본래 큰애가 가면 반드시 개 동생을 죽게 할 것이라는 걸 알고 있었다. 큰애가 동생을 사랑하지 않아서가 아니라 단지 황금이 아까워서 그걸 쓰지 못했기 때문이다. 큰애는 어려서부터 나와 함께 고생했고 살기 위해 어려움을 겪었으므로 재물 버리는 걸 아주 중요시해서 돈을 쉽게 쓰지를 못한다. 막내는 태어나면서부터 내가 부자란 걸 봤고 화려한 마차를 타고 좋은 말을 타며 교활한 토끼를 쫓아다니며 사냥했으니 재물이 어떻게 얻어지는 것인지 어찌 알겠느냐? 그래서 돈을 물 쓰듯 하였으니 애석해하거나 아까워하지 않았다. 전에 내가 막내를 보내려고 한 것은 돈을 쓸 줄 알기 때문이다. 큰애는 그렇지 못해 결국 동생이 죽게 된 것이다. 모든 일의 이치가 이러하니 슬퍼할 것 없다. 나는 밤낮으로 둘째 시신이 오기만을 기다렸다."

범려는 세 번 이사하였기 때문에 천하에 명성을 떨쳤다. 단지 관직을 버리고 은거하러 떠나버리기만 한 것이 아니라 멈추었던 곳에서는 반드시 이름을 날렸다. 마침내 도 땅에서 늙어 죽었다.

월국(越國) 군주

순위	칭호	성명	소개	재위기간 기원전
01	월후(越侯) 무여(無餘)	무여(無餘)	하후(夏后) 소강(少康)의 서자	2032 ~ ?
		(가계가 상세하지 않음)		
02	월후 무임(無壬)	무임(無壬)	무여의 후예	–
03	월후 무심(無暉)	무심(無暉)	월무임의 아들	–
04	월후 부담(夫譚)	부담(夫譚)	–	–
05	월왕(越王) 윤상(允常)	윤상(允常)	무담(越無譚)의 아들	?~497
06	월왕 구천(勾踐)	구천(勾踐)	월윤상의 아들	497~465
07	월왕 석여(鼫與) /월왕 녹영(鹿郢)	석여(鼫與)	구천의 아들	464~459
08	월왕 불수(不壽)	불수(不壽)	녹영의 아들	458~449
09	월왕 옹(翁) /월왕 주구(朱勾)	옹(翁)	불수의 아들	448~412
10	월왕 예(瑿)	예(瑿)	주구의 아들	411~376
11	월왕 제구(諸咎)	제구(諸咎)	예의 아들	376
12	월왕 착지(錯枝)	착지(錯枝)	제구의 아들	375
13	월왕 무여(無餘)	무여(無餘)	예의 아들	374~363
14	월왕 무욱(無顓)	무욱(無顓)	–	362~355
15	월왕 무강(無疆)	무강(無疆)	무전의 동생	354~333

69

권력과 이익이 결합하면
권력과 재물은 다 없어지고 서로의 관계도 소원해지다

이권이합자(以權利合者)

권리진이교소(權利盡而交疏)

태사공이 한 말

태사공이 말하였다.

"속담에 '권력과 이익이 서로 결합하는데, 권세와 재물이 다 없어지면 서로의 관계도 소원해진다'라는 말이 있다. 보하(甫瑕)가 이와 같다. 보하는 정자(鄭子)를 죽이고 정여공(鄭厲公)을 받아들여 복위시켰지만, 여공이 결국 맹세를 저버리고 보하를 살해하였다. 이것은 진(晋)나라의 대부(大夫) 이극(里克)과 무엇이 다른가? 순식(荀息)처럼 절개를 지켜 자신을 희생하였지만, 해제(奚齊)를 보전하지는 못하였다. 변란이 발생하는 것은 여러 가지 다른 이유가 있었기 때문이다."

以 써 이 權 권세 권 利 이익 이 合 결합될 합 者 놈 자
權 권세 권 利 이익 이 盡 다할 진 而 어조사 이 交 서로 교 疏 소원해질 소

간체자	以权利合者, 权利尽而交疏
발음	이 취안 리 허 저 yǐ quán lì hé zhě
	취안 리 진 얼 자오 수 quán lì jìn ér jiāo shū
편명	정세가 鄭世家

| 해설 |

"권세와 이익으로 결합한 친구라면, 일단 권세와 이익이 다 없어지면 우정도 사라진다"라는 뜻으로, 줄여서 이익이 없게 되면 '이진교소(利盡交疏)'라는 성어로 사용되기도 한다.

송대의 유명한 문장가 구양수(歐陽修)는 「붕당론(朋黨論)」에 군자(君子)와 소인(小人)을 판별하는 방법은 다음과 같다고 하였다. 군자는 도의(道義)가 같아 붕당(朋黨)을 이루고, 소인은 이익이 같아서 붕당을 결성한다는 것은 자연의 이치라고 하지만 소인에게는 붕당이 없다고 생각한다고 하면서 그 이유는 소인이 좋아하는 것은 이익과 봉록이며 재화를 탐하기 때문인데, 이익이 일치할 때는 잠시 서로 붕당을 이루지만 이익을 보면 서로 먼저 빼앗으려고 하며, 이익이 다하면 서로 교류가 소원해지고, 오히려 서로 해치려고 한다는 것이다. 여기에서 "이익이 다하면 서로 교류가 소원해진다"라는 문구가 바로 '이진교소'이다.

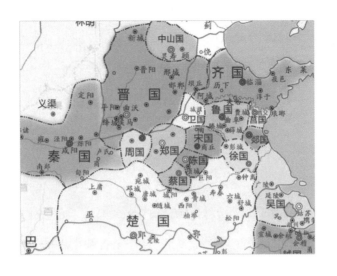

　정나라(기원전 806년~기원전 375년)는 전국 시대 때 희성(姬姓) 제후
국으로 경제가 발달하고 법제가 건전한 국가로 법가 사상의 발원지로 유
명하다. 기원전 806년, 정국의 개국 군주 정환공은 섬서성 역림(棫林)에
도읍을 정하고 계강(啟疆), 지금의 하남성 형양(滎陽)으로 천도하였다. 3
대 군주 정장공(鄭莊公)은 지금의 정한고성(鄭韓故城)으로 천도하였다. 정
국 입국 후 모두 432년을 존속했고, 24명의 군주가 등극했다. 기원전 395
년에 천도한 정(鄭)은 지금의 하남성 신정(新鄭)이며, 정국의 주요 판도는
지금의 하남성 중부 일대이다. 정국의 명군 정장공은 웅대한 포부와 지략
을 갖춰 정국을 춘추 시대 때 강국이 되어 제후들 사이에서 패권을 차지하
였는데 재상 자산(子産)은 국가 통치의 방책에 뛰어나 정국을 강성하게 만
들어 밤에도 문을 닫고 자지 않아도 도둑이 없을 정도였다고 한다. 명인
열자(列子)는 명리(名利)를 초월하여 『열자(列子)』라는 저서를 남겼는데
그 내용은 일대 웅대한 서사시라고 할 수 있다. 전국 시대 때 한국(韓國)의
공격을 받아 격파당하고 멸망하였다.

정국(鄭國) 군주 희성(姬姓)

순위	시호	성명	재위 연수	재위 기간(기원전)
1	환공(桓公)	우(友)	36년	806~771
2	무공(武公)	굴돌(掘突)	27년	770~744
3	장공(莊公)	오생(寤生)	43년	743~701
4	소공(昭公)	홀(忽)	수개월	701
5	여공(厲公)	돌(突)	4년	700~697
6	소공(昭公)	홀(忽)	2년	696~695 복위(复位)
7	자미(子亹)	자미(子亹)	7월	694 소공의 동생
8	자영(子嬰)	영(嬰)	14년	693~680 자미의 동생
9	여공(厲公)	돌(突)	7년	679~673 복위(复位)
10	문공(文公)	첩(踕)	45년	672~628
11	목공(穆公)	난(蘭)	22년	627~606
12	영공(靈公)	이(夷)	1년	605
13	양공(襄公)	견(堅)	18년	604~587 영공의 서제(庶弟)
14	도공(悼公)	비(費)	2년	586~585
15	성공(成公)	곤(睔)	3년	584~581 도공의 동생
16	군수(君繻)	수(繻)	1월	581 성공의 서형(庶兄)
17	성공(成公)	곤(睔)	11년	581~571 복위(复位)
18	희공(僖公)	운(惲)	5년	570~566
19	간공(簡公)	가(嘉)	36년	565~530
20	정공(定公)	녕(寧)	16년	529~514
21	헌공(獻公)	채(蠆)	13년	513~501
22	성공(聲公)	승(勝)	38년	500~463
23	애공(哀公)	역(易)	39년	462~455
24	공공(共公)	축(丑)	31년	454~424 성공의 동생
25	유공(幽公)	이(己)	1년	423
26	수공(繻公)	태(駘)	27년	422~396 유공의 동생
27	정군(鄭君)	을(乙)	21년	395~375 유공의 동생

정나라의 건국과 그 역사 가운데 태사공의 언급과 관련된 보충 설명은 다음과 같다.

전환공(鄭桓公) 우(友)는 주여왕(周厲王)의 작은 아들이고, 선왕(宣王)의 서제(庶弟)이다. 선왕이 왕위에 오른 지 22년 만에 우는 비로소 정(鄭) 땅에 봉해졌다.

봉한 지 33년 동안 백성들은 모두 그를 사랑했다.

태사(太史) 백(伯)이 정환공에게 말했다.

"낙하(洛河) 동쪽 지역과 황하, 제수(濟水) 이남에서는 편안하게 지낼 수 있습니다."

정환공이 유왕(幽王)에게 청하여 봉지 안의 백성들을 동쪽의 낙하 동쪽으로 옮겼더니, 괵(虢)과 회(檜) 지역에서 과연 10개 읍을 내놓았다. 환공은 마침내 그곳에서 정나라를 세웠다.

2년이 지나 견융(犬戎)이 여산(驪山)에서 유왕을 죽이고 또 정환공도 죽였다. 그래서 정나라 백성들이 그의 아들 굴돌(掘突)을 옹립하니 그가 무공(武公)이다.

무공이 신후(申侯)의 딸 무강(武姜)을 부인으로 맞이하고 무강이 태자 오생(寤生)을 낳을 때 난산이었기 때문에 그를 낳고도 그를 좋아하지 않았다. 그 후 무강이 숙단(叔段)을 낳았는데 순산이었기 때문에 그를 좋아하였다.

27년, 무공이 병이 나자, 부인은 무공에게 숙단을 태자로 옹립하라고 요구했으나 무공이 이를 듣지 않았다. 이해 무공이 세상을 떠나자 오생이 왕위에 오르니 그가 장공(莊公)이다.

43년, 장공이 세상을 떠났다. 장공이 살아생전에 등(鄧)나라 여자와 결혼하여 태자 홀(忽)을 낳았고 그를 옹립하였는데 그가 소공(召公)이다.

장공이 또 송나라에서 옹씨(雍氏)의 여자와 결혼하여 여공(厲公) 돌(突)을 낳았다. 후에 여공이 정나라 왕위에 올랐다.

여공 4년, 옛날 부친 장공의 신임을 얻었던 제중(祭仲)이 국가의 대권을 잡자, 여공은 몰래 제중의 사위 옹규(雍糾)를 시켜 제중을 죽이도록 하였다. 옹규의 부인은 제중의 딸이었으므로 제중에게 이 사실을 알려 제중이 옹규를 죽였다. 여공은 쫓겨나 변경 역읍(櫟邑)에서 살았다.

제공이 소공 홀을 맞이하여 소공이 다시 정나라의 왕위에 올랐다.

소공 2년에 소공의 동생 자미(子亹)를 왕위에 오르게 하였다.

자미 원년, 제나라 양공(襄公)이 수지(首止)에서 제후들과 회합하였다. 정나라 자미도 참석하게 되었는데 자미는 양공이 왕자였을 때 서로 싸운 적이 있어 원수 관계였다. 제중이 자미더러 가지 말라고 하였다. 그러나 자미는 제나라는 강대국인데 가지 않으면 제후들과 함께 정나라를 공격할 것을 두려워하여 회합에 갔다.

제양공은 복병(伏兵)에게 시켜 자미를 죽이게 했다.

자미의 동생 영(嬰)을 옹립하여 왕위에 오르게 하니 그가 정자(鄭子)다.

이 해에 제나라 양공은 자기 부인과 사통한 노나라 환공(桓公)이 술에 취했을 때를 틈타 사람을 시켜 그의 늑골을 부러뜨려 죽였다.

정자 8년, 제나라에 반란이 일어나 양공이 살해당했다.

정자 18년, 정나라에서 도망하여 변경 역읍에 살던 여공 돌이 사람을 보내 정나라 대부 보하를 유인하여 협박하고 자신이 조정에 돌아가 즉위할 수 있도록 도와달라고 강요하였다.

보하가 말했다.

"나를 풀어주면 정자(鄭子)를 죽이고 당신을 모셔가겠습니다."

여공이 보하와 신 앞에서 맹세하고 그를 석방하였다.

보하가 정자와 그의 두 아들을 죽이고 여공 돌을 영접하여 여공을 왕위에 오르게 하였다. 6년 만에 여공은 다시 돌아와 다시 왕이 되었다.

7년, 여공이 세상을 떠났다.

여공은 즉위한 지 4년이 지나자 역읍으로 도망갔고, 역읍에서 17년을 살았으며, 다시 돌아와 7년간 재위하였다. 국외로 도망한 기간까지 더해서 그의 재위 기간은 모두 28년이었다.

70

조씨의 고아

조씨고아(趙氏孤兒)

정영이 몰래 키운 조삭의 아들이자 조씨 집안의 유일한 혈육

조최가 진(晉)나라로부터 돌아오자, 진나라에 있던 처가 적(翟)에 있는 처를 영접하라고 하여 그의 아들 순(盾)을 적자로 삼으니 진나라 처의 세 아들은 그의 밑에서 순을 섬겼다.

진양공(晉襄公) 6년에 조최가 죽었다. 시호가 성계(成系)였다.

조순(趙盾)이 부친 성계를 대신하여 국정을 맡은 지 2년 만에 진양공이 죽었다. 태자 이고(夷皐)가 나이가 어렸으므로 조순은 나라에 많은 재난이 생길 것을 고려하여 양공의 동생 옹(雍)을 옹립하려고 하였다. 옹이 당시에 진(秦)나라에 있었으므로 사신을 보내 영접하려고 하였다. 그러자 태자의 어머니가 밤낮으로 울면서 머리를 조아리며 조순에게 말했다.

"선군께서 당신에게 무슨 죄를 지으셨기에 적자를 버리고 다시 새 군주를 구하십니까?"

조순은 걱정되어 태자 모친의 종실 사람과 대부들이 자기를 죽일까

趙 성씨 조 氏 성 씨 孤 외로울 고 兒 아이 아

조씨고아(趙氏孤兒) 143

두려워하고는 마침내 태자를 즉위시켰는데 그가 바로 영공(靈公)이다. 군대를 보내 양공의 동생을 영접하러 진(秦)나라에 간 사람들을 막았다. 영공이 즉위하고 난 뒤에 조순은 더욱 국정을 독점하였다.

영공은 재위한 지 14년이 지나자 더욱 교만해졌다. 조순이 자주 간하였으나 영공은 듣지 않았다. 한번은 곰발바닥요리를 먹다가 충분히 삶아야 하는데 익히지 않았다며 요리사를 죽였다. 그 시체를 들고 나가는데 직접 조순이 그것을 봤다. 영공이 이것 때문에 겁이 나서 조순을 죽이려고 하였다. 조순은 평소에 어질어서 사람을 사랑했다. 일찍이 뽕나무 아래에서 굶주린 사람에게 음식을 준 적이 있었는데 그 사람이 이번에는 반대로 조순을 구해주어 조순이 도망갈 수가 있었다. 국경을 아직 넘어가기 전에 조천(趙穿)이 영공을 시해하고 양공의 동생 흑둔(黑臀)을 세웠는데 그가 성공(成公)이다. 조순이 돌아와서 국정에 다시 맡았다. 군자들이 조순을 비난했다.

"정경(正卿)이면서 도망치고 국경을 넘지 않았는데 도리어 도적을 토벌하지도 않았소."

그래서 태사(太史)가 기록하였다.

"조순이 그의 군주를 시해하였다."

진경공(晉景公) 때 조순이 죽었다. 시호가 선맹(宣盟)이고, 그의 아들 조삭(趙朔)이 뒤를 이었다.

조삭은 진경공 3년에 진나라를 위해 하군(下軍)을 통솔하여 정나라를 구원하였다. 초장왕(楚莊王)과 강가에서 싸웠다. 조삭이 성공의 누이를 부인으로 삼았다.

진경공 3년, 대부 도안고(屠岸賈)가 조씨를 주멸하려고 하였다.

도안고라는 사람은 처음에는 영공의 총애를 받다가 경공에 이르러 도안고가 사구(司寇)가 되어 난을 일으키려고 하였다. 먼저 영공을 시해한 역적의 죄를 다스리기 위해 조순을 불렀다. 그리고는 모든 장수에게 말했다.

"조순이 비록 사건의 내막을 모른다고 하나 그는 역적의 두목이오. 신하가 군주를 시해하였는데 그 자손이 조정에 있으니 어떻게 죄인을 처벌할 수가 있겠소? 그를 주살하길 청하오."

한궐(韓厥)이 말했다.

"영공께서 역적에게 살해당하실 때, 조순은 외지에 있었소. 선군(先君)은 그가 무죄라고 여겨 그를 죽이지 않았는데 지금 그대들이 그의 후손을 죽이면 이것은 선군의 뜻이 아닌데도 지금 제멋대로 주살하는 것이오. 함부로 주살하는 것은 반란을 일으키는 것이오. 신하에게 큰일이 있는데 보고하지 않아 군주가 모른다면 군주를 안중에 두지 않는 것이오."

도안고는 듣지 않았다. 한궐이 조삭에게 빨리 도망가라고 알렸다. 그러나 조삭은 도망가지 않으려 하면서 말했다.

"그대가 반드시 조씨 가문의 제사가 끊어지지 않게 해주신다면 나는 죽어도 여한이 없겠소."

한궐이 허락하고, 병을 핑계로 조회에 나가지 않았다. 도안고는 군주에게 지시를 청하지 않고 제멋대로 장군들과 하궁(下宮)에서 조씨를 공격하여 조삭, 조동(趙同), 조괄(趙括), 조영제(趙嬰齊) 등을 죽이고 그 일족을 모두 멸하였다.

조삭의 아내는 성공의 누이인데 그 당시에 임신 중이었고 경공의 궁으로 도망가 숨었다. 조삭의 문객 중에 공손저구(公孫杵臼)라는 자가 있었다.

공손저구가 조삭의 친구 정영(程嬰)에게 말했다.

"왜 같이 죽지 않는가?"

정영이 대답했다.

"조삭의 부인이 임신했는데 만약 다행히 아들을 낳으면 내가 기르고 딸이면 나는 천천히 죽을 것이오."

얼마 후에 조삭의 부인이 만삭이 되어 아들을 낳았다.

도안고가 이 소식을 듣고 궁중을 수색하였다.

부인이 갓난아기를 속바지 가랑이 사이에 넣고 기도했다.

"조씨 종족이 멸망하려면 네가 크게 울고, 멸망하지 않으려면 소리내지 말아라."

수색할 때 아기가 울지 않았다.

위험에서 벗어나자 정영이 공손저구에게 말했다.

지금은 수색해서 찾지 못했지만, 후에 반드시 다시 수색할 것인데 어찌하면 좋겠소?"

공손저구가 말했다.

"고아를 키우는 일과 죽는 것 중 어느 것이 어렵겠소?"

"죽는 것이 쉬운 일이오. 고아를 키우는 일은 어렵소."

"조씨 선군이 당신을 후하게 대했으니 그대가 강제로 그 어려운 일을 하시고, 나는 쉬운 일을 할 것이니 먼저 죽겠소."

두 사람은 상의한 끝에 다른 사람의 아이를 등에 업고 화려한 강보로 덮고서는 산속에 숨었다.

정영이 산에서 내려와 거짓으로 여러 장군에게 말하였다.

"내가 불초하여 조씨고아를 키울 능력이 없습니다. 누가 나에게 천금을 주신다면 조씨고아가 숨어 있는 장소를 알려드리겠소."

그러자 장수들이 기뻐하며 군사를 출동시켜 정영을 따라가서 공손저구를 공격하였다.

공손저구가 거짓으로 말하였다.

"소인배 정영아! 전에 하궁의 난 때 네가 죽지 않고 나와 모의해서 조씨고아를 숨기기로 했는데 지금 네가 나를 속였구나. 설령 키울 수 없다고는 하지만 어떻게 차마 그를 속이느냐!"

공손저구는 아이를 안고 외쳤다.

"하늘이여! 하늘이여! 조씨고아가 무슨 죄가 있습니까? 제발 그를 살려주시고 저만 죽여주시오."

장수들이 이를 허락하지 않고 마침내 공손저구와 고아를 죽였다.

장수들은 조씨고아가 진짜 이미 죽은 줄 알고 모두 기뻐하였다. 그러나 조씨의 진짜 고아는 정말 여전히 살아있었고 정영이 마침내 그와 함께 산속에 숨었다.

15년이 지난 후, 진경공(晉景公)이 병이 났다.

경공이 한궐에게 물었다.

"조씨 가문에 아직 후대 자손이 있는가?"

한궐은 조씨고아가 살아있다는 사실을 이실직고하였다. 그러자 경공은 한궐과 상의하여 조씨고아를 세우기로 하고, 조씨고아를 불러서 궁중에 숨겼다.

장수들이 문병하러 입궁하자, 경공은 한궐의 많은 병력을 이용하여 여러 장수를 위협하고 조씨고아를 만났다. 조씨고아의 이름은 무(武)였다.

장수들은 부득이하여 말하였다.

"지난번 하궁에서의 난은 도안고가 도모한 것으로 군주의 명이라고 속여 여러 신하에게 명령하였던 것입니다. 그렇지 않다면 어느 누가 감히 반란을 일으키겠습니까! 군왕이 병이 나시지 않았다 하더라도 여러 신하가 조씨 후손을 세울 것을 청합니다. 지금 군왕께서 명령하시니, 그것은 저희가 원하는 것입니다."

이에 조무와 정영을 불러 장수들에게 절하게 하니, 이번에는 반대로 장수들이 정영, 조무와 함께 도안고를 공격하여 그 종족을 멸하였다. 조무에게 전읍(田邑)을 예전처럼 다시 주었다.

조무가 관을 쓰고 성인이 되자, 정영이 대부들에게 하직하며 조무에게 말하였다.

"하궁의 난 때 다 죽을 수 있었소. 내가 죽을 수 없었던 것이 아니라 나는 조씨의 후손을 세울 생각이었소. 지금 조무가 가업을 잇고 성인이 되었으며 원래의 작위를 되찾았으니 나는 지하에 가서 조순과 공손저구에게 보고하고자 합니다."

조무가 눈물을 흘리며 머리를 조아리고 청하였다.

"제가 있는 힘을 다하여 그대가 죽을 때까지 보답하려고 하는데, 그대가 차마 저를 버리고 죽을 수가 있습니까!"

정영이 말하였다.

"아니 되옵니다. 공손저구는 제가 일을 성공시킬 수가 있다고 생각했기 때문에 저보다 먼저 죽은 것입니다. 이제 제가 저승에 가서 보고하지 않으면, 그는 제가 맡은 일을 완수하지 못한 것으로 알 것입니다."

정영은 결국 자살하였다.

조무는 3년 동안을 제최(齊衰) 상복을 입었는데 정영을 위해서 제읍(祭邑)을 주어 봄, 가을로 제사를 지내고 대대로 끊이지 않게 하였다.

간체자	赵氏孤儿
발음	자오 스 구 얼 zhào shì gū ér
편명	조세가 趙世家

| 해설 |

  '조씨고아' 고사는 희곡이나 소설로 각색되어 오래전부터 전해 내려 왔는데, 특히 일찍이 서양에 소개되어 연극으로 공연되어 큰 반향을 일으켰으며, 영화로도 만들어졌으며 우리나라에서도 최근 연극으로 상연되어 큰 호응을 얻었고 연극과 관련하여 수상하였다.

  조씨고아는 조무(趙武)를 가리킨다.

  진문공(晉文公) 중이(重耳)와 핍길(逼姞) 사이에 아들이 6명, 딸이 하나 있었다. 셋째 아들 환(驩)이 진양공이 되었고, 여섯째 아들이 진성공(晉成公)이 되었으며, 딸 조희(趙姬)가 조최의 부인이 되었다.

  진양공과 목영(穆嬴) 사이에 태자 이고(夷皋)와 차남 환숙첩(桓叔捷)이 있었다. 차남 진첩(晉捷)의 증손자가 진주(晉周) 진도공(晉悼公)이 되었다.

  이고가 진영공(晉靈公)인데 재위 기간이 기원전 620년~기원전 607년이었다. 어린 나이에 왕위를 계승하였고 장성한 뒤에는 음주 가무와 여색을 좋아하였으며 도안고를 총애하여 군주의 도의를 행하지 않고 황음무도하였다. 자신의 사치한 생활을 위해 세금을 무겁게 부과하고 민생을 살피지 않았다. 최후에는 조순과 조착 형제를 죽였다.

  '정경(正卿)'은 춘추 시대 때 일부 제후국의 집정 대신 겸 군사 최고 지휘관을 가리킨다. 일부 제후국은 정경을 설치하지 않기도 하였다.

  '토적(討賊)'이란 조천이 영공을 시해한 사실을 말한다. 조천(?~기원전 607년)은 춘추 중기 진나라 대부로 조씨의 방계로 조순의 사촌 동생, 일설에 사촌 조카이다. 진양공의 사위로 높은 지위에 부유한 생활을 살았는데, 교만하고 난폭하였다고 전한다. 일찍이 한단에 봉해져서 한단군(邯鄲君)으로 불렸다.

'태사(太史)'는 하·은·주 삼대(三代) 때 사관(史官)인 동시에 역관(曆官)의 장(長)이었다. 서주(西周)와 춘추 시대 때는 최고의 조정 대신으로 문서를 기초하고 제후 경대부(卿大夫)의 관직을 봉하고 수여하는 문서를 작성하며 역사적 사실을 기록하고 전적(典籍), 역법(曆法), 제사 등을 관장하였다.

'진경공(晉景公)'은 성공의 아들로 이름이 거(據)이다. 춘추 시대 때 진나라 제26대 군주(기원전 599년~기원전 581년 재위)로 진문공의 손자이며 진성공의 아들이다. 진경공 시기에 유분(柳棼)과 영북(穎北) 전투에서 초장왕(楚莊王)의 초군을 격파하였다. 그러나 기원전 597년에 필(邲) 땅 전투에서 초군에게 패하여 초장왕이 패주(霸主)가 되었다. 기원전 583년 진경공은 군사를 파견하여 초나라 본토를 공격하여 초나라의 패주가 끝났다. 기원전 589년에 안(鞍) 땅 전투에서 제나라를 격파하였다. 경공 말년에 국도를 강(絳)에서 신전(新田), 지금의 산서성 후마(侯馬)로 옮겨 신강(新絳)으로 개칭하였다. 그 후에 군사를 일으켜 정권을 독점한 조씨 가족을 소멸하였다.

'사구(司寇)'는 육경(六卿)의 하나로 형옥(刑獄)을 관장한다.

'한궐(韓厥)'은 당시에 육경의 중의 한 사람이었다.

'무군(無君)'은 군주를 안중에 두지 않음을 뜻한다.

'문보(文葆)'에서 '문(文)'은 채색, 꾸밈, 화려함, 아름다움이란 뜻이고, '보(葆)'는 포대기란 뜻의 '보(褓)'와 같은 글자이니, '문보'란 아름답게 장식한 강보(襁褓)를 말한다.

'고근골(苦筋骨)'에서 '고(苦)'는 힘을 들임, '근골(筋骨)'은 힘, 체력을 말한다.

'제최(齊衰)'는 제최(齊縗)라고도 하는데 수효(守孝)하는 오복(五服) 중의 두 번째로 거친 베로 만들되 아랫도리를 꿰매지 않고 접어서 입는 상복인 참최(斬衰) 다음이다. 제최의 상복(喪服)은 거친 마포(麻布)로 만드는데 가장자리 부분을 꿰매어 입는다.

'제읍(祭邑)'은 제사용 땅을 말한다.

조국(趙國) 군주

순위	시호	성명	재위 기간 기원전	재직 연수	비주
1	조열후(趙烈侯)	조적(趙籍)	408~400	9년	403년 주위무열왕(周威烈王) 제후로 책봉, 조후(趙侯)라고 칭함
2	조무후(趙武侯)	?	399~387	13년	조무공(趙武公)

3	조경후(趙敬侯)	조장(趙章)	386~375	12년	한단(邯鄲) 천도
4	조성후(趙成侯)	조종(趙種)	374~350	25년	
5	조숙후(趙肅侯)	조어(趙語)	349~326	24년	
6	조무열왕 (趙武靈王)	조옹(趙雍)	325~298	28년	
7	조혜문왕 (趙惠文王)	조하(趙何)	298~266	33년	
8	조효성왕 (趙孝成王)	조단(趙丹)	265~245	21년	
9	조도양왕 (趙悼襄王)	조언(趙偃)	244~236	9년	
10	조유목왕 (趙幽繆王)	조천(趙遷)	235~228	8년	
11	대왕(代王) 가(嘉)	조가(趙嘉)	227~222	6년	222년, 진(秦) 장군 왕분(王賁)이 대(代)를 공격하여 대왕(代王) 가(嘉)를 포로로 사로잡음
진(秦)의 통치 14년					
12	무신(武臣)		209	1년	209년에 자립하여 조왕(趙王)
13	조왕(趙王) 헐(歇)/ 조헐(趙歇)		208~204	4년	208년 장이(張耳), 진여(陳餘)가 조왕으로 세우고 신도(信都), 지금의 형대(邢台)로 천도

조순 이전까지의 조씨 집안의 내력을 살펴보면 다음과 같다.

조씨(趙氏)의 조상은 진(秦)나라의 조상과 같다.

머리가 사람이고 몸은 새 모양과 같았다고 하는 중연(中衍)에 이르러 은나라 7대 군주 대무(大戊)의 마부가 되었다. 그의 후예 비렴(蜚廉)은 두 아들을 두었는데 그 가운데 한 사람의 이름이 오래(惡來)였다.

오래는 주왕(紂王)을 섬기다가 주(周)나라 사람에게 죽임을 당하였으나 그의 후손이 바로 진(秦)나라의 선조가 되었고, 오래의 동생 계승(季勝)의 후손이 조나라의 선조가 되었다.

계승의 후손이 주성왕(周成王)의 총애를 받았고, 조보(造父)에 이르러 그가 주목왕(周穆王)의 총애를 받았다. 그는 8필의 준마를 얻어 목왕에게 바쳤고 조보는 목왕의 마부가 되었는데 목왕이 서쪽으로 수렵을 나갔는데 서왕모(西王母)를 만나 함께 즐겁게 놀다가 돌아갈 것을 잊었을 때 반란이 일어나 조보는 목왕을 수레에 싣고 천 리 길을 하루 만에 달려가서 반란을 평정하니 목왕은 조보에게 조씨 성을 하사하였다.

조보 이후로 숙대(叔帶)에 이르러 주유왕(周幽王)이 황음무도하여 주나라를 떠나 진(晉)나라로 가서 진문후(晉文侯)를 섬겨 조씨 가문을 형성하기 시작했다.

숙대 이후 조씨 가문은 흥성하여 5대를 지나 조숙(趙夙)에 이르고, 진헌공(晉獻公) 10년에 조숙은 장군이 되어 괵(虢)나라를 정벌했다.

조숙이 공맹(共孟)을 낳았고, 공맹은 조최(趙衰)를 낳았다

조최는 진헌공의 공자 중이(重耳)를 섬기면 길하다는 점괘가 나왔으므로 그를 섬겼다. 이민족 적(翟)이 잡은 적적(赤狄)의 여자 둘 중에서 젊은 여자는 중이에게 시집을 보내고 나이 든 여자는 조최에게 시집을 보냈는데 조최와의 사이에서 조순(趙盾)이 태어났다. 원래 조최는 본부인과의 사이에 조동(趙同), 조괄(趙括), 조영제(趙嬰齊)가 있었다.

조최는 중이를 따라 망명 생활을 했는데 19년 후에 중이가 귀국하여 진문공(晉文公)으로 즉위하자 조최는 대부가 되어 국정을 맡았다. 진문공이 귀국하고 패자가 된 것은 대부분 조최의 계책 때문이었다.

조최가 진나라로 귀국하자 본부인이 적 땅에서 얻은 여자를 데려오라고 하고 그녀 소생의 조순을 적자로 삼았고 본부인 슬하의 세 아들은 조순을 받들었다.

71

한 마리의 여우 겨드랑이 가죽

일호지액(一狐之腋)

조간자(趙簡子)가 조정에 직간하는 신하가 없자 대부들에게 한 말

조씨가 원래 자리로 복귀한 후 11년이 지난 뒤에 진여공(晉厲公)이 대부 3명의 극씨(郤氏)를 죽였다. 난서(欒書)는 그 화가 자기에게 미칠까 두려워하여 그의 군주 여공을 시해하고 양공의 증손자 주(周)를 왕위에 세우니 그가 도공(悼公)이다. 진나라는 이때부터 점차 강대해지기 시작했다.

조무가 조씨 종족을 지속한 지 27년 만에 진평공(晉平公)이 왕위에 즉위했다. 평공 12년, 조무가 정경(正卿)이 되었다. 평공 13년, 오(吳)나라 연릉계자(延陵季子)가 진나라 사신으로 와서 말했다.

"진국의 정치는 조무자(趙武子), 한선자(韓宣子), 위헌자(魏獻子) 세 사람의 후손에게 돌아갔습니다."

조무가 죽고, 시호는 문자(文子)였다.

문자는 경숙(景叔)을 낳았다.

조경숙이 죽고 나서 조앙(趙鞅)이 태어났는데 이 사람이 바로 간자(簡子)다.

― 한 일 狐 여우 호 之 갈, 어조사 지 腋 겨드랑이 가죽 액

진정공(晉定公) 14년, 범씨(范氏)와 중항씨(中行氏)가 반란을 일으켰다.

조간자가 한단(邯鄲)의 5백 호 백성을 진양(晉陽), 지금의 산서성 태원(太原)으로 옮기려고 하였다. 그런데 그의 친족 동생 조오(趙午)가 제나라를 공격한 후에 옮기자고 하니 조간자가 조오를 죽였으므로 조오의 아들 조직(趙稷)이 한단에서 반란을 일으켰다.

범씨와 중항씨가 조직을 도와 조씨에 대항하였다. 조간자는 봉읍지 진양으로 물러났다. 후에 위양자(魏襄子) 위치(魏侈)와 한간자(韓簡子) 한불신(韓不信)이 진정공의 명을 받들어 조간자를 도와 반격하니 범씨와 중항씨가 조가(朝歌)로 도주하였다.

기원전 493년, 조간자는 범씨와 중항씨를 대파하고 조간자가 집정하였다.

조간자의 가신 중에 주사(周舍)라는 사람이 있었는데, 직간하기를 좋아하였다. 주사가 죽은 후, 간자가 매번 조회를 열 때마다 언제나 기쁘지가 않자, 대부들이 죄를 청했다.

간자가 말하였다.

"대부들은 죄가 없소. 내가 듣기에 천 마리 양의 가죽이 여우 한 마리의 겨드랑이 가죽만 못하다고 하오. 대부들이 조회에 참석할 때마다 오로지 '예, 예'하는 답만 들리고 주사와 같은 기탄없는 직언을 들을 수 없으니 이것을 걱정하는 것입니다."

간자는 이때부터 조읍(趙邑)의 백성이 조간자에게 복종하였고, 진나라 사람들을 안정시키고 위로할 수가 있었다.

간체자	一狐之腋
발음	이 후 즈 예 yī hú zhī yè
편명	조세가 趙世家

| 해설 |

천 마리 양가죽보다 한 마리의 여우 겨드랑이 가죽만 못하다의 뜻으로, 어리석은 사람이 아무리 많이 있다 하더라도 현명한 사람 한 명만 못함을 비유하는 말이다.

난서(?~기원전 573년)는 성이 희(姬)이고 씨는 난(欒)인데 사람들은 난무자(欒武子)라 불렀다. 진경공(晉景公), 진여공(晉厲公) 때 집정 대신으로 군사 통수(統帥)였다. 기원전 587년~기원전 573년까지 정경(正卿)을 맡았다. 그는 재주와 능력이 탁월하여 다른 사람의 간언과 비판을 잘 받아들였으나 오히려 『자치통감』 당현종 천보 원년에 기록되어 세상 사람들이 재상 이림보(李林甫)를 비유하는 성어로 쓰이며 "겉으로는 친한 척하나 속으로는 헤칠 생각을 한다"라는 뜻의 '구밀복검(口蜜腹劍)'한 인물이었다. 자신의 권위와 이익을 지키기 위해 수단과 방법을 가리지 않았으며 말년에는 나라의 여러 갈등을 격화시켜 진나라에 내란의 발생을 촉발하여 진여공을 시해하고 나중에는 자신이 세운 진도공에게 파직을 당했다.

조간자의 이후 행적은 다음과 같다.

진정공 18년, 조간자는 범씨와 중항씨가 도망간 조가를 포위하였는데 중항문자(中行文子)가 한단으로 도망쳤다.

진정공 21년, 간자가 한단을 함락시키자 중항문자가 백인(柏人)으로 도망쳤다. 간자가 또 백인을 포위하자 중항문자와 범소자(范昭子)가 제나라로 도망쳤다. 저씨는 마침내 한단과 백인을 점령했다. 범씨와 중항씨의 나머지 성읍은 진나라에 귀속되었다.

조간자는 진나라의 상경이었으나 실질적으로는 진나라의 정권을 독점하였으며 봉지는 제후와 다름없었다.

진정공 30년, 정공이 황지(黃池)에서 오왕 부차와 맹주 자리를 놓고 겨뤘다. 조간자가 정공을 수행했는데 오왕이 맹주가 되었다.

진정공 37년에 정공이 죽었고, 이해에 월왕 구천이 오나라를 평정했다.

진출공(晉出公) 17년, 조간자가 죽고 그의 아들 무휼(毋恤)이 지위를 계승하니 그가 양자(襄子)다.

양자가 즉위한 지 4년 후 지백(知伯)이 한(韓), 위(魏), 조(趙) 세 가문과 함께 범씨, 중항씨의 옛 영토를 나누어 가졌다.

지백은 지무자(智武子)로 불렸는데 진나라의 걸출한 군사가, 정치가이자 외교가로 진도공 패업 부흥의 최대 공신이었다.

지백이 영토를 나누어 가지자 진출공이 화가 나서 이들을 공격하였으나 겁이 난 이들이 출공을 공격하여 출공이 제나라로 도망가다 도중에 죽었다. 지백은 소공의 증손지를 옹립하니 그가 진의공(晉懿公)이다.

지백은 더욱 교만해져 조씨에게 땅을 요구하였으나 지백이 양자를 때린 적이 있어 땅을 주지 않았다. 지백이 조씨를 공격하자 조양자가 진양으로 도망쳤다.

지백, 한씨, 위씨가 진양을 공격하여 1년이 지나도록 분수(汾水)의 물을 끌어다가 진양성 안에 대니 사람들이 자식을 서로 바꾸어 먹었다. 양자가 비밀리에 한씨, 위씨와 내통하고 함께 결탁하여 지씨를 멸하고 그 땅을 나누어 가졌다. 양자는 백로(伯魯)의 아들 대성군(代成君)에게 지위를 물려주려고 하였으나 대성군이 죽자 그의 아들 완(浣)을 태자로 세웠다. 양자가 재위 33년 만에 죽고, 완이 즉위하니 그가 헌후(獻侯)이다.

헌후 10년에 헌후가 죽고 그의 아들 열후(烈侯) 조적(趙籍)이 즉위하였다.

열후 6년, 한씨, 위씨, 조씨가 모두 서로 제후가 되었다.

열후 9년에 열후가 죽자 동생 무공(武公)이 즉위했다. 무공이 재위 13년 만에 죽자, 다시 열후의 태자 장(章)을 즉위시키니 그가 경후(敬侯)다.

경후 원년에 조나라는 처음으로 한단(邯鄲)에 도읍을 정하였다.

경후 11년, 한, 위, 조 세 나라가 공동으로 진(晉)나라를 멸망시키고 그 땅을 나누어 가졌다.

72

재난이 닥쳐야 절조가 나타나고
국난이 닥쳤을 때 행동이 분명해진다

난지절견(難至節見)

누지행명(累至行明)

숙후의 어진 신하 비의(肥義)가 재상 이태(李兌)에게 한 말

경후 11년, 경후가 죽자 아들 성후(成侯) 조종(趙種)이 즉위하였다.

성후 25년, 성후가 죽었다. 공자(公子)와 태자가 서로 싸워 공자가 한나라로 도망가고 태자 숙후(肅侯)가 즉위하였다.

숙후 24년, 숙후가 죽었다. 아들 무령왕(武靈王)이 즉위하였다.

무령왕 19년에 무령왕은 북쪽의 이민족 땅과 중산국(中山國)을 차지하고자 친히 호복을 입고는, 세상에 뛰어난 업적을 이루려면 말을 타고 활을 쏘는데 편리한 호복(胡服)을 입어야 한다고 호복 입기를 권장하였으나 대신들이 모두 반대하였다. 군주가 직접 숙부인 공자 성(成)의 집에 찾아가 그를 설득하였다. 공자 성이 호복을 입고 조회에

難 재난 난　至 이를지　節 절개 절　見 볼, 나타날 견
累 포갤, 누끼칠 루　行 행위 행　明 밝을, 분명할 명

나가니 비로소 왕은 호복을 입으라는 명령을 공포하였다.

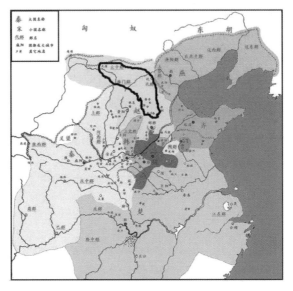

조나라

조나라의 강역은 지금의 하북성 남부, 하남성의 북부, 산서성 중부와 섬서성 동북부였다. 전국7웅 중 조나라는 영토, 인구나 실력에서 강대국에 미치지 못해도 지역이 요충지에 속하여 분쟁지역이었다. 북쪽은 흉노, 임호(林胡), 동호(東胡)와 같은 비 한족이었고, 동쪽은 강한 제나라와 맞닿았으며, 남쪽으로는 위(魏)나라, 서쪽은 강대국 진(秦)나라가 있었다. 이러한 열악한 환경에 직면한 조나라는 조무령왕 이전에는 약소국에 지나지 않았다.

조나라는 강대국에 포위되어 항상 진(秦)나라나 위나라에게 땅을 할양하고 화의를 청하였다. 예를 들면, 기원전 354년에 위혜왕(魏惠王)이 대장군 방연(龐涓)을 파견하여 조나라를 공격하자, 조나라 왕은 새로 점령한 중산국(中山國)을 제나라에게 주고 구원병을 청하였는데, 제위왕(齊威王)의 대장군 전기

(田忌)가 군사(軍師) 손빈(孫臏)의 '위위구조(圍魏救趙)'의 계책으로 계릉(桂陵) 전투에서 위나라에 승리를 거두었다.

무령왕 27년, 무영왕이 그의 아들 하(何)에게 왕위를 물려주었는데 그가 혜문왕(惠文王)이다. 무령왕은 주부(主父)로 자칭하였다.

이태는 비의에게 말했다.

"공자(公子) 장(章)은 신체가 건장하고 태도가 교만하며 따르는 무리가 많고 욕심이 커서 아마도 사적인 마음이 있겠죠? 전불례(田不禮)의 사람됨이 잔인하고 교만합니다. 두 사람이 서로 결탁하면 반드시 음모를 꾸며 역적이 되어 반란을 일으키고 일단 권력을 장악하면 뜻밖의 행운을 차지하려고 할 것입니다. 소인은 일단 탐욕이 생기면 경솔하게 얕은 꼼수만을 생각하여 단지 이익만 생각할 뿐 그것의 폐해를 고려하지 않습니다. 같은 무리가 되어 서로를 밀어주다가 둘 다 재앙의 나락으로 떨어지게 될 것입니다. 제가 그들을 보니 분명히 오래 걸리지는 않을 것입니다. 그대는 막중한 임무를 맡았고 권세도 크니 변란이 시작되면 재앙이 집중될 것이니 그대가 반드시 먼저 해를 입을 것입니다. "어진 자는 만물을 두루 사랑하고, 지혜로운 자는 재해가 발생하기 전에 미리 방비한다"라고 합니다. 어질지도 지혜롭지도 않다면 어찌 나라를 다스릴 수 있겠습니까? 그대는 어찌하여 병을 핑계 대고 나가지 않고 국정을 공자 성에게 맡기지 않으십니까? 원망이 집결되는 곳이나 화를 전달하는 사람이 되지 마십시오."

비의가 말했다.

"안 됩니다. 옛날 주부가 왕을 제게 맡기실 때 말씀하시길, '너의 법도와 생각을 바꾸지 말고 한마음으로 굳게 지키고 일생을 마치도록 하라'라고 하셨소. 저는 재배하고 명을 받들어 그것을 기록해두었소. 지금 전불례의 반란이 두려워서 내가 기록하는 것을 잊는다면 변심이 이보다 더 큰 것이 있겠소? 조정에 들어가 엄한 명령을 받고, 물러난 뒤에 온전하게 집행할 수 없다면 왕의 명령을 저버리는 것이 이보다 더 심한 것이 있겠소? 변심하고 저버리는 신하는 형벌이 용납하지 않을 것이오. 속담에 '죽은 자가 다시 살아난다 해도 살아있는 자는 부끄럽지 않아야 한다'라는 말이 있다. 나의 말은 이미 앞에서 했으니 나는 나의 말을 지키려고 하는데 어찌 내 몸이 온전하겠소! "지조 있는 신하는 <u>재난이 닥쳐야 절조가 나타나고, 충신은 국난이 닥쳐야 행위가 분명해진다</u>"라고 하였소. 그대는 나에게 가르침을 주었고 나에게 충고도 했소. 비록 이렇게 되었지만, 나는 앞에서 한 말도 끝까지 감히 지키지 않을 수 없소."

이태가 말했다.

"좋소. 그대는 전력을 다해 임무를 완수하시오. 그대를 볼 수 있는 것은 올해뿐이오."

눈물을 흐느끼며 나갔다. 이태가 공자 성을 여러 차례 만나 전불례의 반란에 대비하였다.

혜문왕 4년, 주부가 왕과 함께 사구(沙丘)에 유람할 때 서로 다른 궁을 썼다. 공자 장은 즉시 그의 무리를 데리고 전불례와 함께 반란을 일으켰다. 주부가 명하여 왕을 부른다고 속이니 비의가 먼저 들어갔다가 주살되었다. 고신(高信)이 즉시 왕과 함께 싸웠다. 공자 성과 이태는 도성에 이르러 네 개 읍의 병사를 일으켜서 들어가 반란에 대항하여 공자 장과 전불례를 죽인 다음 그들의 역적 무리를 멸하고 왕실을 평정하였다.

간체자	难至节见, 累至行明
발음	난 즈 제 젠 nàn zhì jié jiàn,
	레이 즈 싱 밍 lèi zhì xíng míng
편명	조세가

| 해설 |

나라의 큰 재앙이 있을 때 비로소 사람의 지조가 나타나고 나라의 재앙이 닥쳤을 때 충신은 그의 행동이 분명하게 나타난다는 뜻으로, 사람들의 태도와 능력을 평상시에는 잘 알 수 없지만, 재앙이나 전쟁과 같은 국난에 처했을 때 국가와 민족에 대한 충정(忠貞)을 알 수 있음을 비유하는 말이다.

'루(累)'는 국루(國累)처럼 나라의 우환거리나 재앙을 말한다. '루지(累至)'는 나라의 재앙이나 우환거리가 발생함을 뜻하고, '루지행명'은 나라에 전쟁이나 재앙이 닥치면 중임을 맡게 되었을 때 비로소 충신의 품행이 나타나게 된다는 뜻이다. 악비, 원숭환이나 이순신과 같은 인물이 여기에 속한다.

비의(?~기원전 295년)는 전국 시대 조나라의 대신으로 한단 사람이다. 본래 조숙후의 신하로 조무령왕이 왕위를 계승했을 때 국정을 보좌하였다. 그는 무령왕의 '호복기사(胡服騎射)' 정책 추진을 대신들이 반대하자 적극적으로 무령왕을 권유하여 개혁을 견지하고 대신들의 의견을 고려할 필요가 없다며 무령왕의 개혁 결심을 정하도록 했다. 그 후 어린 군주 조하(趙何)를 보좌하였지만, '사구궁변(沙丘宮變)' 중에 혜문왕을 보호하려다가 공자 장에게 살해되었다.

이태는 조나라 혜문왕 때 백관 중 최고의 관직인 상방(相邦)을 맡았다. 기원전 295년에 안평군(安平君) 조성(趙成)과 모의하여 무령왕의 장자 조장과 대상(代相) 전불례를 죽이고 사구(沙丘)의 반란을 평정했다. 후에 사구(司寇)가 되었고, 조상이 죽은 후에 상방을 맡았으며 봉양군(奉陽君)에 봉해졌다. 제나라와 연합하여 진(秦)나라에 대항해야 한다고 주장했으며, 한나라, 위나라와 결맹하고 소진이 주장하는 다섯 나라와의 합종에 참여하여 진나라를 공격했다. 이 틈에 도읍(陶邑)을 자신의 봉지로 빼앗았고 조나라 국책을 바꿔 반란을 일으키는 등 권력에 탐욕을 부리다가 혜문왕과 대장 한서(韓徐)에게 제압당하고 재상직에서 파면 당했다.

'적(籍)'은 호적에 등록함을 뜻하는데 여기에서는 문서에 기록함을 말한다.

조무령왕(趙武武王) 야대(野台) 유적

「조세가」에 "무령왕 17년, 왕이 구문(九門)을 나와 야대를 만들고 제나라와 중산국의 경내를 바라보았다"라고 하였는데 이 야대가 바로 이 유적에 있었다. 『집해』에는 망대(望臺)라고도 한다고 했고, 『정의』에 "『괄지지(括地志)』에 '야대는 일명 의대(義臺)라고도 하는데, 정주(定州) 신락(新樂) 서남쪽 63리에 있다'라고 하였다"라고 하였다. 조무령왕은 즉위한 후 어진 선비들에게 자세를 낮추고 예의를 갖추어 등용하고 잘못을 들으면 즉시 고쳤으며 친히 국정을 살펴 십 수 년간의 노력으로 국세가 강대해져 중산국을 공격할 태세를 갖추고 북방을 향해 영토를 확장하려고 하였다. 기원전 309년, 조무령왕이 구문을 지나 야대에 올라 멀리 제나라와 중산국 방향 쪽을 바라보며 중산국을 공략할 책략을 생각하였다. 2년 후에 중산국을 향해 대거 공격하여 수년간의 교전으로 중산국을 멸망시켰다. 야대는 하북성 성회(省會) 석가장(石家莊) 동북쪽으로 정주(定州)와의 사이의 신락(新樂)시 북쪽 교외 2km 밖의 하가장촌(何家莊村) 동쪽 오가장촌(吳家莊村) 북쪽 복희대(伏羲臺) 경내에 있다.

주부 조무령왕은 공자 하에게 왕위를 물려주고 비의에게 왕을 보좌하게 했고, 장자 장을 안양군에 봉하고 전불례를 시켜 그를 보조하게 했다.

대신 이태가 비의에게 장과 전불례가 반란을 일으킬 것이니 병을 핑계 대고 조정에 나가지 말고 화를 피하라고 조언하였다. 비의가 이태에게 한 말 가운데 「죽은 자가 다시 살아난다 해도(死者復生), 산 자는 부끄럽지 않아야 한다(生者不愧)」의 뜻은 어떻게 번역해야 문맥상 정확할까? 죽은 자는 주부 무령왕, 산자는 비의라고 본다면, 이 두 사람은 서로 약속을 했다. 주부 무령왕이 비의에게 공자 하를 맡겼을 때 비의가 승낙하였다. 만약 무령왕이 다시 살아난다고 해도 비의가 무령왕과 한 약속을 실행에 옮겨 약속한 대로 왕을 잘 지켜줘야 비의 자신이 무령왕에게 추호도 부끄럽지 않게 된다는 것이다.

그런데 이 속담을 기존의 번역본처럼 "죽은 자가 다시 살아난다 해도, 산자는 그에 대해서 결코 부끄럽지 않다"라고 번역한다면 이것이 무슨 뜻인지 알 수가 없다. 분명하게 무슨 뜻을 전달하고 있는지 밝혀줘야 한다.

유언으로 남긴 말이나 약속은 그 유언을 전해 받거나 약속을 승낙한 사람은 이 유언이나 약속을 반드시 지켜야 한다는 뜻이다. 만약 유언을 남기고 죽은 자나 약속을 하고 죽은 사람이 다시 살아나서 보니 유언이나 약속을 이행하지 않았다면 유언을 남기거나 약속한 사람에게 살아있는 사람이 얼마나 부끄럽게 되겠는가라는 뜻이다. 비의는 주부 무령왕에게 부끄러운 사람이 되고 싶지 않아 무령왕과의 약속을 지키려고 끝까지 왕을 보좌하려고 한 것이다.

다음은 주부 무령왕이 장자 장을 폐위하고 공자 하를 세워 왕위에 오르게 한 내력을 소개한다.

공자 장과 전불례의 반란이 평정된 후, 공자 성은 재상이 되었고 안평군이라 불렀다. 이태는 사구(司寇)가 되었다. 공자 장이 패하여 주부에게로 도망쳤고 주부는 문을 열고 그를 받아들이니 공자 성과 이태는 주부의 궁을 포위하였다.

공자 장이 죽자, 공자 성이 이태와 모의했다.

"장 때문에 주부를 포위했는데 병사를 뒤로 물린다면 나는 멸족을 당할 것이오."

마침내 주부를 계속 포위했다. 주부가 있는 궁 안의 사람들에게 명하였다.

"늦게 나오는 자는 멸하겠다."

궁중에 있는 사람이 모두 밖으로 나왔다.

주부는 밖으로 나올 수도 없었고 먹을 것이 없어 참새 새끼를 구해서 먹었다. 3개월 후에 사구의 궁에서 굶어 죽었다. 주부의 죽음이 확정되자, 발상하고 제후들에게 그의 부고를 알렸다.

당시에 왕이 어려서 공자 성과 이태가 정권을 장악하였는데 주살을 당할까 두려워서 주부를 포위한 것이다. 주부는 처음에는 장자 장을 대자로 삼았으나 후에 오왜(吳娃)를 얻어 그녀를 총애하여 그녀를 위해 몇 년간을 궁에서 나오지 않았더니 그녀가 아들 하(何)를 낳았다. 이에 무령왕은 태자 장을 폐위하고 하를 왕으로 세웠다. 오왜가 죽자, 하에 대한 사랑이 멀어지니 옛 태자 장을 불쌍히 여겨 장과 하를 모두 왕으로 세우려다가 주저하며 결심을 하지 못했다. 그래서 반란이 일어났고 부자가 모두 죽음에 이르게 되어 세상의 웃음거리가 되었으니 어찌 애통하지 않겠는가!

개양보(開陽堡)

하북성 양원(陽原) 동남쪽 20km의 산서성의 대동(大同)과 하북성의 장가구(張家口) 사이의 하북성 부도강향(浮圖講鄕) 서쪽의 개양촌(開陽村) 남쪽에 있다. 전국 시대 조나라 대군(代郡)의 안양읍(安陽邑)으로 조무령왕의 장자 조장(趙章)이 안양군(安陽君)에 임명되면서 받은 봉읍이었다. 개양보촌은 중국 전통문화 천락으로 지정되었다. 개양보촌 내의 거리는 도로가 돌로 포장되어 있고 우물 정자의 구조로 9개 부분으로 나뉘는데 역사에서는 구궁가(九宮街)라고 한다. 보기 드문 처마 끝의 코끼리 머리 장식의 당대 풍격을 간직한 건축물 옥황각(玉皇閣)과 고희대(古戱臺), 성황묘(城隍廟) 등이 남아있다.

73

자신의 재앙을 다른 사람에 떠넘기다

가화우인(嫁禍于人)

한나라 상당의 태수가 조나라 왕에게 상당의 17개 성읍을 바치겠다고 하자 평양군
조표가 반대하며 한 말

혜문왕 33년에 왕이 죽고 태자 단(丹)이 즉위하니, 그가 효성왕(孝
成王)이다.

효성왕 원년, 제나라 안평군(安平君) 전단(田單)이 조나라 군대를 이
끌고 연나라 중양(中陽)을 공격하여 빼앗았다. 또 한나라를 공격하여
주인(注人)을 빼앗았다.

효성왕 2년, 혜문후(惠文侯)가 죽었다. 전단이 조나라의 재상이 되었다.

효성왕 4년, 한나라 상당(上黨)의 태수 풍정(馮亭)의 사자가 와서 조
나라 왕에게 말하였다.

"한나라는 상당을 지킬 수 없어서 진(秦)나라에 편입시키려고 하는
데, 상당의 관리와 백성들은 모두 조나라라면 안심한다며 진나라가 되
길 원하지 않습니다. 상당의 17개 성읍이 조나라에 귀속되기를 원합
니다. 왕께서 결정하시어 관리와 백성들에게 은혜를 베푸십시오."

嫁 시집갈, 전가할 가 禍 재앙 화 於 어조사 어 人 사람, 남 인

왕이 크게 기뻐하며 평양군(平陽君) 조표(趙豹)를 불러 물었다.

"풍정이 성읍 17개를 바친다고 하니 그것을 받으면 어떠한가?"

조표가 대답하였다.

"성인은 이유 없는 이익은 큰 재앙이라고 했습니다."

왕이 말하였다.

"그곳 사람들이 나의 덕을 사모하여 편입되려고 그러는데 왜 이유가 없다고 말하는가?"

조표가 말하였다.

"진(秦)나라가 한나라의 땅을 잠식하여 중간에서 도로를 끊어 한나라와 상당 양쪽이 서로 통하지 못하게 되었으니 본래 가만히 앉아서 상당의 땅을 얻게 되었다고 생각했을 것입니다. 그런데 한나라가 진나라에 헌납하지 않으려는 이유는 <u>자신에게 닥칠 화를 조나라에 떠넘기겠다</u>는 것입니다. 진나라가 힘들게 노력했는데 조나라가 이익을 얻는다면, 비록 강대국일지라도 약소국에서 이익을 얻을 수 없는데 하물며 약소국이 반대로 강대국으로부터 이익을 얻을 수 있겠습니까? 그러므로 어찌 이유 없는 이익이 아니라고 말할 수 있겠습니까! 하물며 진나라는 우전(牛田)의 수로를 이용하여 양식을 운반하면서 한나라를 잠식하고, 가장 좋은 전차로 전쟁에서 승리를 쉽게 거두며 한나라 영토를 갉아먹고 있습니다. 진나라의 이러한 정령(政令)이 이미 실행되고 있는데 진(秦)나라에 대적해서는 아니 되니 절대로 한나라의 17개 성읍을 받지 마십시오."

조나라 왕이 말했다.

"지금 백만 명의 군사를 일으켜 공격해도 해를 넘기도록 여러 해가 지나도 한 개의 성도 얻지 못할 것인데 지금 성읍을 17개나 우리나라에 바친다니 이것은 큰 이익이다."

조표가 나가자, 왕은 평원군과 조우(趙禹)를 불러 이를 알리니, 그들이 대답하였다.

"백만 대군을 출동시켜 공격해도 여러 해를 넘기도록 하나의 성도 얻을 수 없었습니다. 지금은 가만히 앉아서 성읍 17개를 얻으니 큰 이익이므로 포기할 수 없습니다."

이에 왕이 좋다고 하며 평원군 조승(趙勝)을 한나라에 보내 토지를 받게 하였다.

조승이 풍정에게 말하였다.

"폐국(弊國)의 사자 신 조승은 폐국의 군주께서 저에게 명하시어 만호의 성읍 3개를 태수에게 봉하시고 천 호(戶)의 성읍 3개를 각 현령에게 봉하시며 모두 대대로 후(侯)가 되게 하셨습니다. 또 관리와 백성에게는 모두 세 계급씩 작위를 올려주고 그들이 모두 평안하게 지내도록 모두에게 여섯 근의 황금을 하사하셨습니다."

풍정이 눈물을 흘리며 사자를 쳐다보지 않고 말하였다.

"저는 세 가지 불의(不義)를 저지르고 싶지 않습니다. 군주를 위하여 땅을 지키는데 죽음으로 지키지 못하였으니 이것이 첫 번째 불의요, 진(秦)나라에 귀속시키라고 하였는데 군주의 명령을 듣지 않았으니 이것이 두 번째 불의이며, 군주의 토지를 팔아서 관직을 받아 녹(祿)을 받으니 이것이 세 번째 불의입니다."

조나라는 마침내 군대를 출동시켜 상당을 점령하였다.

간체자 嫁祸于人 **발음자** 훠 위 런 jià huò yú rén **편명** 조세가

| 해설 |

자신의 불행이나 어려움을 남에게 전가함을 뜻한다.

『한비자』「내저설(內儲說)」에 "제나라 중대부(中大夫) 이사(夷射)가 왕궁의 술자리에 참석했다가 왕을 모시고 거나하게 취해 복도 문에 기대어 있었다. 발을 잘린 문지기가 먹다 남은 술을 자기에게도 조금 나눠달라고 했다. 이사는 호통을 치며, '썩 꺼지지 못할까? 어디서 천한 것이 감히 술을 달라고 하느냐?'라고 하자, 문지기는 혼비백산 도망쳤다. 이사가 집으로 돌아간 후, 문지기는 복도 문에다 마치 누군가가 오줌을 싼 것처럼 물을 몇 방울 떨어뜨려 놓고 다음 날 왕이 문을 넘다가 누가 오줌을 쌌느냐고 묻자, 그는 이사가 이곳에 서 있는 것을 보았다고 말하고, 제나라 왕은 이사를 사형에 처했다"라고 하였다. 너그럽지 못한 인색한 행동은 오히려 남의 반감을 사서 화가 자신에게 되돌아와서 화를 불러올 수 있음을 보여준 전형적인 예인데, 반의어는 자신에게 잘못이 있는지 반성함을 뜻하는 '반궁자성(反躬自省)'이라고 한다.

'상당'은 춘추 시대 때는 진(晉)나라에 속했지만 전국 시대 주정정왕(周貞定王) 16년(기원전 543년)에 진나라가 한, 위, 조의 세 나라로 분할되면서 한나라에 귀속되었는데 장평(長平) 전투 이후에 진(秦)나라에게 점령되었다. 지금의 산서성 장평이다.

'재(財)'는 '재(裁)'와 같은 글자로, 결단(決斷), 재결(裁決)의 뜻으로 결정함을 말한다.

'상승(上乘)'은 가장 좋은 전차를 뜻한다.

'난(難)'은 적, 원수란 뜻으로 '위난(爲難)'이 대적(對敵)함을 뜻한다. "불가여위난(不可與爲難)"은 '여(與)'자 뒤에 '진(秦)'자가 빠져 있어, 진나라에 대적하면 아니 됨을 뜻한다.

74

가난하고 천한 자가 남을 대하는데 교만하다

빈천교인(貧賤驕人)

자격이 위문후의 스승 전자방에게 누가 남에게 교만하냐고 묻자 전자방이 대답한 말

위(魏)나라의 선조는 필공(畢公) 고(高)의 후손이다. 필공 고와 주나라 천자는 성이 같았다. 무왕이 주(紂)를 정벌하고, 고를 필(畢)에 봉하여서 성을 필로 정했다. 그의 후손은 관직에 봉해지지 못해 평민이 되어 중원이나 이민족 땅에 살았다. 그의 후손 중에 필만(畢萬)이라는 자가 있었는데, 그는 진(晉)나라 헌공(獻公)을 섬겼다.

진헌공 16년에 조숙(趙夙)이 왕의 수레를 몰고, 필만이 수레 오른쪽에서 호위(護衛)하였는데 곽(霍), 경(耿), 위(魏)를 공격하여 멸망시켰다. 경 땅에는 조숙을 대부로 봉하고, 위 땅에는 필만을 대부로 봉하였다.

복언(卜偃)이 말했다.

"필만의 후손은 반드시 강성할 것이오. '만'이란 글자는 가득 찬 숫자이고, '위'는 높다는 뜻의 명칭이오. 이러한 명칭 때문에 봉상(封賞)이 시작할 것이니 이것은 하늘이 그의 앞길을 열어주는 것이오. 천자가 통치하는 것을 조민(兆民), 제후가 통치하는 것은 만민(萬民)이라고

貧 가난할 빈 賤 천할 천 驕 교만할 교 人 사람, 남 인

하오. 지금 그를 봉한 명칭이 커서 가득 찬 수이니 그는 많은 민중을 소유할 것이오."

필만을 봉한 지 11년 후에 진헌공이 죽었다. 네 아들이 왕위를 다투며 번갈아 왕위에 오르느라 진나라가 어지러웠다. 필만의 자손들은 더욱 강대해져서 봉지의 이름을 따서 위씨(魏氏)로 하였다. 필만은 무자(武子)를 낳았고, 위무자는 위씨 자손의 신분으로 진나라 공자 중이(重耳)를 섬겼다. 진헌공은 21년에 무자가 중이를 따라 도망하였다. 19년 뒤에 돌아와 중이는 왕위에 올라 진문공이 되었다. 진문공이 위무자에게 위씨 후손의 봉지를 세습하도록 하여 대부 대열에 올라 위나라를 다스렸다.

위문후(魏文侯) 17년에 중산(中山)을 토벌하고 공자 격(擊)에게 지키게 하였다. 조창당(趙倉唐)이 그를 보좌하였다. 공자 격이 조가(朝歌)에서 위문후의 사부 전자방(田子方)을 만났다. 공자 격은 수레를 물리고 피하여 길을 양보하고, 수레에서 내려서 그를 알현하였다. 전자방이 답례하지 않았다.

공자 격이 전자방에게 물었다.

"부귀한 사람이 남을 대하는데 교만합니까? 아니면 빈천한 사람이 남을 대하는데 교만합니까?"

전자방이 말하였다.

"본래 빈천한 사람이 남을 대하는데 교만합니다. 제후가 남을 교만하게 대한다면 그 나라를 잃을 것이며, 대부가 남을 교만하게 대하면 자기 집을 잃을 것입니다. 빈천한 사람은 자신의 행동이 왕의 뜻에 부합하지 못하며, 진언해도 왕의 쓰임을 받지 못하면, 그 왕을 떠나 초나라나 월나라로 가기를 마치 신을 벗듯이 할 것입니다. 그러므로 어떻게 부귀한 자와 같게 볼 수 있겠습니까!"

자격이 불쾌해서 가버렸다.

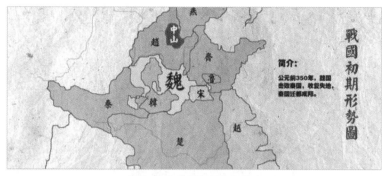

전국 시대 초기의 위나라 형세

간체자	贫贱骄人
발음	핀 젠 자오 런 pín jiàn jiāo rén
편명	위세가 魏世家

| 해설 |

가난하고 신분이 낮은 사람은 스스로 자긍심이 강해 권력과 부귀함을 멸시한다는 뜻이다.

현자(賢者)란 비록 가난하지만, 도의를 잘 지키고 남에게 굽실거리며 권력이나 재물을 구하는 것이 없어 부끄러움이 전혀 없고 스스로 자부심이 느끼고 있는 사람을 일컫는다.

후에 권력과 부귀에 대한 멸시를 나타내는 성어가 되었는데, 가난한 사람이 권력 있고 돈 많은 사람을 멸시하는 말로 쓰인다.

전자방은 위문후의 스승으로 일찍이 여러 차례 위문후를 간하여 도덕 수양하도록 권하자 위문후가 그를 매우 존경했다. 공자 격은 위문후의 태자로 후에 위무후(魏武侯)가 되었다.

전자방은 위문후의 스승이지만 신분은 태자 격보다 한참 아래이므로 태자 격이 길을 양보할 정도로 예의를 갖추었는데 전자방이 답례를 하지 않는 것을 보고 기분이 상하여 전자방을 자신보다 빈천한 자로 건방지고 교만하다고 여겨 따지면서 전자방을 책망하였지만, 전자방이 이 성어를 사용하여 태자를 간하여 일깨워주려고 하였다.

공자 격과 전자방의 고사에서 공자 격이 전자방을 만나고 나서 불쾌해서 가버린 것은 공자 격이 전자방의 뜻을 제대로 깨닫지 못했기 때문이다. 전자방은 공자 격이 겸손하고 공경하는 마음으로 인재를 잘 대하길 바랐다. 군주가 넓은 마음이 없다면 인재를 잃을 것이고 인재를 잃으면 나라가 강대해질 수 없다고 생각하여, 전자방은 제후가 교만하면 나라를 잃게 되고 사람을 교만하게 대하면 집을 잃게 된다고 태자 격에게 간한 것이다. 역사가 이를 증명하고 있는데 하나라 걸왕, 상나라의 주왕, 주나라의 유왕 모두 사람을 교만하게 대하여 강산을 잃었다. 공자 격은 전자방보다 직위가 훨씬 높은 태자이지만 그렇다고 해서 태자가 수레를 뒤로 물리면서 길을 상대방 전자방에게 양보하여 예의를 갖추었는데도 상대가 답례하지 않았다고 해서 불쾌하게 생각하여 가버리는 태도는 태자의 자세는 아니라는 것이다. 전자방이 태자에게 이 성어를 쓰면서, 빈천한 사람은 교만해도 잃을 것이 없지만, 임금과 같은 부귀한 자가 교만하면 모든 것을 잃게 된다는 것을 깨닫기를 원했다.

『증광현문(增廣賢文)』에 "빈천한 자가 남에게 교만하게 굴면 비록 잔교(棧橋)를 건너는 것 같지만 그나마 약간의 호탕한 기질이 있는 것이요, 간사한 영웅이 세상을 속이면 비록 휘두르는 것 같지만 모두가 일말의 진심도 없는 것이다"라고 하였다.

조양자(趙襄子)가 자기의 형 조백로(趙伯魯)의 아들 조완(趙浣)에게 왕위를 물려주었다. 조완은 한강자(韓康子)와 위환자(魏桓子)가 서로 모의하여 진(晉)나라 땅을 셋으로 나누어 각기 3분의 1씩 차지하였다. 한씨, 위씨, 조씨 삼가(三家)는 스스로 삼진(三晉)이라고 칭했다.

주위열왕(周威烈王)이 왕위에 오르기 전후로 많은 인물이 세상을 떠났다. 진나라에서는 조완이 죽고 아들 조적(趙籍), 한강자가 죽고 손자 한건(韓虔), 위환자가 죽고 손자 위사(魏斯)가 각각 대를 이었다. 주위열왕은 조적을 조후(趙侯), 한건에게는 한후(韓侯), 위사에게는 위후(魏侯)를 봉하였다. 이 세 사람은 모두 제후로 승격된 것이다. 조후는 중모(中牟), 한후는 평양(平陽), 위후는 안읍(安邑)에 도읍을 정하였다. 결국 진나라는 당숙우로부터 진정공(晉定公)에 이르기까지 29대 만에 멸망하고 말았다.

삼진 중에서도 위문후가 가장 어진 군주였고, 사사로운 마음을 버리고서 모든 선비를 공경했다. 위문후는 서하(西河)로 가서 공자의 제자 자하(子夏)에게서 경서를 배웠다. 위성(魏成)이 어진 사람 전자방을 천거하자 위문후는 전자방과 친구가 되었고, 서하 땅 사람 단간목의 덕행이 뛰어나다고 말하며 위문후에게 천거했다.

필공(畢公)은 주문왕(周文王) 희창(姬昌)의 15번째 아들이다. 주무왕(周武王)이 상나라를 멸한 후 필(畢), 지금의 섬서 함양 땅에 봉해졌다. 역사에서는 필공고(畢公高)로 칭하고 필국(畢國)과 필성(畢姓)의 시조이다. 주성왕(周成王)이 임종할 때 유언으로 그와 소공(昭公)에게 주강왕(周康王)을 보좌하여 그가 왕위를 계승할 수 있도록 하였다. 필공의 보좌로 주성왕과 주강왕 때 천하가 안정되어 '성강지치(成康之治)'를 이루었다.

'어(御)'는 말이 끄는 수레를 모는 것을 뜻하고, '우(右)'는 수레의 오른쪽을 뜻하는데, 옛날 제도에 의하면 한 대의 수레에는 세 사람이 타고 높은 사람이 좌측, 어거(御車)하는 사람이 중간, 참승(驂乘)하는 사람이 오른쪽에 있는데 보통 용감한 사람이 담당했다고 한다. 『상서(尚書)』의 하나라 군주가 유호(有扈)와 싸울 때 감(甘) 땅의 백성들에게 한 짧은 맹세 「감서(甘誓)」에 "왼쪽 사람이 왼편 적을 치지 않으면 그 사람은 명을 받들지 않은 것이오, 오른쪽 사람이 오른쪽 적을 치지 않으면 그 사람은 명을 받들지 않은 것이오. 수레를 모는 사람이 말을 잘 몰지 않으면 그 사람은 명을 받들지 않는 것이오"라고 하여 '우'는 수레에 탄 세 사람 가운데 오른쪽에 있는 사람을 가리킨다.

복언(卜偃)은 본명이 곽언(郭偃)인데 춘추 시대 진(晉)나라 대부로 점치는 관원 복관(卜官)이었다. 점치는 기술이 탁월하고 박학다식하며 지모가 남보다 뛰어났다. 당시 정치정세에 근거하여 자연현상과 결합하여 예언을 잘하였는데 진나라는 진헌공 때부터 진문공까지 국가가 끊임없이 발전하여 그것의 증거였다.

필만이란 이름에 대한 복언의 해석에 이어서 「以是始賞 天開之矣」에 대한 기존의 번역본에는 "이로 볼 때 이는 개천(開天)의 뜻이 담겨 있는 것이다"라고 하였다. "이러한 그의 이름 때문에 봉상(封賞)이 시작될 것이니, 이것은 하늘이 그(필만)에게 앞길을 열어주는 것이다"라는 의미다. '상(賞)'은 상사(賞賜)의 뜻으로 해석하면 임금이 칭찬하여

상으로 물품을 줌의 의미고, 상봉(賞封)의 뜻으로는 상으로 땅을 주어 봉(封)하는 것을 말한다. '개(開)'를 넓게 곬, 길이 트임의 뜻으로 해석하였다. 찬조(贊助)의 뜻으로도 해석하여 지지함을 뜻하기도 한다.

필공고

필씨종사(畢氏宗祠)는 절강성 호주(湖州)시 장흥(長興) 필가촌(畢家村)에 있다.

낙양(洛陽) 주공묘(周公廟)

주공묘

주공묘 안의 문정당(定鼎堂)에 공봉(供奉)된 주공(周公), 그의 동생 소공(召公), 필공(畢公), 주공의 장남 백금(伯禽), 차남 군진(君陳) 다섯 명의 성상(聖像)이다. 필공은 가운데 주공 왼쪽에 있다.

75

집안이 가난해지면 어진 아내를 생각하고
나라가 어지러워지면 어진 재상이 그리워진다

가빈즉사양처(家貧思良妻)

국난즉사양상(國亂思良相)

이극이 위문후를 가르칠 때 한 말

위문후(魏文侯)는 자하(子夏)로부터 경서(經書)를 배웠고, 단간목(段干木)을 손님으로 대했는데 단간목의 고을을 지날 때면 사람들에게 수레의 가로나무를 잡고 허리 굽혀 절하지 않은 적이 없었다. 진(秦)나라가 위나라를 공격하려고 하자, 어떤 사람이 말하였다.

"위나라의 왕이 어진 사람은 예의를 갖추어 존중하면 백성들이 그를 칭하길 어질다고 하여, 윗사람과 아랫사람이 서로 화합하니 도모할 수가 없습니다."

위문후는 이것으로 제후들에게서 명성을 얻었다.

家 집 가 貧 가난할 빈 思 생각할 사 良 어질 양 妻 아내 처
國 나라 국 亂 어지러울 난 思 생각할 사 良 어질 양 相 재상 상

위문후가 이극(李克)에게 말하였다.

"선생께서 일찍이 과인을 가르치며 말하길, '집안이 가난해지면 어진 아내를 생각하고, 나라가 어지러워지면 어진 재상이 그리워지게 된다'라고 했소. 지금 재상을 임명하는데 내 아우 성자(成子) 아니면 적황(翟璜)인데, 두 사람이 어떻습니까?"

이극이 대답하였다.

"제가 듣건대 '비천한 자가 존귀한 사람 대신 도모하지 않고, 멀어진 사람이 가까이 지내는 사람 대신 도모하지 않는다'고 합니다. 저는 궐문 밖에 있는데 감히 명을 받들 수 없습니다."

위문후가 말하였다.

"선생께서는 일할 때는 사양하지 마십시오."

이극이 말하였다.

"군주께서 두 사람을 관찰하지 않으신 까닭입니다. 보통 때 그들이 접근하는 사람을 살피고, 부귀할 때 그들이 교제하는 사람을 살피며, 관직에 있을 때 그들이 천거한 사람을 살피고, 곤경에 처했을 때 그들이 하려고 하지 않는 일을 살피며, 가난할 때 그들이 원하지 않는 것이 무엇인지 살피십시오. 이 다섯 가지만 살피면 정하실 수 있습니다. 어찌 저를 기다리십니까."

문후가 말하였다.

"선생은 집으로 돌아가시오. 과인의 재상은 정해졌소."

이극이 급히 나와서 적황의 집을 지나가게 되었다.

적황이 물었다.

"지금 듣건대 군주께서 선생을 불러 재상 후임을 물으셨다고 하던데 과연 누구로 정하셨소?"

"위성자가 재상이 되었습니다."

적황이 화를 내고 얼굴색을 바꾸면서 말하였다.

"귀로 들어 알고 눈으로 보고 판단해 보면, 제가 어찌 위성자보다 못합니까! 제가 서하(西河)의 군수는 제가 천거했고, 군주가 내심 업성(鄴城)을 걱정하시어 제가 서문표(西門豹)를 천거했으며, 군주께서 모의하시어 중산국을 정벌하려고 하여 제가 악양(樂羊)을 천거했소. 중산국은 이미 빼앗았고 그곳을 지킬 사람이 없어 신이 선생을 추천했소. 군주의 아들에게 사부가 없어 제가 굴후부(屈侯鮒)를 천거했소. 신이 어찌하여 위성자보다 못하단 말이오!"

이극이 말하였다.

"그대가 그대의 군주에게 나를 추천의 말을 한 것이 어찌 내가 장차 큰 벼슬을 구하기 위해 서로 친하게 두루 지내려고 한 것이었겠습니까? 왕께서 재상을 임명하는데 성자 아니면 적황 두 사람 가운데 누가 좋으냐고 물으시기에 인선하는 다섯 가지를 알려드렸고 저를 기다리시지 마시라고 일러드렸더니, 이 때문에 위성자가 재상이 된 것을 알았습니다. 또 그대가 어찌 위성자와 비교가 될 수 있겠습니까? 위성자는 식읍의 봉록이 매우 두터운데, 열에 아홉은 밖에서 쓰고 열의 일만을 집에서 썼으므로, 동방에서 복자하(卜子夏), 전자방, 단간목을 얻었습니다. 이 세 사람은 군주께서 스승으로 모셨습니다. 반면에 그대가 추천한 다섯 사람은 모두 왕께서 신하로 삼았으니, 그대가 어떻게 위성자와 비교가 되겠습니까?"

적황은 부끄러워 절을 두 번 올리고 말하였다.

"제가 비천한 사람이라 선생에 대한 대답을 잘못했습니다. 평생 선생의 제자가 되길 원합니다."

간체자	家贫思良妻, 国乱思良相
발음	자 핀 쓰 상 량 치 jiā pín sī liáng qī
	궈 롼 쓰 량 샹 guó luàn sī liáng xiàng
편명	위세가

| 해설 |

집안이 궁해지거나 어려워지면 어진 아내의 내조가 필요하다는 것을 새삼 생각하게 되고, 나라가 어려움이 처하게 되면 훌륭한 재상이 그리워진다는 뜻이다.

단간목은 성이 이씨(李氏)이고 이름이 극으로 단(段)에 봉해져서 간목대부(干木大夫)가 되었으므로 단간목으로 불렸다. 전국 시대 초기의 위나라의 명사(名士)로 자하를 스승으로 모셨고 전자방(田子方)이 친구였다. 전자방은 위문후의 친구였지만 위문후가 그를 스승으로 모셨는데 그의 도덕과 학문이 높기로 제후들 사이에서 유명하였다. 단간목은 자하, 전자방과 함께 '하동삼현(河東三賢)'으로 불렸다.

단간목은 위나라 안읍(安邑) 사람으로 친구들은 모두 장군이 되었으나 홀로 벼슬을 하지 않고 은거하였다. 위문후의 동생 위성자(魏成子)가 그를 극력 추천하여 위문후는 인재 구하기를 목말라하여 단간목을 여러 차례 찾아간 끝에 결국은 단감목이 감동하여 위문후를 만났다.

이극은 전국 시대 때 위나라의 저명한 정치가이고, 자하의 제자로 위무후(魏武侯) 시기에 적황(翟璜)을 추천하여 중산상(中山相)을 지냈다. 그에 관해서는 『한비자』「외저설(外儲說)」과 『설원(說苑)』「신술(臣術)」 등에 기록되어 있다.

'식(軾)'은 수레 앞턱 가로나무를 말하는데 수레 안에서 절을 할 때는 이 가로나무를 손으로 쥔다. 나무를 잡고 허리를 굽혀 절함의 뜻이다. 존경을 뜻한다.

　위문후의 단간목에 대한 존경심의 표현은 황보밀(皇甫謐)의 『고사전(高士傳)』에도 나온다.

　"비천한 자가 존귀한 사람 대신 도모하지 않고, 멀어진 사람이 가까이 지내는 사람 대신 도모하지 않는다"는 인용구는 「卑不謀尊, 疏不謀戚」인데, "신분이 낮은 자가 신분이 높은 사람 대신 도모하지 않고, 관계가 먼 자가 가까운 사람의 일에 대신 참여하지 않는다"라는 뜻이다. 스스로 자신의 힘으로 판단해야지 남의 뜻에 영합해서는 아니 된다는 뜻이다.

　'비주(比周)'에서 '비(比)'는 아첨하며 사귀는 일, '주(周)'는 정도(政道)를 지키며 사귀는 일을 뜻하여 '비주'란 두루 서로 친하게 지내는 일을 뜻한다.

　'천종(千鍾)'은 대우가 후한 봉록(俸祿)을 뜻한다.

　'준순(逡巡)'이란 뒷걸음질 치며 머뭇거림을 뜻한다. 망설이며 나아가지 못하고 주저함을 말하는데 공경하는 태도를 비유하는 말이다.

76

백 번 싸워 백 번 이기다

백전백승(百戰百勝)

조나라를 공격하러 가는 위나라 태자에게 서자가 말한 승리전략

문후 38년, 위문후가 죽고 공자 격(擊)이 즉위하니 그가 무후(武侯)이다.

무후 11년, 위나라는 한(韓), 조(趙)와 함께 진(晉)나라 땅을 삼분하고 진나라의 후손을 멸하였다.

무후 16년, 무후가 죽고 앵(罃)이 즉위하니 그가 혜왕(惠王)이다.

혜왕 원년, 무후가 죽고 공자 앵과 공중완(公中緩)이 태자 자리를 두고 싸우니 한나라 의후(懿侯)가 조나라 성후(成侯)와 연합하여 위나라를 공격하였다. 위나라가 패하자 위나라를 포위하였다. 위나라를 둘로 나누자는 의견에 한과 조 두 나라가 불화를 일으켜 조나라 군대가 철수하였다.

혜왕 17년, 위나라가 조나라의 도성 한단(邯鄲)을 포위하였다.

혜왕 18년, 한단을 함락하였다. 조나라가 제나라에 구원을 요청하여, 제나라의 전기(田忌), 손빈(孫臏)에게 조나라를 구원하게 하여 계릉(桂陵)에서 위나라 군대를 격퇴하였다.

百 일백 백 戰 전쟁 전 百 일백 백 勝 이길 승

186 사마천 ≪사기≫ 명언명구(세가)

혜왕 20년, 한단을 조나라에 돌려주고 장수(漳水) 강가에서 맹약하였다.

혜왕 30년, 위나라가 조나라를 공격하자, 조나라가 급히 제나라에 알렸다. 제선왕(齊宣王)이 손자병법을 사용하여 조나라를 구하고 위나라를 격퇴하였다. 위나라는 이에 군대를 크게 동원하여 방연(龐涓)을 장수로, 태자 신(申)을 상장군으로 삼았다.

위나라 군대가 외황(外黃)을 지날 때, 외황 사람 서자(徐子)가 말하였다.

"신에게는 백전백승의 전술이 있습니다."

태자가 말하였다.

"들을 수 있겠습니까?"

서자가 말하였다.

"본래 말씀드리길 원했습니다."

그러고는 말했다

"태자께서 친히 장군이 되어 제나라를 공격하여 대승을 거두고 거(莒) 땅을 점유한다면, 이는 부유해져도 위나라가 땅을 차지하는 것에 불과하고, 귀하게 된다 해도 위나라 왕이 되는 것에 불과합니다. 만약에 제나라와 싸워서 제나라에 승리를 거두지 못한다면, 만세 후의 자손에게는 위나라는 있을 수 없게 될 것입니다. 이것이 신이 말하는 백전백승의 전술입니다."

태자가 말하였다.

"좋소. 반드시 공의 말을 따라 철군하도록 하겠소."

서자가 말하였다.

"태자께서 비록 철수하고자 하여도 그럴 수가 없습니다. 저 태자에게 전쟁하도록 권한 사람 가운데 단물을 빨아 먹으려는 자들이 많아 태자가 비록 철수하려고 해도 아마 철수할 수가 없을 것입니다."

태자가 철수하려고 하자, 그의 어자(御者)가 말하였다.

"출정했다가 귀환하는 것은 패배한 것과 같습니다."

태자가 결국 제나라 군사와 싸워 마릉(馬陵)에서 패하였다. 제나라 군사가 위나라 태자 신을 포로로 잡고, 장수 방연을 죽여 위나라 군은 대패하고 말았다.

간체자	百战百胜
발음	바이 잔 바이 성 bǎi zhàn bǎi shèng
편명	위세가

| 해설 |

전쟁에서 반드시 승리를 거둠이란 뜻으로, 적이 착각할 만큼의 기이한 방법으로 적을 제압하는 전술을 말한다.

『손자병법』「모공」(謀攻)에서 "백전백승이 가장 좋은 방법은 아니고, 싸우지 않고 포섭하는 것이 최상의 방법이다"라고 하면서, 싸우지 않고 이기는 것이 최상의 전술이라고 하였다. 적의 음모를 분쇄하고 모략을 세워 공격해야 하며, 병력이 적을 때는 36계(計) 줄행랑이 가장 좋은 방법이고, 적의 사정을 잘 알아야 전쟁에서 위험한 지경에 빠지지 않는다고 하였다.

외황(外黃)은 지금의 하남성 상구(商丘)시 서쪽 민권(民權)이다.

거(莒)는 지금의 산동성 서남부의 일조(日照)이다.

'철즙(啜汁)'이란 단물을 빪을 뜻하는데, 남의 힘으로 이익을 얻음을 비유하는 말이다.

77

장작을 안고서 불을 끄러 가다

포신구화(抱薪救火)

땅을 바치면서 진나라를 섬기는 위나라 왕의 행위에 대한 소대의 비유

안희왕(安釐王) 원년, 진(秦)나라가 위나라의 두 성을 함락시켰다.

안희왕 2년, 또 위나라의 두 성을 함락시켰고, 대량성(大梁城)에 군대를 주둔시켰다. 한나라가 구원병을 보내왔고, 온성(溫城) 떼어주고 화의하였다.

안희왕 3년, 진나라가 위나라의 4개의 성을 함락시키고, 4만 명의 목을 베었다.

안희왕 4년, 진나라가 위나라와 한나라, 조나라를 연파하고, 15만 명을 죽였으며, 위나라의 장수 망묘(芒卯)를 쫓아버렸다. 위나라의 장수 단간자(段干子)가 진나라에게 남양(南陽)을 주고 화의하였다.

소대(蘇代)가 위왕에게 말하였다.

"상으로 관직에 봉해지길 원하는 자는 단간자이고, 땅을 탐내는 자는 진나라입니다. 지금 왕께서 땅을 탐내는 나라가 관직을 원하는 자를 제압하게 하고, 관직을 원하는 자가 땅을 탐내는 나라를 제압하게

抱 안을 포 薪 땔나무 신 救 구원할 구 火 불 화

하면, 위나라의 땅을 완전히 잃지 않는 한 이러한 일은 멈추지 않을 것입니다. 하물며 땅을 바치면서 진나라를 섬긴다면, 이는 마치 장작을 안고서 불을 끄려고 하는 것과 같으니, 장작이 모두 타버리지 않으면 불은 꺼지지 않을 것입니다."

왕이 말하였다.

"사실 그러하구면. 비록 그렇다 하더라도 일이 이미 행해졌으니, 다시 바꿀 수는 없소."

소대가 대답하였다.

"박국희(博局戱)에서 효(梟)를 중시하는 것을 보지 못하셨습니까? 유리하면 말을 먹어버리고, 불리하면 멈춥니다. 지금 왕께서 말씀하시기를 '일이 이미 행해졌으니, 다시 바꿀 수는 없다'라고 하시면, 이는 왕의 지혜가 효를 사용하는 것만도 못한 것 아닙니까?"

간체자 抱薪救火　**발음** 바오 신 쥬 휘 bào xīn jiù huǒ　**편명** 위세가

| 해설 |

잘못된 방법으로 재앙을 없애려다가 오히려 더 큰 재앙을 입음을 말하며, 동의어는 '부신구화(負薪救火)'다.

『전국책』 「위책(魏策)」에 "화(華) 땅 싸움에서 위나라는 진나라에게 패하였다. 이듬해에 단간숭(段干崇)을 시켜 진나라에게 땅을 떼어주고 강화하려고 하였다. 손신(孫臣)이 위왕에게 말하기를, '간신들은 처음부터 땅을 떼어주고 진나라를 섬기고 싶었습니다. 영토를 바쳐 진나라를 섬기는 것은 장작을 안고 불을 끄려고 하는 것과 같아, 장작은 다

타지 않으면, 불길이 멈추지 않을 것입니다. 전하의 땅은 한도가 있고, 진나라의 요구는 한이 없을 것입니다'라고 하자, 위왕이 '과연 그렇지만 이미 진나라에 승낙했으나 바꿀 수가 없소'라고 하자, 손신이 대답하면서 효기(梟棋)의 예를 들어 군신에게 위협당하여 진나라에 승낙하여 땅을 바치는 것을 시종할 수 없다고 한 말을 취소시키고 단간숭이 진나라로 가는 것을 중지시켰다"라고 하였는데 여기에서 유래하였다.

위국(魏國) 군주
대부시기(大夫時期)

순위	시호	성명	재직 기간 기원전	재위 연수	비주
1		필만(畢萬)	661~?	?	필공(畢公) 희고(姬高)의 후예로 진헌공(晉獻公)이 위(魏)를 봉지로 하사하여 대부(大夫)가 됨.
2	위무자(魏武子)	위주(魏犫)	636~?	?	진문후(晉文公)가 대부(大夫)로 봉함
3	위도자(魏悼子)	?			
4	위소자(魏昭子)	위강(魏絳)/위강(魏降)			진동공(晉悼公)을 섬겨 제후들과 회맹
5	위헌자(魏獻子)	위서(魏舒)	?~509		소자의 아들 위영(魏嬴)의 아들로 진소공(晉昭公)을 섬김
6	위간자(魏簡子)	위취(魏取)	508~?		
7	위양자(魏襄子)	위치(魏侈)			
8	위환자(魏桓子)	위구(魏駒)	?~446		위치의 손자. 기원전 453년에 한(韓)·조(趙)와 함께 지백(智伯)을 멸하고 땅을 나눠 가짐.
9	위후(魏侯)	도(都)	445~404	42년	위환자의 아들, 위국(魏國)을 건립함.

제후시기(诸侯时期)

순서	시호	성명	재위 기간 기원전	재위 연수	비주
1	위문후 (魏文侯)	위사(魏斯)	403~386	8년	기원전 403년, 주무열왕(周威烈王)이 제후로 책봉
2	위무후 (魏武侯)	위격(魏擊)	385~370	16년	
3	위혜왕 (魏惠王)	위영(魏罃)	369~319	51년	기원전 334년, 정식으로 왕(王)을 칭함.
4	위양왕 (魏襄王)	위사(魏嗣)	318~296	23년	
5	위소왕 (魏昭王)	위칙(魏遫)	295~277	19년	애왕(哀王)이 죽고 즉위
6	위안희왕 (魏安釐王)	위어(魏圉)	276~243	34년	
7	위경민왕 (魏景湣王)	위증(魏增)	242~228	15년	
8	위왕가 (魏王假)	위가(魏假)	227~225	3년	물을 끌어들여 대량성(大梁城)을 수몰시켜 진(秦)나라에 항복하여 멸망

78

때가 어려울수록 사치스러운 일을 행하다

시출거영(時絀擧贏)

한나라 소후가 문을 높이 세우는 것은 사치하다고 초나라 대부 굴의구가 한 말

한소후(韓昭侯) 25년, 가뭄이 들어 소후가 문을 높이 세우기 시작하였다.

굴의구(屈宜臼)가 말하였다.

"소후는 이 문에서 나오지 않을 것이다. 어째서일까? 때가 적합하지 않기 때문이다. 내가 말하는 때란 그냥 시일(時日)의 때가 아니라 유리할 때와 불리할 때를 말한다. 소후가 일찍이 시운(時運)이 이로웠을 때는 이 문을 높이 세우지 않았다. 작년에 진(秦)나라가 한나라 땅 의양(宜陽)을 함락시켰고 지금은 가뭄이 들었으나 소후는 백성들의 어려움을 돌보지 않고 오히려 더욱 사치를 부릴 것이니, 이를 '때가 어려울수록 사치스러운 일을 행하다'라고 일컫는 것이다.

소후 26년, 높은 문이 완성되었고, 소후가 죽었으니 과연 이 문을 나가지 않았다.

時 때 시 絀 부족할 출 擧 행할 거 贏 남을 영

| 해설 |

"시절이 어려울수록 호사스러운 일이 일어나기 마련이다"라는 뜻이다.

예를 들어 흉년을 당하여 시절이 어려운데 사치한 것은 옳지 않으므로 미리 헤아려서 준비하여야 한다는 의미로 쓰인다. 『자치통감』 주현왕(周顯王) 35년에도 나온다. 『사기집해(史記集解)』에서 서광(徐廣)이 말하길 "당시에 쇠약해졌는데도 사치를 일삼는다는 뜻이다. 즉 국가가 어려운 일이 많아서 형세가 여의치 않은 때에는 백성의 시급한 상황을 돌보아야 마땅한데, 행하는 일을 보면 거꾸로 여유가 있는 것처럼 하고 있으니, 국가를 다스리는 도를 잃었다는 말이다"라고 하였다.

굴의구는 초나라 대부로 한나라에 와있다.

의양은 지금의 낙양(洛陽) 서남부 근교이다.

한국(韓國) 군주

순서	시호	성명	재위 기간 기원전	재위 연수	비주 기원전
1	한문자(韓武子)	한만(韓萬)			곡옥환숙((曲沃桓叔)의 서자로 한(韓)에 봉해짐
	...				
10	한강자(韓康子)	한호(韓虎)	?~425		453년에 조(趙), 위(魏)와 함께

				지백(智伯)을 멸하고 땅을 삼분
...				
12	한경후(韓景侯)	한건(韓虔)	408~400	9년	403년, 주위열왕이 제후로 책봉, 후(侯)라 칭함
13	한열후(韓烈侯)	한취(韓取)	399~387	13년	한무후(韓武侯)
...				
15	한애후(韓哀侯)	한둔몽(韓屯蒙)	376~374	3년	조, 위와 함께 진(晉)나라 땅을 나눠 가짐
16	한의후(韓懿侯)	한약산(韓若山)	374~363	12년	애후를 시해한 한엄(韓嚴)의 아들
17	한소후(韓昭侯)	한무(韓武)	362~333	30년	한소희후(韓昭僖侯) 라고도 함.
18	한선혜왕 (韓宣惠王	한강(韓康)	332~312	21년	323년에 왕이라 칭함
...				
21	한환혜왕 (韓桓惠王)	한연(韓然)	272~239	34년	한혜왕(韓惠王)
22	한폐왕(韓廢王)	한안(韓安)	238~230	9년	230년에 진(秦)나라에게 멸망

한나라의 개국과 주요 역사적 사건을 살펴보면 다음과 같다.

한나라의 조상은 주(周)나라 왕실과 동성인 희씨(姬氏)다. 후에 한나라 후손들은 진(晉)나라를 섬겨서 한원(韓原), 즉 지금의 산서성 한성(韓城)에서 봉토를 받아 한무자(韓武子)라고 하였다. 한무자의 3대 후손 중에 한궐(韓厥)이 있었는데 그는 봉토의 이름을 좇아서 한씨(韓氏)라고 하였다.

진경공(晉景公) 3년, 진나라의 형옥(刑獄)을 관장하는 사구(司寇) 도안고(屠岸賈)가 난을 일으켜 진영공(晉靈公)의 적신(賊臣)이자 집정 대신인 조순(趙盾)을 죽이고 조순의 아들 조삭(趙朔)을 죽이려고 하였는데 한궐이 도안고를 멈추게 하여도 도안고가 듣지 않았다. 한궐이 조삭에게 이를 알려줘 도망치도록 하였다.

조삭이 한궐에게 말했다.

"그대는 분명 조씨(趙氏)의 사직이 끊어지지 않게 하려는 것이니 내가 죽어도 여한이 없다."

정영(程嬰), 공손저구(公孫杵臼)가 조씨 집안의 고아 조무(趙武)를 숨겨둔 것을 알고 있었다.

진경공 11년, 이때 진(晉)나라는 육경(六卿)을 두었는데 한궐이 그중에 한 자리를 차지하고 헌자(獻子)라고 불렸다.

육경이란 범씨(范氏), 중항씨(中行氏), 지씨(智氏), 한씨(韓氏), 조씨(趙氏), 위씨(魏氏)의 여러 세대가 진(晉)나라를 섬긴 6대 가족을 말한다.

진경공 17년, 경공이 병에 걸려서 점을 쳐보니 대업을 잇지 않아서 귀신이 들린 것이라고 나왔다. 한궐이 조성계(趙成季), 즉 조최(趙衰)의 공을 찬양하면서 지금은 제사를 지낼 후사가 없다고 하여 경공은 감동하였다. 조최는 후에 진문공에 오른 중이(重耳)를 모시고 19년 동안 국외로 망명 생활을 하였다. 경공이 한궐에게도 아직 후손이 있느냐고 묻자 한궐이 조무를 말하여 경공이 다시 그에게 옛날 조씨의 전읍(田邑)을 주어 계속 조씨의 제사를 이어가도록 하였다.

진도공(晉悼公) 7년, 한헌자 한궐이 은퇴하였다가 죽자 그이 아들 선자(宣子)가 그의 직책을 이었다.

환혜왕 9년, 진(秦)나라가 한나라 형(陘), 지금의 산서성 남부 문희(聞喜)를 빼앗았고, 분수(汾水)에 성을 쌓았다.

10년, 태항산(太行山)에서 한나라 군대를 공격하자 지금의 산서성 동남부 상당(上黨)의 군수가 진나라에 투항하였다.

14년, 진나라가 상당을 빼앗고 장평(長平)에서 마복군(馬服軍) 조사(趙奢)의 아들 조괄(趙括)의 군사 40만 명을 생매장하여 죽였다.

24년, 진나라가 한나라의 성고(成皋), 형양(滎陽)을 함락시켰다.

29년, 진나라가 한나라의 13개 성을 함락시켰다.

34년, 한혜왕이 죽고, 그의 아들 안(安)이 즉위하였다.

한안(韓安) 5년, 진나라가 한나라를 공격하자 한나라는 다급하게 한비(韓非)를 진나라에 사신으로 보냈고 진왕은 한비를 억류시키고 기회를 틈타 이사가 그를 죽였다.

한안 9년, 진나라가 한나라 왕 안을 포로로 사로잡아 한나라의 땅을 점령하니 한나라는 멸망하였다.

태사공이 말했다.

"한궐이 진경공의 마음을 움직여 조씨고아 조무가 조씨의 대를 잇게 하여 정영과 공손저구의 뜻이 이루어졌는데 이것은 천하의 음덕(陰德)이다. 한씨의 공로가 진(晉)나라에게 매우 커 보이지는 않아도 한씨가 조씨, 위씨와 더불어 10여 대 동안 제후를 지낸 것은 마땅하다."

79

계씨와 맹씨 중간 정도로 대우하다

계맹지간(季孟之間)

제나라 경공이 공자를 대우한 정도

공자는 노나라 창평향(昌平鄕) 추읍(陬邑)에서 태어났다. 그의 선조
는 송나라 사람 공방숙(孔防叔)이다. 공방숙의 손자 숙양흘(叔梁紇)은
안씨(顔氏)와 야합(野合)하여 공자를 낳았는데 이구(尼丘)에서 기도를
한 뒤, 공자를 얻었다.

노양공(魯梁公) 22년, 공자가 태어났다. 그가 태어났을 때 머리 중
간이 움푹 패어 있었기 때문에 구(丘)라고 불렸다. 자가 중니(仲尼)이
고, 성이 공씨(孔氏)이다.

공자가 태어난 후 숙양흘이 세상을 떠났다.

공자는 어려서 소꿉장난할 때, 늘 제기(祭器)를 펼쳐놓고 예를 올렸다.

공자는 가난하고 미천하였다. 커서 일찍이 계씨(季氏)의 말단관리로
있을 때, 그의 저울질은 공평하였고, 그가 목축을 주관하는 관리를 맡
고 있을 때 가축은 번성하였다. 이 덕분에 그는 사공(司空)이 되었다.
그 후에 얼마 되지 않아 노나라를 떠났다. 제나라에서 배척을 당하고,

季 성씨 계 孟 성씨 매 之 갈, 어조사 지 間 사이, 중간 간

송나라와 위나라에서 쫓겨났으며, 진(陳)나라와 채(蔡)나라 사이에서 곤궁에 빠지자 노나라로 되돌아왔다. 공자는 키가 9척(尺) 6촌(寸)이어서 사람들이 그를 '키다리(長人)'라고 부르고 그를 괴이하게 여겼다. 노나라가 다시 그를 잘 대우하였으므로 노나라로 되돌아온 것이다.

공자가 예(禮)를 물어보려고 노자(老子)를 만났다. 공자가 작별인사를 하고 떠날 때, 노자가 그를 송별하며 말하였다.

"내가 들으니 사람을 전송할 때 부귀한 자는 재물로써 하고, 어진 자는 말로써 한다고 하오. 나는 부귀하지 못하나 어진 사람의 호칭을 도용하여 그대에게 다음과 같은 말로 전송하죠. '총명하고 깊이 관찰하는 사람에게는 죽음이 가까운데 이는 남을 비난길 좋아하기 때문이요, 박학다식하고 말을 잘하며 재주가 많은 사람은 그 몸이 위태로운데 이는 남의 나쁜 점을 폭로하기 때문입니다. 자식인 자는 아버지를 마음에 두고 있으므로 자기만 생각하지 않고, 신하 된 자는 임금을 마음에 두고 있으므로 자기만을 내세우지 않는 법입니다.'"

공자가 주나라에서 노나라로 돌아오니 제자들이 더욱 늘어났다.

공자는 나이 35세가 되었다. 노나라가 혼란해지자, 제나라로 가서 귀족 고소자(高昭子)의 가신이 되어 제나라 경공(景公)과 통하려고 하였다. 공자는 제나라의 태사(太師)와 음악을 토론하였는데, 요순시대의 '소(韶)' 음악을 듣고 그것을 배워 3개월 동안 고기 맛을 잊을 정도로 심취하자, 제나라 사람들이 그를 칭송하였다.

경공이 공자에게 정치를 묻자, 공자가 말하였다.

"군주는 군자답고 신하는 신하답고 아버지는 아버지답고 자식은 자식다워야 합니다."

다른 날 경공이 다시 공자에게 정치를 물었을 때 공자가 대답하였다.

"정치는 재물을 절약하는 데 있습니다."

경공이 기뻐하며 장차 이계(尼谿)의 땅을 공자에게 봉하려고 하자, 안영(晏嬰)이 나서며 말하였다.

"무릇 유학자는 교활하여 말이 유창하니 법으로 규제할 수 없으며, 거만하고 제멋대로 하니 아랫사람으로 두기 어려우며, 사방으로 유세를 다니며 관직이나 후한 녹을 바라니 나라의 정치를 맡길 수도 없습니다. 어진 사람이 사라진 이래로 주나라 왕실이 쇠미해졌고 예악이 무너진 지 오래되었습니다. 지금 공자는 용모를 갖추고 옷 입는 것을 중시하고, 조회에 나아가고 물러나는 의례절차를 번거롭게 하며, 상세한 행동 규범을 준수하지만, 그것은 몇 세대를 거쳐도 다 배울 수 없으며 그 예를 다 알 수도 없습니다. 군주께서 그를 채용하여 제나라의 풍속을 바꾸려고 하신다면, 이것은 천한 백성을 앞에서 인도하는 방법이 아닙니다."

그 후로 경공은 공자를 공손히 접견하였으나 다시는 예를 묻지 않았다.

다른 날, 경공이 공자를 붙잡고 말하였다.

"내가 그대를 대우하는 데 계씨와 똑같이 할 수가 없소."

그리고는 공자에게 계씨와 맹씨 중간 정도로 대우하였다.

제나라 대부들이 공자를 헤치려고 하였는데 공자도 이 소문을 들었다.

경공이 말하였다.

"나는 늙었소. 그대를 등용할 수가 없소이다."

이리하여 공자는 드디어 그곳을 떠나서 노나라로 돌아왔다.

공자의 나이 42세 때, 노나라 소공이 죽고 그의 동생 정공(定公)이 즉위하였다.

　정공 5년, 귀족 계씨가 자기 분수를 모르고 공실(公室)보다 넘치게 행동하였기 때문에 상경(上卿)의 가신(家臣)이 국정을 장악했다. 이에 노나라는 대부 이하 모두가 정도에서 벗어나서 참람(僭濫)하였다. 그래서 공자는 관직에 나아가지 않고 물러나 『시경』(詩經)』, 『서경(書經)』, 『의례(儀禮)』, 『주례(周禮)』, 『예기(禮記)』, 『악(樂)』을 편찬하였다. 제자들은 더욱 늘어나고 먼 곳에서까지 찾아와 글을 배우지 않는 자가 없었다.

간체자	季孟之间
발음	지 멍 즈 젠 Jì Mèng zhī jiān
편명	공자세가 孔子世家

| 해설 |

　상대를 봐가며 대우함 또는 상대를 맞게 합당한 대접함을 비유하는 말이다.

　『논어』 「미자(微子)」에서 "제(齊)나라 경공(景公)이 공자(孔子)를 대우하는 규모에 대해 말하길, '계씨(季氏)처럼 대우하는 것은 내가 할 수 없고, 계씨(季氏)와 맹씨(孟氏)의 중간에 해당하는 대우를 하겠다'라고 하였고, 또 말하기를, '내가 늙어서 등용할 수 없다'라고 하자, 공자가 떠났다"라고 하였다. 계손과 맹손, 그리고 숙손(叔孫)은 노나라의 삼경(三卿)으로 왕에 버금가는 세력을 지녔다. 계손은 상경(上卿)이고 맹손은 하경(下卿)인데, 공자를 계씨와 맹씨의 중간 정도로 대우해 주려고 하였던 것으로, 상대에 맞게 합당한 대우를 한다는 말을 가리키는 말이다.

'야합'은 일반적인 의미는 남녀가 사통(私通)하다는 뜻이지만 여기에서는 이 뜻이 아니다. 『정의(正義)』에 "여자는 14세가 되면 음도(陰道)가 개통된 후 49세에 음도가 막히게 된다. 혼인할 때 이 연령을 벗어나면 야합이 된다"라고 하였고, 『색은(索隱)』에는 "숙량흘은 늙고 안징재(顔徵在)는 어려 장실초계(壯室初笄)의 예를 하지 않았으므로 야합이라고 하고 예의에 합치되지 않는다고 말한 것이다"라고 하였다. 공자의 부친 숙량흘이 안징재와 결혼할 때 나이가 이미 72세였으므로 두 사람의 결혼은 야합인 것이다. '장실'은 『예기(禮記)』「곡례(曲禮)」에 남자가 나이 30세 장년(壯年)의 성년이 되어 아내를 취하는 예를 말하며, '초계'는 『예기』「내칙(內則)」에 여자가 15세가 되면 머리에 비녀를 꽂는 예를 말한다.

계씨(李氏)는 춘추 시대 후반기 노나라에서 정권을 장악한 귀족이었다.

'선세민(先細民)'에서 '세민'은 천민(賤民), '선'은 앞에서 서서 인도함을 뜻한다.

"군주는 군자답고, 신하는 신하답고, 아버지는 아버지답고, 자식은 자식다워야 한다"라는 유명한 문구는 '군군신신(君君臣臣), 부부자자(父父子子)'이다.

80

상갓집의 개

상가지구(喪家之狗)

공자가 제후를 만나 유세하러 돌아다니던 중 정나라에서 혼자가 된 모습

공자가 정(鄭)나라에 갔는데, 제자들과 서로 길이 어긋나서 공자 홀로 성곽의 동문에 서 있었다. 정나라 사람 누군가가 자공(子貢)에게 말하였다.

"동문에 어떤 사람이 있는데 그 이마는 요임금 닮았고, 목은 고요(皐陶)와 비슷하며, 어깨는 자산(子産)과 유사했어요. 그러나 허리 이하는 우임금보다 3촌(寸)이 짧았으며, 초췌하고 풀이 죽은 모습은 마치 상갓집 개와 같았습니다."

자공은 이 말을 그대로 공자에게 고하였다.

공자는 흔쾌히 웃으며 말하였다.

"모습이 어떠하냐는 그리 중요하지 않다. 상갓집 개와 같다고 했다니 그 말은 맞다! 맞아!"

喪 복(服), 입을 상 家 집 가 之 갈, 어조사 지 狗 개 구

간체자	*喪家之狗*
발음	쌍 자 즈 거우 sāng jiā zhī gǒu
편명	공자세가

| 해설 |

상갓집의 개가 주인이 죽어 없게 되었으므로 밥을 얻어먹지 못함에 비유하여, 여위고 기운 없이 초라한 모습으로 이곳저곳 기웃거리는 사람을 놀림조로 이르는 말이다.

'누누(累累)'는 초췌하고 낙심하여 풀이 죽은 모습을 나타내는 말로 래래(儽儽)와 같은 뜻이다. 『집해(集解)』에서 왕숙(王肅)의 말을 인용하면서 "상갓집의 개는 주인이 슬픔에 빠져 음식이 보이지 않아 배가 고파서 지쳐 뜻을 얻지 못하였다. 공자가 난세에 태어나 도(道)가 행해지지 않아 유세하느라 지쳐서 뜻을 얻지 못한 모습이다"라고 하였다.

81

하나의 이치로 모든 것을 꿰뚫다

일이관지(一以貫之)

제자가 스승은 박학다식하다고 하자 공자가 대답한 말

공자가 채(蔡)나라로 옮긴 지 3년이 되던 해에 오나라는 진(陳)나라를 공격하였다. 초나라는 진나라를 구하기 위해서 군대를 성보(城父)에 주둔시켰다. 초나라에서는 공자가 진나라와 채나라 중간 지역에 있다는 말을 듣고 사람을 보내어 공자를 초빙하였다. 공자가 가서 예를 갖추어 절을 하자, 진나라와 채나라 대부들이 의논하여 말하였다.

"공자는 어진 사람이오. 그가 비판한 것들은 모두 제후들의 병폐들과 들어맞소. 초나라는 큰 나라인데 공자를 초빙하려고 하오. 공자가 초나라에 등용되면 진나라와 채나라에서 정권을 좌지우지하는 대부들은 모두 위험해질 것이다."

이에 진나라와 채나라의 대부들은 각각 노역자들을 보내어 들판에서 공자를 포위하였다. 그래서 공자는 초나라로 가지 못하게 되었고, 식량마저 떨어졌다. 따르는 제자들은 병이 들어 일어나지도 못하였다.

자로(子路)가 화가 나서 공자에게 말하였다.

一 한 일 以 써 이 貫 뚫을, 관통할 관 之 갈, 어조사 지

"군자도 이처럼 곤궁할 때가 있습니까?"

공자가 말하였다.

"군자는 곤궁하여도 지조를 지키는데, 소인은 곤궁해지면 분수에 넘치는 행동을 한다."

자공이 얼굴색이 변하였다.

공자가 말하였다.

"사(賜)야, 너는 내가 박학다식하다고 생각하느냐?"

자공이 대답하였다.

"그렇습니다. 아닙니까?"

공자가 말하였다.

"그렇지 않다. 나는 <u>하나의 이치로 모든 것을 꿰뚫을</u> 뿐이다."

공자는 자로를 불러서 물었다.

"우리가 광야에서 헤매고 있으니 나의 도(道)에 무슨 잘못이 있느냐? 우리는 왜 여기에서 곤경에 빠져야 하느냐?"

자로가 말하였다.

"아마도 우리가 어질지 못하기 때문이 아니겠습니까? 그래서 사람들이 우리를 믿지 못하는 것이고, 우리가 지혜롭지 못하기 때문이 아니겠습니까?"

자로가 나가자 자공(子貢)이 들어와 공자를 뵈었다. 공자가 방금 자로에게 물었던 질문을 자공에게 똑같이 물었다.

자공이 대답하였다.

"선생님의 도가 지극히 크기 때문에 천하가 선생님을 받아들이지 못하는 것입니다. 선생님께서는 어찌하여 조금이라도 낮추어 양보하지 않으십니까?"

공자가 말하였다.

"사야, 훌륭한 농부가 씨를 잘 뿌릴 수 있다고 잘 거두는 것은 아니며, 훌륭한 장인이 솜씨가 뛰어나도 뜻대로 되는 것은 아니다. 군자가 도를 닦아서 기강을 세우고 사물의 이치에 통달하여 다스릴 수 있겠지만 반드시 세상에 받아들여지는 것은 아니다. 지금 너는 너의 도는 닦지 않고서 자신의 도를 낮추면서까지 남에게 받아들여지기를 구하고 있다. 사야, 너의 뜻이 원대하지 못하구나!"

자공이 나가고 안회(顔回)가 들어와서 공자를 뵈었다. 공자가 그에게도 똑같은 질문을 하였다.

안회가 대답하였다.

"선생님의 도가 지극히 크기 때문에 천하가 받아들이지 못합니다. 비록 그렇기는 하지만 선생님께서는 선생님의 도를 추진시키고 계십니다. 그러니 받아들여지지 않는다고 해서 무슨 걱정이 있겠습니까? 받아들여지지 않은 다음에야 군자의 참모습이 잘 드러나는 것입니다! 도를 닦지 않는다는 것은 우리의 치욕입니다. 그리고 도가 닦여졌는데 등용하지 않으면 나라를 가진 자의 수치입니다. 받아들여지지 않아도 걱정할 것 없으며, 받아들여지지 않은 다음에야 진정한 군자가 드러나게 됩니다!"

공자는 기뻐서 웃으며 말하였다.

"안씨 집안의 자제여! 자네가 만약 큰 부자가 된다면 나는 자네의 장부 관리자가 되겠네."

그리하여 자공을 초나라에 보냈다. 초나라 소왕(昭王)이 군대를 보내 공자를 보호하고 맞이하자 비로소 공자는 곤궁에서 벗어날 수 있었다.

| 해설 |

세상이 돌아가는 보편적인 개념을 꿰고 있어서 공부를 많이 하지 않아도 모두 다 알고 있다는 뜻이다. T자형 인재라고 할 수 있다. 하나를 깊이 파면 다른 분야도 쉽게 깨달음을 얻을 수 있다는 것을 말하며, 처음부터 끝까지 원칙을 바꾸지 않거나 실종일관 끝까지 밀고 나아감을 뜻하기도 한다.

공자께서 증자(曾子)에게 말하였다.

"삼(參)아, 나의 도는 하나로써 꿰었느니라."

증자가 이를 알아듣고 대답하였다.

"네."

공자께서 나가시자, 문인(門人)들이 물었다.

"무엇을 말씀하신 것입니까?"

증자기 대답하였다.

"선생님의 말씀은 충(忠)과 서(恕)일 뿐이다."

「위령공(衛靈公)」에도 나온다.

공자가 자공(子貢)에게 말하였다.

"나는 한 가지 이치로 모든 것을 꿰뚫었느니라."

82

가죽으로 묶은 책의 끈이 세 번이나 끊어지다

위편삼절(韋編三絶)

공자가 『주역』 책을 자주 읽어서 생긴 일

공자는 말년에 『주역』을 좋아하여 「단(彖)」, 「계(繫)」, 「상(象)」, 「설괘(說卦)」, 「문언(文言)」을 정리하였다. 그는 죽간을 꿴 <u>가죽 끈이 세 번이나 끊어질</u> 정도로 『주역』을 자주 읽었다.

공자가 말하였다.

"만약 시간이 더 있다면 나는 『주역』에 대해서는 그 문채와 바탕에 다 통달하였다."

공자는 『시경』, 『서경』, 『예(禮)』, 『악(樂)』을 교재로 삼아 가르쳤는데, 제자가 3천 명에 이르렀고, 그 가운데 육예(六藝)에 통달한 자도 72명이나 되었다.

韋 가죽 위 編 엮을, 책 편 三 석, 세 번 삼 絶 끊을, 끊어질 절

간체자	韦编三绝
발음	웨이 벤 싼 줴 wéi biān sān jué
편명	공자세가

| 해설 |

학문에 매우 열중함을 비유한 말이다.

「공자세가(孔子世家)」에 "공자는 어린 시절부터 장난하면서도 늘 예식(禮式)에 쓰는 그릇 등을 놓고 제사 지내는 흉내를 내면서 놀았다. 자라서는 노나라 귀족인 계손씨(季孫氏) 집안의 가신(家臣)이 되었다. 그 후 중도(中都)의 시장이 되어 정사를 돌본지 불과 1년 동안에 사방의 모든 지방에서 그 정사(政事)하는 방법을 본받게 되었다. 어느 때 노정공을 도와 협곡(夾谷)이란 곳에서 제나라 경공과 회합을 한 일이 있었는데, 제경공의 정공을 사로잡으려는 속셈을 간파한 공자는 그를 저지하고 탈취당한 노나라의 영토를 돌려받았다. 남방의 대국인 초나라가 사람을 보내 공자를 초청하려고 하자 이를 염려한 진나라와 채나라가 평원에서 공자를 둘러쌌다. 그 후 자신의 이상을 실현하는 것이 불가능하다는 것을 깨달은 공자는 관직에서 물러나 천하를 두루 돌면서 자신의 이상을 실현하고자 하였으나 아무도 받아들이지 않았다. 이로부터 공자는 예로부터 내려오는 『시경』과 『서경』을 정리하는 한편 제자를 기르니 육예(六禮)에 통달한 자가 72인이요, 제자의 수는 모두 3000명에 달했다. 말년에는 『주역』을 좋아하여 되풀이해 읽으니, 가죽으로 엮은 책의 끈이 세 번이나 끊어졌다고 한다"라고 하였다.

『십팔사략(十八史略)』에는 "공자께서 만년에 역경을 좋아하여 역경을 읽어 가죽끈이 세 번 끊어졌다. 노나라의 역사를 바탕으로 『춘추』를 지었는데 은공으로부터 애공에 이르기까지 12제후의 일을 기록하여 기린을 잡았다는 데서 붓을 놓는다. 쓸 것은 쓰고 깎을 것은 깎아서 자하의 무리일지라도 한마디의 말도 빼고 더하지 못하였다"라고 하였다.

'빈(彬)'은 문채(文彩)가 빛나거나 문채를 환히 잘 알고 있음을 나타내는 말로, '빈빈(彬彬)'은 문채와 바탕이 함께 갖추어져 찬란한 모양 또는 문채의 문(文)과 바탕의 질(質)을 모두 다 잘 통달함을 비유하는 말이다.

83

한마디 말도 보태지 못하다

불능찬일사(不能贊一辭)

공자가 편찬한 춘추를 읽은 자하의 독후감

공자가 말하였다.

"군자는 죽은 후에 이름이 알려지지 않을까 걱정한다. 나의 도가 행해지지 않았으니 나는 무엇으로 후세에 이름을 남기겠는가?"

이에 공자는 역사의 기록에 근거해서 『춘추(春秋)』를 지었다. 이것은 위로는 은공(隱公)에서 아래로는 애공(哀公) 14년까지 12공(公)의 시대를 포괄하였다. 노나라의 역사를 중심으로 삼고, 주나라를 종주(宗主)로 하고 은나라의 제도를 참고하여 하(夏), 상(商), 주(周) 3대의 법통을 계승하고 있다. 그 문장은 간략하지만 가리키는 뜻은 깊고 넓다.

공자는 지난날 소송 안건을 심리하였을 때에도 문장에 대해 다른 사람과 의논해야 할 때는 결코 혼자서 판단을 내리지 않았다. 그러나 『춘추』를 지을 때는 결코 기록할 것은 기록하고 삭제할 것은 삭제하였기 때문에 자하(子夏)와 같은 제자들도 한마디 말을 보태지 못하였

不 아닐 불   能 능할 능   贊 도울, 보탤 찬   一 한, 한 마디 일   辭 말씀, 말 사

다. 제자들이 『춘추』의 뜻을 전수한 뒤, 공자가 말하였다.

"후세에 나를 알아주는 사람이 있다면 『춘추』 때문일 것이며, 나를 원망하는 사람이 있다면 그 역시 『춘추』 때문일 것이다."

그 이듬해에 자로가 위나라에서 죽었다. 공자가 병이 나서 자공이 뵙기를 청하였다. 공자는 마침 지팡이에 의지하여 문 앞을 거닐고 있다가 탄식하며 노래를 부르며 눈물을 흘렸다.

태산(太山)이 이렇게 무너지는구나!
기둥이 이렇게 부러지는구나!
철인(哲人)이 이렇게 늙어 죽는구나!

또 자공을 보고 말하였다.

"천하에 도가 없어진 지 오래되었다! 아무도 나의 치국의 이상을 따르지 않는다. 나의 조상은 원래 은(殷)나라 사람이었다."

그 후 7일이 지나서 공자는 세상을 떠났다. 그때 공자의 나이가 73세였다. 그것은 노나라 애공 16년 4월의 일이었다.

공자는 노나라 도성 북쪽 사수(泗水) 부근에 매장되었다. 제자들은 3년간 상복을 입었다. 그들은 마음에서 우러나오는 슬픔으로 3년 상을 다 마치고 서로 이별할 때 통곡했는데 각자 또 매우 슬퍼했고 어떤 자는 남았다. 오직 자공(子貢)만이 무덤 옆에 초가집을 짓고 6년을 더 지키다가 떠나갔다.

후에 공자의 제자들과 노나라 사람들이 무덤가에 와서 집을 짓고 산 사람들이 백여 가구나 되었으며, 이로 인하여 이곳을 '공자 마을'이란 뜻의 공리(孔里)라고 하였다.

노나라에서는 대대로 새해를 맞이할 때마다 공자의 무덤에 제사를 지냈으며, 많은 유생도 이곳에 모여서 예의를 강습(講習)하고 향음례(鄕飮禮)를 행하며 공자 무덤에서 활쏘기도 하였다. 공자가 살던 집과 제자들이 쓰던 내실은 훗날 공자의 묘로 만들어져, 공자가 사용하던 의관과 거문고, 수레, 서적 등이 보관되었는데, 그것은 한나라에 이르기까지 200여 년 동안이나 그대로 있었다.

공자는 이(鯉)를 낳았는데, 그의 자는 백어(伯魚)이다. 백어는 나이 50세에 공자보다 먼저 죽었다. 백어는 급(伋)을 낳았는데, 그의 자는 자사(子思)이고, 62세까지 살았다. 자사는 『중용(中庸)』을 지었다.

간체자	不能赞一辞
발음	부 넝 짠 이 츠 bù néng zàn yī cí
편명	공자세가

| 해설 |

문장이 완벽함을 형용하는 말이다.

『색은(索隱)』에 "공자가 『춘추』를 편찬했다고 말했는데 노나라를 중심으로 하였으니 '거노(據魯)'라고 하였고 '친주(親周)'란 공자 시대 때 주나라는 비록 미약했으나 주왕(周王)을 가까이하였으므로 주나라가 천하의 종주(宗主)였음을 알 수 있다"라고 하였다. '거(據)' 의거함, 의지함, 사실에 근거(根據)함을 뜻한다.

'거로친주고은운지삼대(據魯親周故殷運之三代)'는 노나라 역사 문헌을 근거로 하고, 주나라 왕실을 정통으로 받들며, 동시에 은나라 옛 제도를 거슬러 올라가 고루 고찰해보고, 삼대의 법통을 추론하여 계승함의 뜻이다.

84

제비나 참새가 어찌 기러기나 고니의 뜻을 알겠는가?

연작안지홍고지지(燕雀安知鴻鵠之志)

진승이 탄식하며 한 말

진승(陳勝)은 양성(陽城) 사람으로 자는 섭(涉)이다. 오광(吳廣)은 양하(陽夏) 사람으로 자는 숙(叔)이다.

진섭이 젊었을 때 다른 사람과 함께 고용되어 농사를 지었다. 일손을 멈추고 밭두둑에 올라서 불평과 원망을 한참 늘어놓더니 말하였다.

"만약 부유해지고 귀하게 된다면 서로를 잊지 말기요."

고용된 일꾼들은 웃으면서 대꾸한다.

"당신이 지금 품팔이나 하는 주제에, 어찌 부자가 되고 귀한 사람이 된단 말이오?"

진승이 크게 탄식하며 말했다.

"아! 제비나 참새가 어찌 기러기나 고니의 뜻을 알리오!"

燕 제비 연　雀 참새 작　安 어찌 안　知 알 지　鴻 기러기 홍　鵠 고니 곡　之 갈, 어조사 지　志 뜻 지

간체자	燕雀安知鴻鵠之志
발음	옌 췌 안 즈 훙 후 즈 즈 yàn què ān zhī hóng hú zhī zhì
편명	진섭세가 陳涉世家

| 해설 |

소견이 좁은 사람은 뜻이 큰 사람의 야망을 이해하지 못한다는 말로, 때로는 자신의 진심을 남들이 이해하지 못할 때 자탄하는 말로 쓰이기도 함.

"뱁새가 황새를 따라 하면 가랑이가 찢어진다"라는 우리의 속담과 같다.

85

장작불을 피워놓고 여우처럼 울다

구화호명(篝火狐鳴)

진승이 군중을 선동하기 위해 꾸민 계략

진이세(秦二世) 원년 7월, 이문(里門) 왼쪽 빈민들을 변경 근처인 어양(漁陽)으로 변방을 지키러 가라고 명령하여 900명이 대택향(大澤鄉)에 주둔하였다. 진승과 오광 모두 이번 행렬에 있었는데 둔장(屯長)을 맡았다. 마침 하늘에서 큰비가 내려 길이 막혀서 약속한 날을 이미 넘겼다. 기한을 어기면 모두 법률에 따라 참수를 당해야만 하였다.

이에 진승과 오광은 모의하였다.

"지금 도망하여도 죽고 큰 계책으로 봉기하여도 죽을 바에야 죽음을 기다리느니 한 번 나라를 위하여 죽는 것이 어떨까?

진승이 말하였다.

"천하 사람들이 진나라에 고통을 받은 지 오래되었다. 내가 듣기에 이세는 어린 아들이라 세울 수 없고 마땅히 세울 사람은 공자 부소(扶蘇)다. 부소가 자주 간한다고 진시황제가 그를 변방으로 내보내 군사를 지휘하게 했다. 지금 어떤 사람이 그가 무죄라는 소식을 들었다고 하자, 이세가

篝 모닥불 구　火 불 화　狐 여우 호　鳴 울 명

그를 죽였다. 백성 대다수가 부소가 현명하다고 듣고 있는데 그가 이미 죽은 것도 모르고 있다. 항연(項燕)은 초나라 장군으로 여러 차례 공을 세웠으며 병사들을 사랑하여 초나라 사람들 모두가 그를 우러러 받든다. 어떤 사람은 그가 죽었다고 하고 또 어떤 사람은 그가 도주하여 숨었다고 말하고 있으니, 지금 만약 우리가 공자 부소와 항연을 가장하여 천하 사람들을 위하여 앞장선다면 당연히 호응하는 사람들이 많을 것이다."

오광이 옳다고 생각하였다. 이리하여 점을 치러 갔는데, 점쟁이는 그들이 온 의도를 알고는 두 사람에게 말하였다.

"당신들의 일이 성공한다면 공을 세우는 것이오. 그러나 당신들은 귀신에게 점을 쳐야만 합니다."

진승과 오광은 매우 기뻐하였으며, 마음속으로 귀신에게 점칠 일을 모두 생각해두고는 말하였다.

"이것은 우리가 먼저 귀신을 빌어 사람들의 위엄과 믿음을 얻으라는 뜻이다."

이리하여 그들은 붉은 주사(朱砂)로 비단 위에 「진승왕(陳勝王)」 세 글자를 써서 남이 그물로 잡은 물고기의 뱃속에 몰래 넣었다. 병사들이 이 물고기를 사서 먹은 후에 물고기 뱃속에서 비단에 쓴 글을 보았는데, 모두가 기이하다고 여겼다.

진승은 또 몰래 오광에게 유숙한 곳 옆 나무숲에 있는 사당에 가서 야밤에 장작불을 피워놓고 여우로 위장하여 큰소리로 '초나라가 크게 일어나 진승이 왕이 될 것이다(大興楚, 陳勝王)'를 외치도록 하였다. 병사들은 모두 한밤중에 무서워서 불안에 떨었다. 이튿날 아침 일찍 병사들은 사방에서 이 일을 이야기하였더니, 모두가 진승을 가리키며 주목하기 시작하였다.

간체자	篝火狐鸣
발음	거우 훠 후 밍 gōu huǒ hú míng
편명	진섭세가

| 해설 |

도깨비불을 피워놓고 여우로 위장하여 소리를 지르게 함을 뜻하는데, 여론조작을 말하는 것이기도 하다.

'여(閭)'는 이문(里門)이란 뜻으로 마을의 문을 말한다. 주대(周代) 제도에 의하면 스물다섯 집을 이(里)라고 하였고 그 문을 이문이라고 하였다. 『색은』에 '여좌(閭左)'란 여리(閭里)의 왼편을 일컫는데, 진대(秦代)에 부역을 면제받은 자들을 이문의 왼편에 살게 했는데 지금은 부역할 자들을 여좌에서 징발하였다. 또 말하길, 부유하고 권력이 있는 자를 오른편, 가난하고 노약자는 왼편에 살게 하였으며, 진나라 때 변방으로 부역을 가는 자가 많아 부자들은 부역이 없어졌기 때문에 대신 가난하고 노약자들이 겸해서 부역을 나갔다"라고 하였다.

'창(唱)'은 앞장서서 주장함을 말한다.

'차(次)'는 번, 차례 또 머무름, 유숙함을 뜻한다.

86

왕후장상이 어디 씨가 따로 있나?

왕후장상녕유종호(王侯將相寧有種乎)

진승과 오광이 부역자들에게 호소하며 한 말

오광은 평소에 사람들을 사랑했으므로 병사들 모두 하라는 대로 했다. 병사를 인솔하는 장위(將尉)가 술에 취하자 오광이 고의로 여러 번 도망가자고 하여 장위를 성내게 하여 오광을 모욕하니 부역자들의 분노와 불평을 일으켰다. 과연 장위는 채찍으로 오광을 때렸다. 칼을 뽑자 오광이 일어나 칼을 빼앗아 장위를 죽였다. 진승이 오광을 도와 함께 두 명의 장위를 살해하였다. 아울러 무리를 불러 모아 호소하였다.

"그대들은 큰비를 만나 모두 기한을 넘겨 참수당할 처지다. 만약 단지 참수만은 당하지 않게 된다 해도 변방을 지키다가 죽는 자가 열에 여섯이나 일곱은 될 것이다. 하물며 장사(壯士)는 죽지 않을 뿐인데, 죽으면 명성을 남겨야 한다. 왕후장상이 어디 씨가 따로 있으랴!"

무리는 모두 명령을 받들어 받겠다고 하였다. 이리하여 공자 부소와 항연을 사칭하여 백성들이 바라는 것을 따랐다. 병사들은 모두 오른쪽 어깨

王 임금 왕 侯 제후 후 將 장수 장 相 재상 상 寧 어찌 녕 有 있을 유
種 씨 종 乎 어조사 호

를 드러내고 '대초(大楚)'라 칭하였다. 진승은 자립하여 장군, 오광은 도위(都尉)가 되었다. 대택향을 공격하여 병사들을 거두고 기(蘄) 등 여러 지역을 공격하는 중에도 끊임없이 병사들을 모집하고 군비를 확장하였다.

진승은 명령하여 향(鄕)의 삼로(三老), 지방의 호걸을 소집하고 일을 논의했다. 삼로와 호걸이 모두 말하였다.

"장군은 몸에 갑옷을 입고 예리한 무기를 들어 무도한 자들을 토벌하고 포악한 진나라를 제거하시어 초나라의 사직을 중건하시려고 하니, 왕을 칭하여야 마땅합니다."

이리하여 진승은 왕이 되었고, 국호는 장초(張楚)라고 하였다.

간체자	王侯将相寧有种乎
발음	왕 허우 장 상 닝 여우 중 후
	wáng hóu jiāng xiàng níng yǒu zhǒng hū
편명	진섭세가

| 해설 |

출생에는 귀한 종자가 따로 있는 것이 아님을 뜻하는데, 모든 인간의 선택이 아닌 맹목적 출생은 생득적 운명이자 천명(天命)에 불과한데, 출생부터 신분이 정해진 당시의 시대적 불평등에 대한 반항 정신을 나타낸 말이다.

'삼로(三老)'는 고대 교화(敎化)를 관장하는 향관(鄕官)이다. 전국시대 위나라에 설치하였고, 진나라도 향에 설치하였다. 동한 이후에는 군(郡)에 삼로를 설치하였다.

87

자고 일어나니 세상이 바뀌었다

화섭위왕(夥涉爲王)

농민 출신 진승이 왕이 되자 세상에 생겨난 말

진승이 왕으로 불린 것은 모두 6개월간이었다. 그는 왕이 된 후에 진현(陳縣)에서 왕 노릇 하였다. 그의 옛날 친구가 일찍이 품팔이 농사일하였던 사람에게서 그가 왕이 되었다는 말을 듣고는 진현으로 갔다. 궁궐 문을 두드리고 진섭을 만나려고 하였으나 궁궐의 문을 지키는 우두머리가 들여 보내주지 않았다. 진왕이 궁궐을 나섰을 때 그는 길을 막고 큰소리로 진섭을 불렀다. 진왕은 그를 불러 만나서 함께 수레를 타고 궁으로 돌아왔다. 궁으로 들어가서 궁전과 둘러쳐진 휘장을 본 손님이 말하였다.

"정말 많구나! 진섭이 왕이 되니 궁전이 깊숙한 곳에 있구나!"

초나라 사람은 '다(多)'를 '화(夥)'라고 불렀으므로 세상에 전해지길, 자고 일어나니 세상이 바뀌었다는 뜻의 '화섭위왕'이란 말이 바로 진섭에게서 시작되었다. 진왕의 이 손님은 들어가고 나가는 것이 가면 갈수록 방자하고 함부로 행동했으며, 진승의 지난 과거 일을 말했다.

夥 많을 화 涉 건널 섭 爲 될 위 王 임금 왕

어떤 사람이 진왕에게 말하였다.

"손님이 우매하고 무지하며 오로지 거짓말만 하니 왕의 위엄을 해치고 있습니다."

진왕은 그 손님을 참수하였다. 그러자 진왕의 옛날 사람들은 모두 떠나갔으며 이때부터 진왕에 가까이하려는 사람이 없게 되었다.

간체자	伙涉为王
발음	훠 서 웨이 왕 huǒ shè wéi wáng
편명	진섭세가

| 해설 |

본래 지위가 낮거나 가난한 사람이 갑자기 높은 자리나 재산이 부유해진 후에 겉치레를 지나치게 화려하게 하는 것을 비유하는 말이다.

진현(陳縣)은 지금의 하남(河南) 회양(淮陽)이다.

'침침(沈沈)'은 성(盛)한 모양을 말하는데, 『집해』에 "응소(應邵)가 말하길, 침침은 궁실이 깊숙한 곳에 있는 모습이다"라고 하였다.

'발서(發舒)'는 방종함, 제멋대로 함부로 행동함을 뜻한다.

본문에 이어서 진왕이 실패한 원인에 대해서 사마천이 다음과 같이 말했다.

"진왕은 주방(朱房)을 중정관(中正官)에 임명하여 인사를 관장하게 하였고, 호무(胡武)를 사과관(司過官)에 임명하여 여러 신하의 과실을 전문적으로 심사하고 규찰하게 하였다. 여러 장수가 순행하며 명했는데 그 명령에 따르지 않는 자는 잡아다가 죄를 다스렸는데, 너무 가혹하고 세밀하여 지나치게 처리하여 진왕에 대한 충성을 나타냈다. 이 두 사람과 잘 지내지 못한 사람은 관련 관리에게 넘기지 않고 두 사람이 친히 가서 그 죄를 다스렸다. 진왕은 이 두 사람을 신임하였으며, 장수들은 이런 이유로 진왕에게 가까이 접근할 수가 없었다. 이것이 진왕이 실패한 원인이다."

88

대나무 장대를 들고 일어서다

게간이기(揭竿而起)

진나라의 가혹한 통치에 진승을 포함한 농민이 반란을 일으킨 행동.

저선생(褚先生)이 말하였다.

"나는 가의(賈誼)의 『과진론(過秦論)』에서 다음과 같은 평론을 들었다."

진시황(秦始皇)은 이미 죽었을지라도 그 위력은 여전히 습속이 다른 이민족에까지 진동하였다. 그러나 진섭은 깨진 항아리로 창문을 만들고 새끼 끈으로 지도리를 맬 정도로 매우 가난한 집에 살았으며, 농민이면서 남의 땅을 품팔이 일에 고용되었다가 변경으로 이동하던 무리였다. 재능은 중간 정도 수준의 사람에 못 미쳤고, 공자나 묵자와 같이 어진 덕도 없었으며, 또한 범려, 의돈(猗頓)처럼 부자도 아니었다. 그러나 변방 지키러 가는 군대 행렬에 올라, 밭에서 반란을 일으켜, 피곤하고 흩어진 병사와 수백 명의 무리를 거느리고 돌아가서 진나라를 공격하였다. 나무를 베어 병기를 만들었고, 대나무 장대를 들어 기(旗)로 삼고 삼았는데, 천하의 백성들이 구름처럼 모여들어 호응하며 식량을 가지고 사람의 그림자를 따르듯이 왔다. 효산(殽山) 동쪽의 영웅호걸들도 마침내 함께 일어나 진나라를 멸망시켰다.

揭 (높이 치켜) 들 게 竿 대나무 장대 간 而 말 이을 어조사 이 起 일어설 기

진나라의 천하는 작지도 약하지도 않았다. 옹주(雍州)의 땅과 효산(殽山)과 함곡관(函谷關)의 견고함은 옛날과 같았다. 진섭의 지위는 결코 지방 제후보다 존귀하지도 않았다. 호미, 곰방메와 같은 농기구로 만든 창과 창의 자루는 굽은 창이나 긴 창에 비해서 예리하지도 않았다. 변방 지키러 가는 진승의 무리는 제후국의 정규군대와 같지 않았다. 깊은 책략, 원대한 생각, 용병술은 옛날의 모사(謀士)에는 미치지 못했다. 그러나 성공과 실패는 완전히 다른 것이며 공적은 완전히 상반되는 것이다. 화산 동쪽의 제후와 진승의 재주의 길고 짧음을 재고, 많고 적음을 헤아려보고, 권력을 비교하고 힘을 헤아리는 것은 결코 함께 논할 수 있는 것이 아니다. 그러나 진나라는 작은 땅을 가지고 만승(萬乘)의 권력을 차지했으며 팔주(八州)의 제후를 제압하고 그들이 알현하러 진나라에 오게 한 지 백여 년이 되었다. 또 최후에는 천지와 사방을 한 집안으로 삼고 효산과 함곡관을 궁으로 삼았다. 그러나 진승 한 사람이 반란을 일으키자 진나라 7대의 종묘는 모두 파괴되었으며, 진이세는 다른 사람 손에 살해되어 천하 사람들의 웃음거리가 되었는데, 이것은 어째서일까? 그것은 인의(仁義)의 정책을 실행하지 않았고, 공수(攻守)의 형세가 서로 다르기 때문일 것이다.

간체자 揭竿而起　**발음** 제 간 얼 치 jiē gān ér qǐ　**편명** 진섭세가

| 해설 |

반기를 들어 봉기함을 비유하는 말이다.

원문에는 "대나무 장대를 들어 기로 삼다"라는 '게간위기(揭竿爲旗)'라고 하였고, 그 뒤에 '기(起)'자가 등장한다.

'옹유승추(甕牖繩樞)'는 "깨진 항아리로 창문을 만들고, 새끼 끈으로

지도리를 맨다"라는 뜻으로 가난한 사람을 비유한 말이다. 지도리란 문짝을 여닫을 때 문짝이 달려 있게 하는 물건으로 문에서 중요한 부분이다. 『고문진보(古文眞寶)』「후집(後集)」에도 실려있다.

'맹(甿)'은 농민이란 뜻이고, '예(隸)'는 노예란 뜻이지만, 여기서는 종속됨을 뜻하여 남의 땅을 경작해주는 품팔이 일을 말한다.

'천사(遷徙)'란 이동함을 뜻하여 변방을 지키러 끌려감을 말한다.

'섭족행오(躡足行伍)'는 변방을 지키러 가는 군대 대열에 오름을 뜻한다.

'부앙천백(俯仰仟佰)'은 전야(田野)에서 갑자기 분기하여 반란을 일으킴을 뜻한다. '천백'은 천맥(阡陌)과 같은 글자로 논밭 길을 말한다. '부앙'은 굽어보고 바라봄을 뜻하는데, 아주 짧은 시간, 순식간, 갑자기의 뜻이다.

'피(罷)'는 피곤함을 뜻한다.

'영(贏)'은 삶, 포장함을 뜻한다.

'우(櫌)'는 곰방메로 논밭의 흙을 고르며 씨를 덮는 농기구를 말한다.

'극(棘)'은 창, '긍(矜)'은 창 자루를 뜻한다.

'향시(鄉時)'는 옛날을 뜻한다. '비급향시지사(非及鄉時之士)'는 『색은』에 "맹상군, 신릉군, 소진, 진진(陳軫)과 진승을 비교하는 것을 말한다"라고 하였다.

'혈(絜)'은 대소(大小)를 헤아림을 뜻한다.

'동년이어(同年而語)'는 두 종류의 일이나 사건을 같은 시간에 놓고 비교하여 논하는 것을 말한다. 성질이 다른 것을 한데 섞어 논함을 뜻한다.

'구구(區區)'는 작은 모양을 뜻한다.

'육합(六合)'은 천지(天地)와 사방(四方), 즉 천하를 말한다.

'공수(攻守)'는 공격하여 새로운 나라를 세우고 그 나라를 바르게 다스려 잘 지키는 것을 말하니, 바로 창업(創業)과 수성(守城)을 가리킨다.

89

뱀이 변해서 용이 된다 해도, 그 무늬는 변하지 않는다

사화위룡(蛇化爲龍)

불변기문(不變其文)

저선생이 『좌전』이란 고전에서 인용한 경구

　예로부터 천명을 받은 개국 군주들과 앞선 제왕의 뒤를 이어받고 선대의 법률을 계승한 군주들은 단지 그 개인의 덕행 때문만이 아니라 또한 외척의 도움이 있었기 때문이다.

　하(夏)나라가 흥성한 것은 도산씨(塗山氏)가 있었기 때문이며, 걸(桀)이 유배된 것은 말희(末喜)가 있었기 때문이다. 은(殷)왕조가 흥한 것은 유융씨(有娀氏)가 있었기 때문이며, 주왕(紂王)이 주살을 당한 것은 달기(妲己)를 총애했기 때문이다. 주(周)나라가 융성한 것은 강원(姜原)과 대임(大任)이 있었기 때문이며, 유왕(幽王)이 포로로 잡힌 것은 포사(褒姒)에 탐닉하였기 때문이다.

蛇 뱀 사 化 변할 화 爲 될 위 龍 용 용
不 아니 불 變 변할 변 其 그 기 文 무늬 문

부부간의 화목 관계는 사람들의 도덕 규범의 근본이 되는 준칙이다. 예의는 결혼생활에서 가장 조심해야 한다. 음악의 소리가 잘 어울리는 것은 사계절이 조화가 잘 이루어지기 때문이다. 음양의 변화는 만물의 성장과 변화의 근본인데 신중하지 않을 수 있겠는가? 사람은 도(道)를 넓힐 수는 있어도, 천명은 어떻게 할 수가 없다. 좋은 배필의 사랑을 임금이라고 신하에게서 얻을 수 없고 아버지라고 아들에게서 얻을 수는 없다. 하물며 지위가 낮은 사람에게서랴! 남녀가 기쁘게 만났을지라도 혹 자손을 얻지 못할 수도 있다. 자손을 얻었다 하더라도 천수를 다 누릴 수 없으니, 어찌 이것이 천명이 아니겠는가? 공자도 천명을 드물게 말했는데 이는 분명하게 말하기 어려웠기 때문이다. 만약 음양의 변화에 통달할 수 없다면, 어떻게 인성과 천명의 관계를 이해할 수 있겠는가?

저선생이 말하였다.

"대장부는 용으로 변할 수 있다. 『좌전』에 이르기를 '뱀이 변하여 용이 되어도, 그것의 무늬는 변하지 않는다. 집의 주인이 변해서 나라의 주인이 되어도 그 성씨는 변하지 않는다'라고 하였다. 대장부가 부귀할 때에는 온갖 결함이 모두 가려지고 부귀영화만이 빛나지만, 빈천한 때에는 난감한 일은 어떻게 그때의 권력과 지위에 연루시킬 수 있겠는가!"

간체자	蛇化为龙, 不变其文
발음	서 화 웨이 룽 shé huà wéi lóng
	부 벤 치 원 bù biàn qí wén
편명	외척세가 外戚世家

큰 인물이 되어도 본바탕은 그대로라는 것을 비유하는 말이다.

'계체(繼體)'는 임금의 뒤를 계승함을 말한다.

'수문(守文)'은 선대(先代)의 법률을 이어받아 잘 지켜서, 나라를 잘 다스리고 백성을 편안히 하는 일을 말한다.

'폐(嬖)'는 사랑함을 뜻하는데 미천한 사람을 특별히 사랑함을 가리킨다.

'긍긍(兢兢)'은 삼가고 두려워함을 가리킨다.

90

서로 만나지 못하게 하다

윤형피면(尹邢避面)

한무제의 두 부인이 서로 질투할까 두려워 못 만나게 하려는 강제적 조치

저선생이 말하였다.

"무제는 부인 윤첩여(尹婕妤)를 총애하였다. 형부인(邢夫人)은 형아(娙娥)라고 불렀다. 많은 사람이 그녀를 형하(娙何)라고 일컬었다. 형하의 벼슬은 중이천석(中二千石)에 상당하며, 여자 관직 용화(容華)라는 벼슬은 2천 석에 상당하여, 첩여의 품급은 열후(列侯)에 해당하였다. 일반적으로 첩여에서 황후로 옮겨갔다.

윤부인과 형부인은 동시에 총애를 받았는데, 무제는 그녀 둘이 <u>서로 만나지 못하도록 하는</u> 조서를 내렸다. 윤부인은 친히 무제에게 형부인을 만나보기를 희망한다고 간청하자, 무제는 하락하였다. 다른 부인을 분장시켜 시종 드는 수십 명에게 형부인을 모시고 앞으로 나오게 하였다.

윤부인은 앞으로 나와 그녀를 보더니 말했다.

'이 사람은 형부인 본인이 아니옵니다.'

무제가 물었다.

尹 성씨 윤 邢 성씨 형 避 피할 피 面 얼굴 면

'무엇 때문에 그렇게 말하오?'

윤부인이 대답했다.

'그녀의 용모와 자태를 보건대, 군주에게 해당이 되기에는 부족합니다.'

이리하여 무제는 형부인에게 원래 입던 옷을 입고서 혼자 앞으로 오게 하였다. 윤부인은 멀리서 그녀를 바라보면서 말했다.

'이 여자가 정말로 그녀다.'

그리고는 고개를 낮춰 숙이고 흐느끼며 눈물을 흘렸고, 자신이 남보다 못함을 비통해하였다. 속담에 이르기를 '미녀가 방에 들어가면 추녀의 원수가 된다'라고 하였다."

간체자	尹邢避面
발음	잉 싱 비 몐 yǐn xíng bì miàn
편명	외척세가

| 해설 |

윤씨와 형씨가 서로 얼굴을 피함을 뜻하는데, 서로 질투하므로 만나지 못하게 함을 말한다.

원문에는 '윤부인여형부인(尹夫人與邢夫人), 부득상견(不得相見)'으로 되어 있다.

'용화'는 한무제 때 설치한 벼슬이었다. 조조가 집권할 때도 설치했고 진(晉)나라 때는 구빈(九嬪) 중의 하나였으나 남북조 시대 때는 구빈 아래로 낮아졌다. 이후에 없어졌다.

한무제의 두 부인 윤첩여(尹婕妤)와 형부인(邢夫人)에 관한 이 유명한 고사는 이후에 항상 시 속에서 후비의 총애 쟁탈전에서 여자의 강한 질투심의 전고로 사용되었다.

91

목욕하는데 강이나 바다로 갈 필요는 없지만
먼지는 씻어야 하며,
말은 준마일 필요는 없지만
잘 달려야 한다

욕불필강해(浴不必江海)

요지거구(要之去垢)

마불필기기(馬不必騏驥)

요지선주(要之善走)

저선생의 실리를 중시하는 말

저선생(褚先生)이 말하였다.

"<u>목욕하는데 강이나 바다로 갈 필요는 없지만 먼지는 씻어야 하며,
말은 준마일 필요는 없지만 잘 달려야 한다.</u> 선비는 어질어서 반드시
세상에 알려질 필요는 없지만, 마땅히 지켜야 할 도리는 알아야 한다.

浴 목욕할 욕 不 아니 불 必 반드시 필 江 강 강 海 바다 해
要 해야 할 요 之 갈, 어조사 去 갈, 제거할 거 垢 먼지 구 馬 말 마
騏 준마 기 驥 준마, 천리마 기 善 착할, 잘(할) 선 走 달릴 주

여자는 반드시 귀한 집 출신일 필요는 없지만, 절개가 곧고 착해야 한다. 『좌전』에 말하길, '여자는 미녀든 추녀든 궁에 들어가면 질투를 받고, 선비는 어질든 무능력하든 조정에 들어가면 모함을 받는다'라고 하였다. 미녀는 추녀의 원수인 것이 어찌 이와 같지 않겠는가!"

간체자	浴不必江海, 要之去垢, 马不必骐骥, 要之善走
발음	위 부 비 장 하이 yù bù bì jiāng hǎi
	야오 즈 취 거우 yāo zhī qù gòu
	마 부 비 치 지 mǎ bù bì qí jì
	야오 즈 산 저우 yāo zhī shàn zǒu
편명	외척세가

| 해설 |

일 처리는 반드시 실제적인 효과가 있어야지, 명분만을 쫓아서는 아니 된다는 것을 비유하는 말이다. 허영심을 버리고 실용적인 가치를 중시하여야 함을 경계하는 말이다.

92

잘라야 할 것을 자르지 않다

당단불단(當斷不斷)

소평이 인용한 도가의 격언

제나라 도혜왕(悼惠王) 유비(劉肥)는 고조 유방의 장남으로 서자이다. 그의 모친은 소실로, 조씨(曹氏)이다.

제왕(齊王)은 효혜제(孝惠帝)의 형이다.

효혜제 2년, 제왕이 조정에 들어왔다. 혜제는 제왕을 위해 연회를 베풀었는데, 서로가 평등한 예절로 집안사람을 대하듯이 하였다. 그러자 여태후(呂太后)가 노하여 제왕을 죽이려고 하였다. 제왕이 두려워 몸을 피하지 못하자, 그의 내사(內史) 훈(勳)의 계책을 써서 성양군(城陽郡)을 바쳐 여후 소생인 고조 유방의 장녀 노원공주(魯元公主)의 탕목읍(湯沐邑)으로 삼게 하였다. 여태후가 기뻐하자, 제왕은 작별하고 자신의 나라로 돌아갔다.

도혜왕이 즉위한 지 13년만인 혜제 6년에 죽었다. 아들 유양(劉襄)이 왕위를 계승하였는데, 그가 바로 애왕(哀王)이다.

애왕 원년, 혜제가 붕어하였고, 여태후가 어린 임금의 명령이라 사칭하여 천하의 대사가 모두 고후(高侯)에 의해 결정되었다.

───────────

當 당할 당 斷 끊을 단 不 아니 불 斷 끊을 단

애왕 3년, 여태후는 애왕의 동생 유장(劉章)을 주허후(朱虛侯)에 봉하였고 여록(呂祿)의 딸을 그에게 시집보냈다.

애왕 9년, 여후는 여씨(呂氏) 자제 세 명을 연왕(燕王), 조왕(趙王), 양왕(梁王)으로 봉하여 전권을 장악하게 하였다.

주허후는 스무 살로 혈기왕성하여 유씨가 관직을 얻지 못하는 것에 분개하고 있었다. 그는 일찍이 연회에서 여후를 모신 적이 있는데, 여후는 주허후 유장에게 주리(酒吏)를 담당하게 하였다.

유장이 자청하여 말하였다.

"신은 장군 가문의 출신이라 청컨대 군법으로 주령(酒令)을 담당하게 해주십시오."

이에 여태후가 허락했다. 술자리가 무르익자 가무(歌舞)가 펼쳐졌다.

잠시 후 유장이 말하였다.

"청컨대 태후를 위하여 「경전가(耕田歌)」를 부르게 해주십시오."

여후는 그를 어린아이로 간주하여 웃으며 말하였다.

"생각해보면 네 부친이나 밭 갈 줄 알지, 너는 왕자로 태어났는데 어찌 네가 밭을 가는 걸 알겠느냐?"

유장이 대답했다.

"신도 그걸 압니다."

태후가 말하였다.

"그러면 나를 위해 한 번 「경전가」를 불러보아라."

유장이 노래를 불렀다.

논밭 깊이 파서 파종하고,
싹은 듬성듬성 남겨두네.

같은 종자가 아니라면,

호미질하여 베어버리네.

여후는 묵묵히 아무 말도 하지 않았다.

잠시 후에 여씨 집안의 사람 하나가 술에 취하여 술자리에서 벗어나 도망하자, 유장은 그를 쫓아가서 칼을 뽑아 베고는 자리로 돌아와서 고하였다.

"술자리에서 도망하는 자가 하나 있어, 신이 삼가 군법을 집행하여 그를 죽였습니다."

태후와 좌우 사람들이 모두 매우 놀랐다. 그러나 이미 군법에 따라 술을 마시기로 허락한 이상, 그에게 죄를 물을 수 없었다. 그 때문에 연회는 끝이 났다. 이후로 여씨들은 주허후 유장을 두려워하였고, 조정 대신들은 모두 주허후를 따르게 되어, 유씨(劉氏)의 위엄은 더욱 높아졌다.

그 이듬해에 여후가 죽었다. 조왕(趙王) 여록(呂祿)은 상장군, 여왕(呂王) 여산(呂産)은 승상에 해당하는 상국(相國)이 되어 모두 장안에 거주하며 병력을 모아 대신들을 위협하였으며, 반란을 일으킬 음모를 꾸미고 있었다. 주허후 유장은 그의 처가 여록의 딸이기 때문에 이러한 음모를 알고 있었다. 이에 몰래 사람을 그의 형 제왕(齊王) 유양(劉襄)에게 보내어 군대를 일으켜 서쪽으로 진격하고, 주허후와 동모후(東牟侯) 유흥거(劉興居)가 안에서 호응하여 여씨들을 주살하고 제왕을 황제로 옹립하려고 하였다.

제왕은 이 계획을 듣고 외숙 사균(駟鈞), 궁전 문을 지키는 낭중령(郎中令) 축오(祝午), 수도의 치안을 담당한 중위(中尉) 위발(魏勃)과 함께 군사를 일으키기로 하였다. 제왕의 재상 소평(召平)은 이것을 듣고 군대를 일으켜 왕궁을 포위하였다.

위발은 소평을 속이며 말하였다.

"왕이 군대를 일으키려고 하지만, 조정에 군사를 일으키고 장수를 파견할 수 있는 호부(虎符)가 없소. 재상인 당신이 왕궁을 포위한 것은 정말 잘한 일이오. 내가 당신을 위하여 군대를 이끌고 제왕의 궁을 지키겠소."

소평은 그를 믿었고, 그가 군대를 이끌고 왕궁을 포위하게 하였다. 위발은 군사를 이끌게 되자, 오히려 소평의 상부(相府)를 포위하였다.

소평이 말하였다.

"아! 도가(道家)에서 말하길, '잘라야 할 것을 자르지 못하면 반대로 그 해를 입는다'라고 했는데, 바로 이것이로구나!"

그리고는 자살하였다.

이에 제왕은 사균을 재상, 위발을 장군, 축오를 내사(內史)로 임명하였고, 나라 안의 모든 군사를 징발하였다.

간체자	当断不断
발음	당 돤 부 돤 dāng duàn bù duàn
편명	제도혜왕세가 齊悼惠王世家

| 해설 |

결단을 내려야 할 때 우물쭈물하며 결단을 내리지 못하는 우유부단한 성격을 비유하는 말로, 결단력의 부족으로 오히려 환난을 입게 되

는 화를 초래함을 말한다.

'항(亢)'은 필적(匹敵)함의 뜻으로 '항례(亢禮)'는 대등한 예로써 대하여 굽히지 않음을 말한다.

'탕목읍(湯沐邑)'은 천자가 제후에게 내린 봉읍(封邑)으로, '탕'은 목욕함, '목'은 머리 감음을 뜻하는데, 제후가 조회할 때는 몸을 깨끗하게 씻어야 했으므로 그 비용을 여기에서 마련하였다. 후에는 군주와 비, 왕자, 공주 등이 세금을 거두는 땅이 되었다.

'칭제(稱制)'는 제서(制書)를 일컬음이라는 뜻으로, 태후가 나이 어린 임금의 명령이라 사칭함을 가리킨다.

고후(高后)는 여후(呂后)를 말하는데, 고조 유방의 정실이며 혜제의 모친이다. 「한고조본기」에 어떻게 유방과 결혼을 하게 되었는지 알 수 있다.

여록(呂祿)은 여후의 오빠 여석(呂釋)의 차남으로 여후가 죽은 후에 상장군(上將軍)이 되어 북군(北軍)을 이끌고 여산(呂產)과 함께 반란을 일으켰으나, 고조 유방의 공신 주방(周勃)과 진평(陳平)의 계책으로 병권을 빼앗기고 피살되었다.

주리(酒吏)는 연회에서 음주 때 흥을 돋우기 위한 주령(酒令)의 유희를 관장하는 일을 맡은 관직이다.

'서(鉏)'는 호미, 김을 맴을 뜻하는데 김을 매는 것은 제초(除草)를 의미하고 베어버림의 뜻도 있어 죽임을 비유하는 말이다. 주허후가 부른 「경전가」 마지막 구가 '서이거지(鉏而去之)'이다.

'업이(業而)'는 이미란 뜻이다.

한고조 유방은 부인이 8명, 아들도 8명이 있었다. 조부인(曹夫人) 소생의 유비(劉肥), 여치(呂雉) 소생의 유영(劉盈), 척부인(戚夫人) 소생의 유여의(劉如意), 박희(薄姬) 소생의 유항(劉恒), 모친 미상의 유회(劉恢), 모친 미상의 유우(劉友), 조희(趙姬) 소생의 유장(劉長), 모친 미상의 유건(劉建)이다. 유비는 고조 6년에 제왕이 되었고 시호가 제도혜왕이다. 유영은 효혜제로 즉위하였다. 유여의는 한고조 7면에 대왕(代王)에 봉해졌다가 9년에 조왕(趙王)이 되었고 15세 때 여씨가 독살하였다. 유항은 처음에는 대왕에 봉해졌다가 후에 즉위하여 효문제(孝文帝)가 되었다. 유회는 기원전 196년에 고조가 양왕(梁王) 팽월(彭越)을 주살한 후 양왕으로 세웠다. 16년 후에 조유왕(趙幽王) 유우가 방에 갇혀 죽자 조왕이 되었고, 여산의 딸과 강요당해 결혼하고 유회의 총애는 핍박을 받고 자살하자 울분이 쌓여 결국 자살하였다. 유우는 처음에 회양왕(淮陽王)이 되었고 후에 조왕이 되었다가 여후가 방에 가두어 죽였다. 유장은 기원전 196년에 회남왕(淮南王)에 봉해졌고, 문제 6년에 모반하였다가 패하여 폐위되어 촉(蜀)으로 쫓겨나서 죽었다. 유건은 연왕(燕王) 노관(盧綰)이 흉노로 추방하였으나 이듬해에 유건에 의해 연왕으로 세워졌고 15년 후에 죽었다. 그의 아들은 여후가 사람을 시켜 죽여 후사가 끊겼다.

한고조 유방의 장남 유비에게는 13명의 아들이 있었다. 유양(劉襄), 유장(劉章), 유흥거(劉興居) 등이다. 이 가운데 둘째 아들 유장(기원전 200년~기원전 177년)은 여후가 칭제(稱制)한 후, 주허후에 봉해졌고 여후를 주살하는 과정에서 공을 세워 성양왕(城陽王)도 겸하여 봉해졌으며 사후의 시호는 경왕(景王)이었다.

고조 유방의 둘째 아들 효혜제 유영에게는 6명의 아들이 있었다. 전소제(前少帝) 유공(劉恭), 회양왕(淮陽王) 유강(劉疆), 상산왕(常山王) 유불의(劉不疑), 양성후(襄城侯) 유홍(劉弘), 지후(軹侯) 유조(劉朝), 호

관후(壺關侯) 유무(劉武)이다. 두 명은 여후가 칭제한 후 황제로 즉위
했고, 전소제 유공은 후에 폐위되어 주살되었다. 고후 4년(기원전 184
년)에 여후는 상산왕 유의(劉義)에게 명하여 제위를 계승하도록 하고
유홍으로 개명하였다. 고후 8년(기원전 180년)에 여후가 죽자, 주발과
진평의 노력으로 여씨 일족의 세력을 주멸하였다. 조정 대신들은 유홍
과 유무, 유조는 결코 혜제의 친 소생의 아들이 아니라며 파직하고 고
조와 비 박씨(薄氏) 소생의 유항을 새 황제로 옹립하였고 유항이 미앙
궁(未央宮)에 입궁하기 전 당일 밤에, 유홍을 포함한 유씨가 아닌 자손
들을 모두 주살하였다. 혜제는 아들이 없다는 주장이 생겨났다.

```
                                            ┌ 여대(呂台)
                         여택(呂澤)────  │
                                            └ 여산(呂産)
                         여석지(呂釋之)──여록(呂祿)
유양(劉襄) ┐
          │  ← 유비=조부인(曹夫人) + ①유방 + 여치(呂雉) = ②유영─③유공
유장(劉章) ┘
          유영의=척부인(戚夫人)              여수(呂嬃)          └ ④유홍
⑦유철 ← ⑥유계 ← ⑤유항=  박희(薄姬)
                  유장=   조희(趙姬)
              관부인(管夫人)
              조자아(趙子兒)
              석미인(石美人)
```

			기원전				
고조	① 고황제 (高皇帝)	유방 (刘邦)	202~195	7년	장릉 (长陵)		
–	② 효혜황제 (孝惠皇帝)	유영 (刘盈)	195~188	8년	안릉 (安陵)		유방 차남
–	③ 전소제 (前少帝)	유공 (刘恭)	188~184	5년	–	–	유영 장남
–	④ 후소제 (后少帝)	유홍 (刘弘)	184~180	5년	–	–	유영 넷째 아들, 유공의 이복동생
태종 (太宗)	⑤ 효문황제 (孝文皇帝)	유항 (刘恒)	180~157	24년	패릉 (霸陵)		유방 넷째 아들, 유영의 동생
–	⑥ 효경황제 (孝景皇帝)	유계 (刘启)	157~141	16년	양릉 (阳陵)		유항의 다섯째 아들
세종 (世宗)	⑦ 효무황제 (孝武皇帝)	유철 (刘彻)	141~87	54년	무릉 (茂陵)		유계의 열 번째 아들

93

일의 형편을 살펴 합리적으로 처리한다

편의시행(便宜施行)

소하가 부득이해서 일단 일을 처리하고 나중에 군주에게 보고한 행위

　소상국(蕭相國) 하(何)는 패현(沛縣) 풍읍(豐邑) 사람이다. 그는 문서를 작성하는데 흠이 없어서 주리(主吏)의 하급 관리가 되었다.

　고조가 평민이었을 때, 소하는 여러 차례 관리의 일 처리로 유방을 보호해주었다. 고조가 정장(亭長)이었을 때에도 소하는 항상 그를 도와주었다. 고조가 관리로 함양에 부역을 갈 때, 다른 관리들에게는 노비(路費)로 3백 전(錢)을 주었으나 소하는 고조에게만 5백 전을 주었다.

　진(秦)나라 어사(御使)가 군(郡)을 감독하려고 와서 소하와 함께 일을 하는데 소하는 사리가 분명하여 일을 명확하게 처리하였다. 사수(泗水)의 군(郡)에 속해 있는 졸사(卒史)라는 직책이었는데 으뜸이었다. 진나라 어사가 궁에 들어가 소하를 황제에게 추천하겠다고 했는데 정말로 소하를 조정으로 불러 중용하겠다고 하였으나 소하는 사양하고 가지 않았다.

　고조가 군사를 일으켜 패현의 우두머리인 패공(沛公)이 되자, 소하는 승(丞)이 되어 공무를 감독하였다. 패공이 함양에 이르자, 모든 장

便 편리할 편 宜 마땅할 의 施 펼칠 시 行 행할 행

수는 다투어 금은보화 창고로 달려가서 그것을 나누어 가졌으나, 소하는 홀로 진나라 승상과 어사의 율령 등 각종 문서를 거두어 감추었다.

패공이 한왕(漢王)으로 봉해지고, 소하를 승상으로 임명하였다. 항왕(項王)은 제후들과 함께 함양을 약탈하고 불태운 뒤 떠났다. 한왕은 천하의 요새, 호구의 많고 적음, 지방 재력의 강약, 민중의 고통 등을 모두 알고 있었는데, 이는 소하가 진나라의 문서를 손에 넣었기 때문이었다. 소하는 한신을 추천하였고, 한왕은 한신을 대장군에 임명하였다.

한왕이 군사를 이끌고 동쪽으로 삼진(三秦)을 평정하러 갔을 때, 소하는 승상으로서 파촉(巴蜀)에 남아 민심을 안정시켰고 나라가 결정해서 행할 일을 백성들에게 알렸으며, 백성들이 군대에 양식을 보급하게 하였다.

한(漢) 2년, 한왕은 제후들과 함께 초나라를 격파하러 갔고, 소하는 관중을 지키면서 태자를 모셨고 역양(櫟陽)을 지켰다. 그는 법령과 규약을 제정하고 종묘, 사직, 궁궐 그리고 현과 읍을 건립하였는데, 매번 한왕에 상주하고 동의를 얻어 윤허를 받은 후에야 실행하였다. 불가피하게 상주하지 못하게 될 때는 일의 형편을 살펴 합리적으로 처리하고 한왕이 돌아온 후에 보고하였다.

소하는 관중에서 호적과 인구를 관리하고 식량을 징수하여 수로로 운송하여 군대에 공급하였다. 한왕은 여러 차례 군대를 잃고 도망하였으나, 소하는 늘 관중의 병졸을 징발하여 모자라는 인원을 보충시켜주었다. 한왕은 이로써 소하에게 관중의 사무를 전적으로 책임지도록 위임하였다.

간체자	便宜施行
발음	볜 이 스 싱 biàn yí shī xíng
편명	소상국세가 蕭相國世家

| 해설 |

『한서』 권74 「위상전(魏相傳)」에 나온다.

위상(魏相)은 젊었을 때 『주역』을 공부하여 군(軍)의 졸사(卒史)가 되었다가 현량(賢良)에 천거되었다. 관리 선발시험에서 경서(經書)에 대한 질문에 답하는 문장인 대책(對策)에 우수한 성적으로 합격하여 무릉(茂陵)의 현령이 되었다. 어사대부 상홍양(桑弘羊)을 사적으로 칭하는 그의 문객의 행위를 의심하여 잡아들이고 그 죄를 찾아내어 저자에서 그의 머리를 베었다. 그런 뒤에 무릉은 아주 잘 다스려졌다. 후에 위상은 하남 태수가 되었는데 간사한 것을 금지하자 토호와 세력가들이 그를 두려워하여 복종했다. 그때 마침 승상 차천추(車千秋)가 죽었는데 그의 아들이 낙양의 무고령(武庫令)으로 있었다. 무고령은 이미 아버지를 잃었고 위상이 군을 엄격하게 다스리므로 오래 있다가는 죄를 얻을 것이라고 짐작하고 두려운 나머지 스스로 벼슬을 버리고 떠났다.

그 뒤에 대장군 곽광(霍光)은 무고령에 관한 일로 위상을 정위(廷尉)의 옥에 가두어 조사하게 했다. 위상은 오랫동안 옥에 계류되어 겨울을 난 다음 사면령이 내려져서야 옥을 나왔다. 다시 조칙이 내려져 무릉의 현령이 되었다가 양주(揚州)의 자사로 옮겼다. 위상은 군국(郡國)의 태수와 재상을 조사하여 좌천시키고 자리에서 물러나게 만든 경우가 많았다. 위상은 병길(丙吉)과 서로 사이가 좋았는데 이때 광록대부(光祿大夫)로 재직하던 병길이 위상에게 편지를 보내어 말하길, '조정에서 벌써 그대의 치적을 잘 알고 있어 장차 크게 기용할 것이라네. 원컨대 일을 신중히 처리하고 자중하여 큰 그릇을 몸속에 감춰두시오'라고 하였다.

위상은 마음속으로 그 말이 옳다고 여겨 위엄을 세우는 일을 그만 두었다. 2년 뒤에 간대부(諫大夫)로 불려갔다가 다시 하남 태수가 되었다. 그로부터 몇 년이 지나 선제(宣帝)가 즉위하자, 위상을 조정으로 불러들여 대사농(大司農)으로 삼고, 다시 어사대부로 승진시켰다. 황제는 그의 공덕을 생각해서 그의 아들 곽우(霍禹)를 우장군(右將軍), 형의 아들 악평후(樂平侯) 곽산(霍山)을 다시 상서에 임명하였다. 이때 위상은 평은후(平恩侯) 허백(許伯)을 통해서 상주하였다.

곽광이 죽자, 아들이 다시 대장군이 되고, 형의 아들이 국가의 기밀을 장악했으며, 그 형제들과 여러 사위가 권세를 걸머지고 군사를 거느리는 직책에 있습니다. 곽광의 부인과 딸들은 모두 장신궁(長信宮)의 명부에 이름을 올려 자유로이 출입하며, 때로는 밤에도 대궐문의 수비병을 불러 출입하기조차 합니다. 거만하고 사치스러우며 방종한 이들을 점차 제어할 길이 없을 것입니다. 마땅히 그 권한을 줄이고 빼앗아 음모를 차단하여 만대의 기틀을 공고히 하고 공신의 후세를 온전히 보존해야 할 것입니다

관례에 따르면 모든 상서(上書)는 두 통으로 만들어 한 통은 부(副)라고 써서 상서(尙書)를 맡은 자가 먼저 부본(副本)의 봉투를 열어 내용이 좋지 않으면 물리쳐 없애고 상주하지 않았다. 위상은 다시 허백을 통해서 부본제도를 없애어 언로가 막히는 일이 없도록 황제에게 청했다. 선제는 이것을 좋아하여 받아들이고, 위상을 급사중(給事中)에 임명하여 모든 일에서 그의 의견을 따랐다. 그리하여 곽씨가 허황후를 살해한 음모가 비로소 황제에게 보고될 수 있었다. 황제는 곽우와 곽산을 포함한 3명의 제후를 파면하여 집에 돌아가도록 했으며, 그 친척

을 모두 외직으로 내보냈다. 위현(韋賢)이 늙고 병들어 벼슬을 그만두자, 위상이 마침내 그 뒤를 이어 재상이 되었다. 위상에게 원한을 품은 곽씨들은 또 그를 꺼려서 태후의 조서를 위조하여 먼저 승상을 베어 죽인 뒤 천자를 폐위할 음모를 꾸몄다. 그러나 음모가 발각되어 그들은 죽임을 당했다. 선제는 비로소 모든 정사를 직접 관장하여 온 힘을 정치에 힘썼고, 신하들을 잘 선발하여 명분과 실제가 부합되게 하였다. 위상은 백관들을 총괄하여 거느렸는데 황제의 마음에 들었다.

위상은 한나라의 고사와 옛날 사람이 국가에 유익한 내용에 대해 상주한 글을 읽기를 좋아했다. 그가 생각하길 고금의 제도가 다르기는 하지만 현재 힘써 행해야 할 일은 고사를 잘 받들어 행하는 것이 있을 뿐이라고 했다. 한나라가 일어난 이래로 <u>스스로 일을 잘 살펴 그 상황에 맞게 처리했다.</u>

위상이 여러 차례 국가에 유익하고 시의적절한 일을 진언했는데 황제가 이를 기쁘게 받아들이고 실행하였다. 당시에 친구 병길이 어사대부로 있었는데, 이 두 사람은 한마음으로 정사를 보좌하여 황제가 이들 모두를 소중히 여겼다. 위상은 사람됨이 엄격하고 강직하였어도 병길은 그와 달리 관대하였다.

‘편의행사(便宜行事)’라고도 한다. 일 처리에 융통성을 발휘하였음을 형용하는 말이다.

‘주리연(主吏掾)’은 진(秦) 현령(縣令)에 속한 관리로 관리들의 인사를 주관하였다. ‘연(掾)’은 아전, 하급 관리라는 뜻이다.

‘정장(亭長)’은 치안이나 민사행정을 담당한 말단관리였다.

‘변(辨)’은 변명(辨明)의 뜻으로, 사리 분별이 명확함을 말한다.

‘정(征)’은 정소(征召), 정빙(征聘)의 뜻으로, 불러서 임용함, 초빙함을 뜻한다.

　'액새(厄塞)'는 조새(阻塞)의 뜻으로 가로막는 요새를 말한다.

　'파촉(巴蜀)'은 한중(漢中)이었다. 항우가 함양을 점령하여 진나라를
멸망시키고 유방을 한중왕(漢中王)으로 임명한 뒤 고향으로 돌아갔다.

　'진(塡)'은 누를 '진(鎭)'자와 같은 글자로 '진무(塡撫)'는 민심을 진
정시킴을 뜻한다.

　'유고(諭告)'는 '유고(喩告)'와 같아 나라에서 결행할 일을 백성들에
게 알려줌을 뜻한다.

　'조(漕)'는 수운(水運)을 뜻한다.

94

땀 흘리면서 싸운 전쟁의 공로

한마공로(汗馬功勞)

공신들이 소하가 전쟁터에서 적과 싸운 공로가 없다고 불평한 말

한 3년, 한왕과 항우는 경삭(京索) 사이에서 서로 대치하고 있었다. 한왕은 여러 번 사자를 보내어 승상 소하를 위로하였다.

포생(鮑生)이 승상에게 말하였다.

"한왕이 햇빛이 쨍쨍한 야외에서 노숙하며 분주히 돌아다니며 전쟁하는 가운데에서도 여러 번 사자를 보내어 위로하는 것은 그대를 의심하기 때문입니다. 그대를 위해 계책을 내니 전쟁에서 승리할 수 있는 그대의 자손과 형제들을 모두 한왕의 군대로 보내는 것만 못합니다. 그러면 왕은 반드시 당신을 더욱 신임할 것입니다."

이에 소하가 그의 계책을 따랐고, 한왕은 크게 기뻐하였다.

한 5년, 항우를 죽여, 천하는 평정되었으며, 논공에 따라 분봉하였다. 여러 공신이 다투니 한 해가 저물도록 공이 결정되지 못했다. 고조는 소하의 공이 가장 크다고 여겨 그를 찬후(酇侯)로 봉하고 식읍도 가장 많았다.

汗 땀 한 馬 말 마 功 공로 공 勞 수고로울 로

공신들이 말하였다.

"신들은 몸에는 갑옷을 입고 손에는 예리한 창칼을 잡았습니다. 많은 자는 백여 차례나 전쟁에서 싸웠고, 적은 자는 수십 합(合)을 싸웠습니다. 성을 공격하고 땅을 빼앗는 데에 공이 크고 작은 차이가 있습니다. 지금 소하가 일찍이 땀을 흘리면서 싸운 공로가 없고 단지 붓만을 잡았을 뿐 싸우지도 않았는데 도리어 신들보다 위에 있는 것은 어찌 된 것입니까?"

간체자	汗马功劳
발음	한 마 궁 라오 hán mǎ gōng láo
편명	소상국세가

| 해설 |

「소상국세가」와 『한서』 「소하전」 그리고 『한비자(韓非子)』 「오두(五蠹)」에도 나오는 고사다. '한마지로(汗馬之勞)', '한마지공(汗馬之功)'라고도 하는데, 유사한 표현으로는 '견마지로(犬馬之勞)'가 있다. 본래는 '개나 말 정도의 하찮은 힘 또는 수고'를 가리키는 말이었으나, 후에 임금이나 나라를 위해 바치는 자신의 노력을 겸손하게 이르거나, 또는 주인이나 나라를 위해 전공(戰功)이나 충성을 다하는 것을 비유하는 말이 되었다.

'경삭(京索)'은 진한 때의 지명으로 지금의 하남 형양(滎陽) 남부에 있는데, 동쪽은 예용진(豫龍鎭) 경양성(京襄城)에서 서쪽으로는 삭하(索河) 일대까지를 말한다. 한(漢) 유방 2년(기원전 205년) 여기에서 항우의 군대에 패했다.

'노고(勞苦)'는 위로함을 뜻한다.

'폭의(暴衣)'는 햇빛에 옷을 쪼임의 뜻으로 야외에 있음을 말하고, '노개(露蓋)'는 수레 덮개를 이슬에 적게 함을 뜻하여 분주하게 뛰어다니며 수고함을 말한다.

95

사냥개 줄을 풀어서 짐승을 잡다

발종지시(發縱指示)

전쟁터에서 싸우지도 않은 소하가 자신보다 공이 높아 불평하는 공신들에게
고조가 한 말

고조는 다음과 같이 말했다.

"사냥에서 짐승이나 토끼를 쫓아가서 죽이는 것은 사냥개이지만, <u>사냥개의 줄을 풀어서 짐승을 잡는 것은 사람이다</u>. 지금 그대들은 단지 짐승을 잡을 수 있을 뿐이니, 공(功)은 사냥개이다. 소하가 개의 줄을 놓아 목표물을 잡아 오게 지시하는 일을 했으니, 공은 사람이다. 더욱이 장수들은 단지 혼자서 많아야 두세 명이 나를 따랐으나, 소하는 전체 종족 사람 수십 명을 내 부대에 파견하여 모두 나를 따랐다. 공을 잊을 수가 없다."

공신들 모두가 감히 아무 말도 하지 못하였다.

열후가 전부 봉읍을 받자, 서열을 정해주기를 주청하며 말하였다.

"평양후(平陽侯) 조참(曹參)은 몸에 70여 군데나 상처를 입었고, 성을 공격하고 땅을 빼앗는 데에 가장 공이 많습니다. 마땅히 제일 처음

發 풀어놓을 발 縱 놓아 보낼 종 指 손가락 지 示 보일 시

에 배열하여야 합니다."

임금은 이미 공신의 기를 꺾어놨고 소하를 크게 봉했으므로 서열을 정해 다시 공신들을 난감하게 하지 않으려고 했으나 마음은 소하를 제일로 정하고 싶었다.

관내후(關內侯) 악천후(鄂千侯)가 진언하였다.

"대신들의 의론은 모두 틀렸습니다. 조참이 비록 야전에서 땅을 빼앗은 공은 있으나, 그것은 일시적인 일에 불과합니다. 폐하께서 초나라와 5년 동안을 대치하였는데 병사들을 잃고 몸을 빼내 도망친 경우가 여러 차례나 있었소. 그러나 소하는 항상 관중에서 군대를 보내어 보충하였는데, 그것은 폐하가 명령을 내려서 한 것이 아닙니다. 그러나 수만 명의 병사가 양식이 떨어진 적이 여러 차례 있었다. 한나라가 초나라와 형양에서 수년 동안 대치할 때 군대에 식량이 바닥이 보일 때, 소하가 관중의 양식을 운송하여 양식을 주어 식량이 부족하지 않게 해주었소. 폐하께서 여러 차례 효산의 동쪽 땅을 잃었어도 소하는 항상 관중을 잘 보전하며 폐하를 기다렸으니, 이것은 만세의 공입니다. 지금 비록 조참과 같은 장군이 백 명이나 없다 해도 어찌 황실이 없어지겠습니까? 한나라가 그러한 장수들을 얻어서 보존할 수 있었던 것은 아닙니다. 어떻게 하루아침의 공이 만세의 공을 능멸할 수가 있겠습니까! 소하를 제일로, 조참을 그다음입니다."

고조가 좋다고 하였다. 이에 소하가 제일의 공신이 되어 칼을 차고 신을 신고 전(殿)에 올랐으며 조정의 조회에 들어갈 때 급히 걸어가지 않아도 되는 특전을 하사받았다.

황제가 말했다.

"내가 듣기에 어진 사람을 추천한 사람은 상을 받아야 한다고 들었소. 소하는 공이 비록 높지만, 악천추를 얻어 더욱 빛났소."

이에 악천추를 원래 봉했던 관내후 읍에다가 안평후(安平侯)를 더해서 봉하였다.

이날, 소하 부자와 형제 10여 명을 모두 봉하였고 식읍을 받았다. 후에 소하에게 2천 호의 식읍이 더해졌는데, 이것은 고조 황제가 옛날 함양에서 부역할 때, 소하가 다른 사람보다 200전을 더 주었기 때문이었다.

간체자	发纵指示
발음	파 쭝 즈 스 fā zōng zhǐ shì
편명	소상국세가

| 해설 |

사냥개 줄을 풀어서 짐승이 있는 곳을 손가락으로 가리켜 잡게 한다는 뜻으로, 방법을 가르쳐 무엇을 어떻게 하라고 하는 지시하는 것으로, 전쟁을 잘 지휘하여 승리를 이끄는 것을 비유하는 말이다.

'핍절(乏絶)'은 군대의 양식이 떨어짐을 말한다.

'전조(轉漕)'는 조운(漕運)을 뜻하는데, 배로 물건을 실어나름을 말한다.

'가(加)'는 능멸(凌蔑)함을 뜻한다.

96

죽은 후

백세후(百歲後)

소하가 병들자 소하가 죽으면 그를 대신할 사람을 추천하라고 황제가 한 말

한 11년, 진희(陳豨)가 반란을 일으켜 고조가 친히 군대를 통솔하여 한단(邯鄲)에 이르렀다. 아직 정벌이 끝나기 전에 회음후(淮陰侯)가 관중에서 모반하여 여후가 소하의 계책을 사용하여 회음후를 주살하였다.

고조가 회음후가 주살되었다는 소식을 듣고 승상 소하를 상국(相國)에 임명했다. 식읍 5천 호를 더해주었고 또 5백 명의 군사와 도위(都尉) 한 명을 보내 그를 호위하게 하였다.

한 12년 가을, 경포(鯨布)가 모반하자, 고조가 친히 군대를 이끌고 가서 격파하였다.

소하는 평소에 조참과 서로 화목하게 지내지 못했다. 소하가 병이 들자, 효혜제(孝惠帝)는 친히 상국(相國)의 병세를 보러 와서는 다음과 같이 물었다.

"그대가 만약 <u>죽는다면</u>, 누가 그대를 대신할 수 있겠는가?"

百 일백 백 歲 해 세 後 뒤 후

소하가 대답하였다.

"신하를 아는 것은 폐하보다 나은 사람이 없습니다."

효혜제가 물었다.

"조참이 어떤가?"

소하는 머리를 조아리며 말하였다.

"폐하께서는 잘 택하셨습니다. 신은 죽어도 여한이 없습니다!"

간체자 百岁后　**발음** 바이 수이 허우 bǎi suì hòu　**편명** 소상국세가

| 해설 |

백 년 뒤 사람의 죽은 뒤를 높여 이르는 말이다. '백년지후(百年之後)'라고도 한다.

'만세지후(萬世之後)'라는 말도 있다. 특별히 황제가 죽었을 때를 말하는데, 「회남형산열전」에 나온다. 회남왕(淮南王) 안(安)은 독서나 거문고 타기를 좋아하고, 활을 쏘며 사냥하거나 말 달리는 것을 좋아하지 않았다. 또 음덕을 행하여 백성들을 어루만지고 위로하여 자신의 이름을 천하에 퍼뜨리려고 하였다. 그는 때때로 한고조 유방의 막내아들 여왕(厲王) 유장(劉長)이 죽은 것을 원망하여 반란을 일으키려고 하였어도 이유가 없었다. 회남왕은 밤낮으로 초나라 사람으로 회남의 중낭(中郞) 오피(伍被), 회남왕의 빈객 좌오(左吳) 등과 더불어 전국의 지도를 살펴보면서 부서의 군사가 어디부터 진입할 것인가를 살폈다. 회남왕이 말하기를 "황제께서는 태자가 없으시니 만약 하루아침에 갑자

기 붕어하신다면 조정의 신하들은 반드시 경제(景帝)의 아들 교동왕(膠東王) 아니면 상산왕(常山王)을 부를 것이며, 제후들도 서로 다툴 것이니, 내가 어찌 준비하지 않을 수 있겠는가! 또 나는 고조의 손자로 친히 인의를 행하였고, 폐하께서 나를 후하게 대우하여 내가 참을 수 있었지만, <u>만세의 뒤</u>에는 내가 어찌 북면(北面)하여 신하처럼 어린 것들을 섬기겠는가!"라고 하였다.

'상능(相能)'은 서로 친하게 잘 지내며 화목함이란 뜻이다.

태사공 사마천이 소하에 대해 그가 천하가 평정되어 한나라가 건립된 후에 반란을 일으킨 다른 공신들과는 다른 점에 대해 평가를 하였다.

"소하는 진나라 때에는 하급 관리에 불과하였고, 평범하여 특별한 공적은 없었다. 한나라가 일어나자, 황제에 의지하여 소하는 직책을 충실히 수행하였으며, 백성들이 진나라의 법을 증오하는 것을 알고 그것을 시대조류에 순응시켰고 아울러 다시 새롭게 하였다. 한신, 진희, 경포 등은 반란을 일으켜 모두 주살되었지만, 소하의 공훈은 찬란하였다. 지위는 여러 신하 가운데 으뜸이었으며, 명성은 후세까지 이어졌다. 주나라 무왕을 도와 은나라를 멸망시킨 굉요(閎夭)와 산의생(散宜生)과 그 공적을 다툰다."

사마천의 소하에 대한 긍정적인 평가는 다음과 같은 근거 때문이다.

첫째, 한신이 관중에서 모반하였을 때 여후가 소하의 계책을 이용하여 회음후를 주살하니, 고조가 승상 소하를 상국으로 제수하였고 식읍 5천 호를 더해주며 500명의 군사와 군수를 보좌하며 군사를 관장하는 도위(都尉) 한 명을 파견하여 상국을 호위하도록 하자, 사람들이 축하하였어도 망한 진나라의 귀족으로 평민이 된 소평(召平)이란 사람은 애도를 표하면서 소하에게 말하길, 전쟁터에서 싸우지도 않았는데 고조가 소하에게 봉지를 늘려주고 호위병까지 보태준 것은 한신의 반란 때문으로 군주가 소하를 의심하는 마음이 생겼기 때문이라며 봉지를 늘려주고 호위병을 보태준 것은 은혜가 아니며 훗날 화근이 될 것이니 고조가 내리는 상을 받지 말고 오히려 소하 자신의 재산을 군비에 보태라고 간하자 소하가 소평의 충고를 그대로 받아들였기 때문이다. 소하가 실행에 옮기자 그 결과 고조 유방이 매우 기뻐했다.

둘째, 경포가 반란을 일으키자 고조가 직접 토벌하러 가면서, 사람을 보내 상국 소하가 무엇을 하고 있는지 염탐하게 하였다. 어떤 사람이 상국에게 권유하길, 소하는 지위가 최고로 높은 상국이고 공로도 제일 크며 또 관중에서 민심을 크게 얻어 백성들이 소하를 따르고 그들의 사랑을 받고 있으니 황제가 사람을 시켜 소하를 살피게 한 것은 소하가 관중을 동요시킬까 두렵기 때문이라며, 백성의 많은 밭을 강제로 싸게 사서 그들에게 빌려주고 자신의 명예를 일부러 더럽혀서 황제를 안심시키라고 충고하자 소하가 그대로 실행했기 때문이다. 그 결과 고조가 기뻐했다.

셋째, 백성들이 자신들을 강요하여 밭과 집을 싸게 많이 샀다고 소하를 고발하니 고조는 처음에는 상국이 백성을 이롭게 하였다며 소하가 백성들에게 사죄하라고 말하였다. 소하는 이 기회를 이용하여 백성을 위한다며 임금의 사냥터인 상림원(上林苑)의 공터에 백성들이 농사지을 수 있도록 허가해달라고 주청하자, 고조가 화를 내며 상국이 상인의 뇌물을 수수했다며 정위(廷尉)에게 보내 옥에 가두도록 하였다. 정위가 고조에게 소하의 죄를 묻자, 고조는 소하가 상인들에게 뇌물을 받고 백성에게 잘 보이려고 했다며 죄를 다스리라고 하였다. 정위는 백성의 편의를 봐주려고 백성을 위하는 것은 승상의 본분이며 또 고조가 반란을 일으킨 공신들을 정벌하러 나갔을 때 상국은 관중에 남아 지켰는데 고조가 도성을 비운 사이에 만약 소하가 반란을 일으켰다면 천하의 반은 차지했을 것이라면서, 옛날 진시황은 자신의 과실에 대한 간언을 듣지 않아 천하를 잃은 것인데 승상을 의심하느냐고 오히려 물었다. 그 결과 고조는 기분이 좋지 않았으나 상국을 석방하였다.

그러면서 고조는 상국 소하가 백성을 위하여 상림원을 요구하였고 자신은 윤허하지 않아 하나라 때 걸왕과 은나라 때 주왕에 불과하며 상국은 어진 재상이고, 자신이 상국을 옥에 가둔 것은 백성들이 군주의 잘못을 알게 하기 위해서였다고 말하였다.

소하는 밭과 집을 살 때 반드시 외딴곳에 마련하였고, 집을 지을 때도 담장을 치지 않았다. 그는 후손이 현명하다면 자신의 검소함을 배울 것이고 그렇지 않더라도 권세가에게 빼앗기지 않을 것이라고 말했다.

소하의 후손이 죄를 지어 제후의 봉호를 잃었어도 천자는 매번 후손들을 찾아 계속 후(侯)로 봉했는데 다른 공신들은 모두 그와 비교할 수 없었기 때문이다.

97

사람마다 말이 다르다

언인인수(言人人殊)

제나라 백성을 안정시키는 제나라 유생들의 방법

평양후(平陽侯) 조참(曹參)은 패현(沛縣) 사람이다. 진나라 때 패현의 옥리(獄吏)가 되었고, 소하는 주리(主吏)가 되었는데, 그들은 현에서 권세가 있는 관리였다.

고조가 패공이 되어 처음 반기를 들었을 때 조참은 고조를 옆에서 모시며 그를 따랐다. 군대를 이끌고 호릉(胡陵), 방여(方與)를 공격하고 진나라 군감(郡監) 공(公)의 군대를 공격하여 크게 무찔렀다.

풍(豐)이 배반하여 위나라를 위하자, 그를 공격하였다. 관작 칠대부(七大夫)를 조참에게 하사하였다.

원척(爰戚)과 항보(亢父)를 공격하는데, 조참이 제일 먼저 성루에 올랐으므로 오대부(五大夫)로 승진하였다.

조참은 평양(平陽)을 점령하여 위왕(魏王)의 모친, 처자식을 포로로 잡아 위나라 땅을 평정하고 52개 성을 빼앗았으므로 한왕은 조참에게

言 말씀 언 人 사람 인 殊 벨, 다를 수

평양을 식읍으로 주었다.

한신은 이미 조나라를 격파하여 상국이 되었으며 동쪽으로 제나라를 격파하였다. 조참은 우승상으로 한신에게 속했는데, 제나라 역하(歷下)의 군대를 공격하여 격파하였으며 임치(臨淄)를 점령했다.

한신은 제나라를 평정하여 70여 개의 성을 얻었다.

한신은 제왕이 되어 군사를 이끌고 가서 진(陳)에 도착하여 한왕과 함께 항우를 격파하였고, 조참은 남아서 제 땅 중에 정복되지 않은 곳을 평정했다.

항적(項籍)은 이미 죽었고 천하가 평정되어 한왕은 황제가 되었다. 한신은 옮겨져 초왕(楚王)이 되었고 제(齊)는 군(郡)이 되었다. 조참은 한나라 승상의 인(印)을 반환하였다. 고제(高帝)는 장자 비(肥)를 제왕(齊王)에 임명하였고 조참은 제나라 승상이 되었다.

고제 6년, 조참에게 열후의 작위를 하사하여 제후와 똑같은 권리와 대우를 받고 대대로 끊어지지 않게 하였다. 식읍은 평양 1만 6백 30호나 되었고 평양후(平陽侯)로 봉해졌다. 전에 봉한 식읍은 반환되었다.

경포(鯨布)가 모반했을 때, 조참은 제나라 상국의 신분으로 도혜왕(悼惠王)과 함께 병사와 기병 12만 명을 이끌고 고조와 함께 모여 경포의 군대를 공격하여 대파하였다.

조참의 공은 다음과 같다. 두 제후국, 122개 현을 함락하였고 두 명의 제후왕, 세 명의 재상, 6명의 장수와 대막오(大莫敎), 군수(郡守), 사마(司馬), 후(侯), 어사(御史) 각각 1명을 사로잡았다.

효혜제(孝惠帝) 원년, 제후국에 상국을 두는 법을 폐지하고, 조정은 조참을 제나라의 승상으로 임명하였다. 조참이 가서 제나라의 승상이 되었을 때, 제나라에는 70개의 성이 있었다. 천하가 막 평정되었으므로 도혜왕은 나이가 어렸다. 그래서 조참이 원로, 유생들을 불러 백성들을 편안하게 하는 방법을 물었다. 제나라에는 원래 백 명의 유생이 있어 <u>사람마다 말이 달라서</u>, 조참은 어떻게 결정해야 할지를 몰랐다. 조참은 교서(膠西)에 개공(蓋公)이란 사람이 황로(黃老) 학설에 뛰어나다는 말을 듣고 사람을 보내 후한 예물로 그를 초청하였다. 이윽고 개공을 만나니 개공은 조참에게 말하였다.

"국가를 다스리는 방법은 청정(淸淨)을 귀하게 여기는 것이며, 그렇게 하면 백성들은 저절로 안정됩니다."

이것으로부터 이 방면의 이치를 유추하여 개공은 모두 말하였다. 조참은 명당(明堂)을 양보하여 개공이 살도록 하였다.

조참은 제나라를 다스리는 정치강령으로 황로 학설을 채택하였다. 그러자 제나라의 승상이 된 지 9년 만에 백성들이 편안해졌으며, 사람들은 조참을 현명한 승상이라고 크게 칭찬하였다.

간체자	言人人殊
발음	옌 런 런 수 yán rén rén shū
편명	조상국세가 曹相國世家

서로 의견을 달리함을 말한다. 여러 학설이 분분함을 뜻하기도 한다.

'호리(豪吏)'는 권세에 의지하는 관리를 뜻한다.

'중연(中涓)'은 천자를 측근에서 모시는 사람을 말한다.

'감공(監公)'에서 '감(監)'은 진나라 행정 단위이다. 진나라의 군현(郡縣) 제도 중에 군(郡)에는 군수(郡守), 군위(郡尉), 군감(郡監)을 설치하였다. 군수는 군의 최고 행정 장관으로 군의 정무를 관장하여 중앙정부의 통제를 직접 받았으며, 군위는 군수를 보좌하여 군사를 관장하였고, 군감은 감찰 업무를 맡았다. 『한서음의(漢書音義)』에 의하면, 감은 어사(御史)로 군(郡)을 감독하는 관리를 말하며, 공(公)은 이름이라고 하였다.

'풍(豐)'은 당시에 옹치(雍齒)가 지켰는데, 위나라를 위하여 패공을 배반하였다.

'여제후부부(與諸侯剖符)'에서 '부(符)'란 부절(符節)로 군대를 통솔하는 장수가 출병할 때의 증명서로 일반적으로 두 부분으로 나뉘었는데 한쪽은 장수가 가지고 있고 다른 한쪽은 황제나 군대 지휘관 수중에 있다. 또 권리와 지위를 상징한다. "제후와 함께 부절을 나눈다"라는 뜻은 제후와 똑같은 지위와 대우를 가진다는 의미이다.

'부우춘추(富于春秋)'는 나이가 젊음을 뜻한다.

'안집(安集)'은 편안함, 편안하게 함을 뜻한다.

'황로술(黃老術)'은 도가(道家)의 청정무위의 치세술(治世術)을 말한다. 사회 정치 영역에서 황로술은 도생법(道生法)을 강조하여 군주는 무위이치(無爲而治)해야 하고, 공정무사(公正無私)하며 근검절약하고 소박함을 중시하면서 무위(無爲)를 통해 유위(有爲)에 도달하였다. 이러한 사상은 한대에 이르러 영향을 끼쳐 중국 역사상 '문경지치(文景之治)'에 도달했고 동한 때는 참위(讖緯) 학설과 결합하여 점차 장생(長生)의 도(道)로 변화하여 도교(道敎) 형성에 커다란 영향을 끼쳤다.

'청정'은 청정무위(淸靜無爲) 정치사상이다. 청정무위(淸靜無爲)는 청정무위(淸淨無爲)라고도 하는데 춘추 시대 도가 철학사상이자 정치철학인데 심령을 비우고 적막하게 만든 다음 청정한 상태를 유지하고 자연으로 돌아가자는 것이다. 도가의 핵심인 무위(無爲)는 인위적 가식적 행위가 아닌 자연의 스스로 그러함을 창조하고 스스로 그러함에 의해 자연이 창조되어 진정한 자연의 본질이다.

'치요(治要)'는 다스리는 정치의 요점을 말한다.

98

과거의 법을 그대로 따른다

소규조수(蕭規曹隨)

소하가 죽고 난 다음 조참이 그의 자리를 이어받고 한 일

효혜제 2년(기원전 193년), 소하가 죽었다. 조참은 이 소식을 듣고 그의 문객들에게 행장을 차리라고 재촉하며 말하였다.

"나는 장차 입궐하여 상국이 될 것이다."

얼마 안 되어서 과연 사자가 조참을 부르러 왔다. 조참이 떠날 때, 후임 승상에게 당부하였다.

"제나라 감옥과 시장은 억울하게 옥살이하거나 억울하게 속는 선량한 사람이 있는 곳이므로 마땅히 신중해야 하며 혼란이 있어서는 안 될 것이오."

후임 승상이 말하였다.

"국가를 다스리는 일 가운데 이보다 더 중요한 것은 없습니까?"

조참이 말하였다.

"그렇지 않소. 감옥과 시장은 억울하게 옥살이하거나 사기를 당하는 선량한 사람이 머무는 곳이오. 만약 당신이 그 두 곳을 어지럽게

蕭 성씨 소 規 법 규 曹 성씨 조 隨 따를 수

하지 않는다면 간사한 사람이 어찌 그곳에 발붙일 수가 있겠소? 그래서 이 일을 우선시하라는 것이오."

조참이 미천했을 때에는 소하와 사이가 좋았으나, 각각 장군과 재상이 되자 틈이 벌어졌다. 그런데 소하가 임종할 때 그가 현명하다고 추천한 사람이 오직 조참뿐이었다. 소하를 대신하여 한나라의 상국이 된 조참은 모든 일을 바꾸지 않고 소하가 제정한 법을 그대로 따랐다.

군과 제후국 관리는 꾸미는 문장에 능한 자보다 소박하고 말주변이 없는 사람을 관리로 택하여 중후하고 나이가 많고 덕망이 높은 사람은 즉시 불러 승상부의 관리로 제수하였다. 관리의 언어와 문장이 지나치게 깊이 따지며 명성만 얻으려고 애쓰는 자는 배제하였다.

조참은 밤낮으로 술을 마셨다. 경대부(卿大夫) 이하 관리들이나 빈객들은 조참이 정사를 돌보지 않는 것을 보고, 찾아오는 사람마다 모두 간언하려고 하였다. 사람이 찾아오면 조참은 술을 마시게 하였고, 조금 지나서 말하려고 하면 다시 술을 권하여 취하게 한 뒤에 돌려보내어 끝내 말을 꺼내지 못하게 하였다. 이러한 일이 늘 있었다.

조참은 관리들의 사소한 잘못을 보게 되면 오로지 숨겨서 덮어주니 부중에 아무 일이 없었다.

조참의 아들 줄(窋)은 중대부(中大夫)였다. 혜제는 상국이 정사를 돌보지 않자 이상하게 여기며 자신을 경시한다고 생각했다. 그래서 줄에게 말하였다.

"그대가 집에 돌아가거든 조용히 부친에게 다음과 같이 물어봐라. '고제께서 막 돌아가셨고 황제께선 나이가 어리신데 아버님은 상국이

시면서 날마다 술만 마시고 황제께 주청하거나 보고하는 일도 없으시니 어찌 천하가 걱정되지 않으십니까?' 내가 너에게 말했다고는 말하지 말라."

줄이 휴가를 얻어 집에 돌아와 혜제의 말대로 부친에게 간하자, 조참이 크게 화를 내며 줄의 볼기를 2백 대나 때렸다.

"급히 궁에 들어가 황제를 모셔라. 천하의 일은 네가 말하는 것이 아니다."

조회할 때, 혜제는 조참을 책망하며 말했다.

"어찌해서 줄을 태형으로 다스렸소? 내가 그대에게 간하게 한 것이었소."

조참은 관을 벗고 사죄하며 말했다.

"폐하께서 친히 살펴보시기에 폐하와 고제 중 누가 더 지덕을 겸비한 장수라고 생각하십니까?"

"내가 어찌 감히 선왕과 비교될 수 있겠는가?"

"폐하께서 신을 관찰하시어 저와 소하 둘 중에서 누가 더 어질다고 생각하십니까?"

"그대가 소하에 미치지 못하오."

"폐하 말씀이 옳습니다. 고제와 소하는 천하를 평정하였고, 법령도 이미 밝게 정했습니다. 폐하께서는 팔짱만 끼고 계시고 저는 직분을 지키면서 준수하기만 하고 잃지 않는 것이 좋지 않겠습니까?"

혜제가 말했다.

"좋소. 이제 그대는 쉬도록 하시오."

조참이 한나라 상국이 된 지 3년이 지나서 죽었다. 아들 줄이 후(侯)의 작위를 계승하였다. 백성들이 이런 노래를 불렀다.

소하가 제정한 법률

일자(一字)처럼 곧았네.

조참이 그를 대신하여

법을 지키고 잃지 않았네.

청정무위로 집행하니

백성이 한결같이 편안하네.

간체자	萧规曹随
발음	샤오 구이 차오 수이 Xiāo guī Caó suí
편명	조상국세가 曹相國世家

| 해설 |

전 시대의 법규를 그대로 따라서 일을 처리함을 뜻한다. '존이물실(遵而勿失)'도 같은 의미이다.

원문에서는 '거사무소변경(擧事無所變更) 일존소하약속(一尊蕭何約束)'라고 하였다. "모든 일의 방침은 변경하지 않고 한결같이 소하가 제정한 법령대로 처리했다."

'치행(治行)'은 길을 떠나려고 행장(行裝)을 차림을 뜻한다.

'무하(無何)'는 얼마 안 되어서라는 뜻이다.

'기(寄)'는 기우(寄寓)의 뜻으로 임시로 거처함을 말하므로, '이옥시위기(以獄市爲寄)'는 감옥과 시장을 잠시 몸이 머무는 장소로 간주함을 뜻한다. 감옥과 시장은 선량한 시민들과 간사하여 남을 속이는 사람이 함께 모이는 곳으로, 시장에서 억울하게 속거나 감옥에서 억울하게 옥살이하는 선량한 사람이 있으므로 그들을 안심하고 편안히 살 수 있게 하는 것이 청정무위 정치의 중요한 급선무임을 강조한 것이다.

'약속(約束)'은 미리 정한 내용의 뜻으로 법령을 가리킨다.

'목(木)'은 질박함, '굴(訥)'은 입 다묾을 뜻한다. '목굴(木訥)'은 목눌(木訥)의 뜻으로, 소박하고 말주변이 없음을 뜻한다.

장자(長者)는 나이가 많고 집안 항렬과 덕망(德望)이 높은 사람을 말한다.

'각심(刻深)'은 '각(刻)'은 가각(苛刻), '심(深)'은 심구(深究)의 뜻으로, 지나치게 깊이 따짐을 뜻한다.

'기군신(棄群臣)'은 제왕의 죽음을 뜻한다.

'세속(洗沐)'은 한대 관리는 5일에 한 번 휴가를 얻어 집에 가서 머리를 감았는데 전(轉)하여 관리가 휴가를 얻어 집으로 돌아가 쉬는 일을 말한다.

'태(笞)'는 태형(笞刑)으로 볼기를 침을 말한다.

'성무(聖武)'는 지덕(智德)을 겸비한 무용(武勇)을 뜻한다.

'망(望)'은 비교함을 뜻한다.

'수공(垂拱)'은 옷을 드리우고 손을 마주 잡는 경례를 뜻하는데, 전하여 팔짱을 끼고 아무 일도 하지 않음을 말한다.

'강약화일(顓若畫一)'은 시종 공정하고 곧음을 뜻한다.

99

젊은이를 가르칠만하다

유자가교(孺子可敎)

황석공이 다리 밑으로 가서 신을 가져오는 장량에게 한 말

유후(留侯) 장량(張良)은 그의 선조가 한(韓)나라 사람이다. 조부의 이름이 개지(開地)로 한소후(韓昭侯), 선혜왕(宣惠王), 양애왕(襄哀王)의 상국이었다. 부친 평(平)은 희왕(釐王), 도혜왕(悼惠王)의 재상을 지냈다. 도혜왕 23년에 평이 죽었다. 부친이 죽은 후 20년 만에 진나라가 한나라를 멸망시켰다. 당시 장량은 나이가 어려서 한나라에서 벼슬을 하지는 않았으나, 한나라가 멸망하였음에도 불구하고 그의 집에는 노복이 3백 명이나 있었다. 이 무렵 그는 동생이 죽었는데도 크게 장례를 치르기는커녕 오히려 모든 가산을 털어서 진나라 왕을 죽일 자객을 구하여 한나라 원수를 갚으려고 하였다. 그것은 조부와 부친이 한나라의 5대 왕에 걸쳐서 재상을 지냈기 때문이었다.

장량은 일찍이 힘이 장사인 사람을 찾아내어 120근의 철퇴를 만들게 하였다. 그리고 진시황이 동쪽으로 순시할 때 장량과 그 자객은 박랑사(博浪沙) 가운데에 매복하였다가 그를 저격하였으나 잘못하여 뒤

孺 젖먹이 유 子 아들 자 可 옳을 가 敎 가르칠 교

따르는 수레를 맞추고 말았다. 이에 진시황이 크게 노하여 전국 각지를 수색하여 긴급히 도둑을 급히 체포하도록 하였는데, 이는 장량 때문이었다. 장량은 이름을 바꾸고 하비(下邳)로 달아나 숨었다.

장량은 일찍이 한가한 틈을 타서 하비의 다리 위를 천천히 산책했는데, 어떤 노인이 삼베옷을 입고 그에게 다가와 일부러 신을 다리 밑으로 떨어뜨리고는 장량을 돌아보고 말하였다.

"애야, 내려가서 내 신을 주워오너라!"

장량을 화가 나서 때려주려고 했으나, 노인인지라 억지로 참고 다리 아래로 내려가서 신을 주워왔다. 그러자 노인이 이번에는 또 말하였다.

"나에게 신을 신겨라!"

장량은 노인을 위해서 꿇어앉아 신을 신겨주었다. 노인은 웃으면서 가버렸다. 노인이 다시 돌아와서 말하였다.

"젊은이는 가르칠 만하구나! 닷새 뒤 새벽에 여기 와서 나하고 만나자."

장량이 이상하게 생각했지만, 무릎을 꿇고 예라고 대답했다.

닷새째 되는 날 새벽에 장량이 그곳에 가보니 벌써 노인이 나와 있었다. 노인이 화를 내며 말하였다.

"늙은이와 약속을 했는데 늦게 나와 어찌 된 것이냐?"

그러면서 또 말했다.

"닷새 뒤에 좀 더 일찍 나오라"

닷새가 지나 새벽닭이 울 때 장량이 다시 그곳으로 갔다. 노인은 또 먼저 그곳에 와있었으며 다시 화를 내며 말하였다.

"늦다니 어찌 된 것이냐? 닷새 뒤에 좀 더 일찍 나오라."

다시 닷새 뒤에 장량은 이번에는 밤이 반도 지나지 않아서 그곳으로 갔다. 조금 뒤에 노인이 그곳으로 와서는 기뻐하며 말하였다.

"마땅히 이래야지."

그리고는 책 한 권을 내놓으며 말하였다.

"이 책을 읽으면 제왕의 스승이 될 수 있으며, 10년 후에는 그 뜻을 이룰 수 있다. 그리고 13년 뒤에는 제수(濟水) 북쪽에서 나를 만날 수 있을 것인데, 곡성산(穀城山) 아래 누런 돌 황석(黃石)이 바로 나다."

그리고는 그곳을 떠나가며 아무 말도 하지 않았으며 다시는 그를 볼 수 없었다. 날이 밝아 그 책을 보았더니 『태공병법(太公兵法)』이었다. 장량이 그 책을 기이하게 여겨 늘 익히고 외웠다.

간체자	孺子可教
발음	루 쯔 커 자오 rú zǐ kě jiào
편명	유후세가 留侯世家

| 해설 |

젊은이가 발전성이 있어 재능을 전수해 줄 만하다는 뜻으로, 훌륭한 재질이 있고 앞날이 촉망되는 사람에게 해당하는 말이다.

박랑사(博浪沙)는 지금의 하남 원양(原陽)이다.

'이(圯)'는 흙다리를 뜻하는데, '이교취리(圯橋取履)'는 장량이 이교(圯橋)에서 황석공(黃石公)이 다리 밑에 떨어뜨린 신을 주워다가 그에게 신게 하고 병서(兵書)를 받은 고사를 말한다. 이교(圯橋)는 장량이 황석공에게서 병서를 받은 흙으로 만든 다리를 말한다.

장량이 하비(下邳), 지금의 강소 저녕(雎寧)의 '이교(圯橋)'라는 다리 위에서 황석공(黃石公) 여상을 만나 가르침을 받고 『태공병법』이란 책을 받은 고사를 '이상수서(圯上受书)'라고 한다. '이(圯)'는 옛날 방언으로, 『설문해자(說文解字)』「토부(土部)」에 "동초(東楚)에서는 다리를 '이'라고 하였다"라고 하여 다리를 뜻하며, '圯上老人(이상노인)'은 황석공을 말하며, '이교서(圯橋書)'는 '이상서(圯上書)', '이상병법(圯下兵法)'이라고도 하는데 황석공이 장량에게 준 『태공병법』을 말한다.

100

걸왕이 잔학한 짓을 하도록 돕다

조걸위학(助桀爲虐)

장량이 패공에게 간한 말

장량은 하비에 살면서 임협(任俠)이 되었는데, 항백(項伯)이 항상 사람을 죽이고 장량을 따라 숨었다.

10년 뒤 진섭이 봉기하자 장량도 젊은이 백여 명을 모았다. 경구(景駒)가 자립하여 초나라의 대리 왕이 되어 유(留) 땅에 있었다. 장량은 그곳으로 가는데 도중에 패공(沛公)을 만났다. 패공(沛公) 유방이 무리 수천 명을 거느리고 하비 서쪽 땅을 공략하였으므로 장량은 마침내 패공에 예속되었다. 패공은 장량을 구장(廐將)으로 임명하였다. 장량이 『태공병법』으로 자주 유세하자 패공이 그를 좋게 여겨 항상 그의 계책을 썼다. 장량이 다른 사람에게도 『태공병법』을 말하였으나 이해하지 못하였다.

장량이 말하였다.

"패공은 아마도 하늘이 주신 분일 것이다."

그리고는 패공을 따랐고 경구를 뵈러 가지 않았다.

패공이 군사를 이끌고 진나라 군대를 공격하여 크게 격파하였다. 추

助 도울 조 桀 이름 걸 爲 행할 위 虐 몹시 굴, 잔학할 학

격하여 북쪽으로 남전(藍田)에 이르니 싸울 생각도 하지 않아 진나라 군대는 패하였다. 드디어 함양에 도달하자 진나라의 왕 자영(子嬰)이 패공에게 항복하였다.

패공은 진나라 궁궐에 들어가서 궁전, 휘장, 개와 말, 귀중한 보물, 부녀자 등이 셀 수 없이 많은 것을 보고 그곳에 머물고 싶어졌다. 번쾌가 패공에게 궁궐 밖으로 나가자고 간언하였으나 패공이 듣지 않았다.

장량이 패공에게 간하였다.

"진나라가 무도하였기 때문에 패공이 여기에 오실 수 있었습니다. 천하의 백성들을 위해서 백성에게 잔혹하게 하는 적을 제거하려면 검소함을 바탕으로 삼아야 합니다. 진나라에 들어온 지금 바로 즐거움을 편안히 누리신다면 이는 <u>걸왕이 잔악한 짓을 하도록 돕는 것</u>입니다. 또 '충성스러운 말은 귀에 거슬려도 행동에는 이롭고, 독한 약은 입에 써도 병에는 이롭다'라고 하였습니다. 청컨대 패공께선 번쾌의 말을 들으십시오."

이에 패공은 패상(霸上)으로 돌아갔다.

간체자	助桀为虐
발음	주 제 웨이 눼 zhù Jié wéi nüè
편명	유후세가

| 해설 |

나쁜 사람을 도와 나쁜 일을 함을 비유하는 말이다.

『국어(国语)』「월어(越语)」하(下)에 "하늘을 도와 잔악한 짓을 하는 법은 없는 것이니, 그것은 상서로운 일이 아닙니다"라고 한 문구에서 유래하였다.

'임협(任俠)'은 호협(豪俠)란 기개, 협기(俠氣)를 뜻하는데, 여기에서는 정의를 보고 용감하게 행동하는 협객(俠客)을 말한다. 임협의 세 가지 조건은 약속을 중시하고, 의기(意氣)를 생명처럼 여기며, 생사(生死)를 가볍게 여기는 것을 말한다.

'협(俠)'의 기원은 춘추 전국 시대 때 묵가(墨家)의 철학과 관련이 깊다. 묵가가 주장한 '겸애(兼愛)'와 '비공(非攻)' 사상과 관계가 있다. '겸애'는 유가 가족을 중시하여 사적인 이익을 중시하지만, 묵가는 가족을 초월하여 인성을 기초로 한 평등한 사회를 제창하였다. '비공'은 강한 자를 책망하고 약한 자를 돕는 사상으로 폭력사회의 약탈을 지향하는 사상이다. 전쟁을 일삼는 제후국 사이의 평화를 주창하지만, 실제 행동에서는 무력도 사용하여 약한 자를 구제하는 사상이다. 「유협열전(游俠列傳)」은 협의문학(俠義文學)의 선하(先河)이고, 조식(曹植)의 「백마편(白馬篇)」은 협의문학의 기초를 세웠다. 당대에는 임협의 풍조가 크게 유행하여 수많은 시인이 임협과 관련된 시를 읊었지만, 특히 가장 대담한 임협 정신을 노래한 시인은 이백이다.

항백(項伯)은 항연(項燕)의 셋째 아들이자 항연의 장남 항초(項楚)의 아들 항우(項羽)의 둘째 숙부이다. 그의 형 항량(項梁)이 군사를 일으킨 후에 웅심(熊心)을 초회왕(楚懷王)으로 세우자 항백은 좌윤(左尹)이 되었다. 초군이 조나라를 구원하러 항우와 함께 북상하였다. 후에 또 항우와 함께 관중에 들어가 장량의 친구였으므로 홍문연(鴻門宴)에서 유방을 보호하였다. 한나라가 건립된 후에 유방은 항백에게 유씨 성을 하사한 후 사양후(射陽侯)에 봉하였다.

'구장(廏將)'은 군마(軍馬)를 관장하는 직책이다.

'이천수(以千數)'는 수이천계(數以千計)의 뜻으로 셀 수 없이 많음을 말한다.

'호소(縞素)'은 흰옷 또는 상복(喪服)이란 뜻으로 검소함을 비유하는 말이다. 상복을 입는 것처럼 백성들을 위로함이란 해석도 가능하다.

'자(資)'는 근본 바탕을 말한다.

"충성스러운 말은 귀에 거슬려도 행동에는 이롭고, 독한 약은 입에 써도 병에는 이롭다"라는 성어는 '충언역이이우행(忠言逆耳利于行), 독약고구이우병(毒藥苦口利于病)이다.

101

입추의 여지

입추지지(立錐之地)

역이기가 한왕에게 진나라가 제후국을 공격하여 행한 것에 대해 한 말

한 3년, 항우가 급히 형양(滎陽)에서 한왕을 포위하자, 한왕이 두렵고 걱정이 되어 역이기(酈食其)와 함께 초나라의 권세를 약하게 하려고 논의하였다.

역이기가 다음과 같이 말하였다.

"옛날 탕이 걸을 정벌하고 그 후손을 기(杞)에 봉하였습니다. 무왕이 주를 정벌하여 그의 후손은 송(宋)에 봉해졌습니다. 지금 진나라가 덕을 잃고 의를 버렸는데 제후의 사직을 침탈하여 6국을 멸망한 후에 그 후손이 끊어져 그들에게 입추의 여지가 없게 하였습니다. 폐하께서 진실로 6국의 후손의 작위를 회복시키고 그들에게 관인을 수여하시면, 그 나라의 여러 신하와 백성들이 반드시 폐하의 덕을 떠받들게 될 것이고 나라의 풍속이 폐하의 의로움을 흠모하여 신하와 백성이 되기를 원할 것입니다. 덕과 의(義)가 행해지면 폐하께서는 남면(南面)하여 패왕(霸王)이라 불릴 것이고, 초나라는 반드시 옷깃을 여미고 조회할

효 세울 립 錐 송곳 추 之 갈, 어조사 지 地 따 지

것입니다.

그러자 한왕이 말하였다.

"좋소. 얼른 관인을 새길 것이니, 선생이 직접 6국에 가지고 가시오."

간체자	立锥之地
발음	리 주이 즈 디 lì zhuī zhì dì
편명	유후세가

| 해설 |

송곳 하나 세울 만한 좁고 작은 공간이나 여유를 비유하는 말이다.

보통 아주 좁고 여유가 없음을 형용할 때 사용하는데, 사람이 많이 모여 조금도 빈틈이 없음을 비유하는 "입추의 여지가 없다"라는 말은 여기에서 유래하였다.

'향풍(鄕風)'은 향속(鄕俗)으로 나라의 풍속을 뜻한다.

'염임(斂袵)'은 옷섶을 여밈이란 뜻으로 몸을 단정히 하여 경의를 표함을 말한다.

'패(佩)'는 몸에 참이란 뜻으로 몸에 지님을 뜻한다.

102

젓가락을 빌려 대신 형세를 판단하다

차저대주(借箸代籌)

장량이 역이기 책략에 반대하며 젓가락으로 계책을 설명함

장량은 병이 많아 일찍이 특별히 군사를 통솔해 본 적이 없었고, 늘
계책을 세우는 신하가 되어 때때로 한왕을 따랐다.

역이기가 떠나기 전에 장량이 마침 외지에서 돌아와 한왕을 뵈었다.
한왕이 막 식사를 하던 중에 말했다.

"장량은 내 앞으로 오시오. 빈객이 나를 위해 초나라의 권세를 약화
할 계책을 내었소."

그리고는 역생의 말을 모두 고한 다음 물었다.

"자방(子房)은 어떻게 생각하오?"

"누가 폐하를 위하여 이런 계획을 세웠습니까? 폐하의 원대한 사업
은 끝장날 것입니다."

"무엇 때문이오?"

"신은 청컨대 앞에 있는 <u>젓가락을 빌려주시면 대왕을 위하여 당면한
형세를 따져보겠습니다.</u> 옛날 탕이 걸을 정벌하고 그 후손을 기 땅에

借 빌릴 차 箸 젓가락 저 代 대신할 대 籌 투호 살, 계책 주

봉한 것은 걸을 사지로 몰아넣어 제압할 수 있음을 헤아렸기 때문입니다. 지금 폐하께서 항적을 사지로 몰아넣어 제압할 수 있으십니까?"

"할 수 없소."

"이것이 불가(不可)한 첫 번째 이유입니다. 무왕이 주를 정벌하고 그 후손을 송 땅에 봉한 것은 주의 머리를 얻을 수 있다고 헤아렸기 때문입니다. 지금 대왕께서는 항적의 머리를 얻을 수 있으십니까?"

"얻을 수 없소."

"이것이 불가하다는 두 번째의 이유입니다."

간체자 借箸代筹 **발음** 제 주 다 처우 jiè zhù dà chóu **편명** 유후세가

| 해설 |

옆에서 남을 위해 생각이나 계책을 세워주거나 어떤 일을 계획함을 비유하는 말이 되었다. '차저대주(借箸代筹)'라고도 한다.

원문에 「신청자전저위대왕주(臣請籍前箸爲大王籌)」라고 하였다. '자(籍)'는 빌림, 의지함의 뜻으로 '차(借)'와 뜻이 같은 글자다. '주(籌)'는 계책을 세움을 뜻한다.

'획(畫)'은 꾀함을 뜻하는데 계책을 세움을 말한다. 획책(劃策)과 같은 말이다.

'사(事)'는 대사(大事)를 뜻하고 원대한 사업을 말한다.

'거(去)'는 소멸함, 끝장남을 뜻한다.

'탁(度)'은 헤아림을 뜻하고, '사명(死命)'은 죽는 목숨, 목숨을 뜻하며, '제(制)'는 제압함, 지배함을 뜻하므로, '탁능제걸지사명(度能制桀之死命)'이란 "걸을 사지(死地)로 몰아넣어 제압할 수 있음을 헤아림"이란 뜻이다.

103

병기를 거꾸로 하여 창고 속에 넣어두다

도치간과(倒置干戈)

장량이 한왕에게 한 말

장량이 말하였다.

"무왕이 은나라에 들어가서 상용(商容)의 마을 이문에 그의 충(忠)과 덕(德)을 표창하였고, 감옥에 갇힌 기자(箕子)를 석방하였으며, 비간(比干)의 묘에 흙을 북돋아 주었다. 지금 폐하께서 성인의 묘에 흙을 북돋아 주고 어진 사람의 마을의 문에 그를 표창하고 지혜로운 사람의 문에 공경하는 마음을 가질 수 있으시겠습니까?"

"할 수 없소."

"이것이 불가(不可)한 세 번째 이유입니다. 주무왕은 거교(巨橋) 창고의 곡식을 풀었고 녹대의 돈을 빼내 가난한 백성들에게 하사하였다. 지금 폐하께서 창고의 문을 열고 가난한 사람들을 구제하실 수 있으시겠습니까?"

"할 수 없소."

"이것이 불가하다는 네 번째 이유입니다. 은나라의 일은 이미 끝나

倒 거꾸로 도 置 놓을 치 干 방패 간 戈 창 과

자 쓰러진 전차를 고쳐서 수레로 만들고 <u>병기를 거꾸로 하여</u> 창고 속 <u>에 넣고</u> 호랑이 가죽으로 덮어씌워, 천하에 다시는 병기를 사용하지 않을 것을 보였습니다. 지금 폐하께서는 무력을 그만두고 문(文)을 실행하여 다시는 병기를 사용하지 않으실 수 있습니까?"

"할 수 없소."

"이것이 불가하다는 다섯 번째 이유입니다. 주무왕은 말을 화산(華山)의 남쪽에 쉬게 하고 사용하지 않겠다는 것을 보이셨습니다. 지금 폐하께서 말을 사용하지 않으실 수 있겠습니까?"

"할 수 없소."

"이것이 불가하다는 여섯 번째 이유입니다. 주무왕은 소를 도림(桃林) 북쪽에 방목하여 더시는 군량을 싣게 하지 않았습니다. 지금 폐하께서 소를 방목하여 다시는 군량을 싣게 하지 않으실 수 있겠습니까?

"할 수 없소."

"이것이 불가하다는 일곱 번째 이유입니다. 천하의 유세객(遊說客)이 그들의 친척과 헤어져 조상의 분묘를 포기하고 친구를 떠나두고 폐하를 따라 돌아다니는 것은 밤낮으로 협소한 땅이라도 바라기 때문입니다. 지금 6국을 회복하고 한, 위, 조, 연, 제, 초를 세운 후 천하의 유세객이 각자 그의 주인을 섬기고 그의 친척을 따라 그의 친구와 조상 분묘로 돌아갈 것이니, 폐하께서는 누구와 천하를 차지하시겠습니까? 이것이 불가하다는 여덟 번째 이유입니다. 지금은 초나라가 비록 강하지 않지만, 폐하께서 세운 6국을 다시 세워 허리를 굽히고 초나라를 따르게 되면, 대왕께서 어떻게 그들을 신하로 복종하게 하실 수 있으시겠습니까? 참으로 빈객의 책략을 쓰신다면 대왕의 일은 모두 끝장날 것입니다."

한왕이 식사를 멈추고 입안의 음식을 뱉어내며 욕하였다.

"썩은 유생 역이기가 하마터면 대사를 그르치게 할 뻔했구나!"

그리고는 황급히 그의 관인을 녹여버리게 하였다.

한 6년 정월, 공신들을 봉하였다. 장량은 일찍이 전투에서의 공로가 없었는데도 고제가 말하였다.

"군영의 장막 안에서 계책을 운용하여 천 리 밖에서 승리를 결정지었으니, 이것은 모두 자방의 공로이다. 스스로 제(齊) 땅에서 3만 호(戶)를 고르시오."

장량이 말하였다.

"신이 처음 하비(下邳)에서 일어나 폐하와 유(留) 땅에서 만났는데, 이는 하늘이 신을 폐하께 주신 것입니다. 폐하께서 신의 계책을 쓰셨고, 그것이 다행히 때에 맞았습니다. 신은 유 땅에 봉해주시면 족합니다. 3만 호는 도저히 감당하지 못하겠습니다."

이에 장량을 봉하여 유후(留侯)로 삼았다.

간체자	倒置干戈
발음	다오 즈 간 거 dào zhì gān gē
편명	유후세가

| 해설 |

무기를 사용하지 않고 다시는 싸우지 않음을 비유하는 말이다.

'여(閭)'는 이문(里門)을 뜻한다. 주대(周代)에 스물다섯 집을 이(里)라고 하고 그 마을의 문을 이문이라고 하였다.

상용(商容)은 은나라 주왕(紂王) 시절 예악(禮樂)을 주관한 대신으로 주왕의 황당하고 포악함에 불만을 품고 여러 차례 간하였으나 파면되었다. 일설에 그가 일찍이 예약으로 주왕을 교화하였으나 실패하자 태항산(太行山)에 들어가 은거하였다고 한다. 주무왕이 은나라를 멸망시킨 후에 그를 삼공(三公)에 봉했으나 받지 않자 무왕은 그의 마을의 이문에 충신인 동시에 어진 자였던 그에 대한 존경을 표하였다.

'봉(封)'은 흙더미 쌓음이란 뜻으로 흙을 북돋는 배토(培土)를 말한다. 봉묘(封墓)는 무덤에 흙을 북돋아 주는 것을 말한다.

'식(式)'은 삼감의 뜻으로 공경하는 마음을 가짐을 말하여 표창함을 뜻하기도 한다.

'구(拘)'는 집힘, 체포당함을 뜻하는데 여기에서는 붙잡혀 감옥에 있는 것을 말한다.

'발(發)'은 닫힌 것을 엶의 뜻이므로 창고의 문을 열고 곡식을 풂을 뜻한다.

'거교(巨橋)'는 물 위에 큰 다리가 있어 얻은 명칭이다. 하남 학벽(鶴壁) 준현(浚縣)에 있는데 고도(古都) 조가(朝歌)에 가깝다. 은나라 주왕의 양식 창고가 있었다고 한다. 주무왕이 은나라를 멸망시킨 후 이 창고의 곡식을 풀어 백성들을 구제하였다고 한다. 『일주서(逸周書)』「극은(克殷)」에 "무왕이 명하여 녹대(鹿臺)의 재물과 거교의 곡식으로 백성들을 구휼하라고 하였다"라고 했으며, 『관자(管子)』「지수(地數)」에 "옛날 무왕이 거교의 곡식을 비축하고 곡식 가격을 올리는 정책을 썼습니다."라고 하였는데 윤지상(尹知章)의 주에 "무왕이 은나라를 이긴 뒤 거교의 곡식을 얻어서 가격을 높였다. 기교의 창고는 현재 광평군(廣平郡) 곡주현(曲周縣)에 있다"라고 하였다. 후에 곡식 창고를 대신하는 명칭이 되었다.

'언(偃)'은 쓰러짐이란 뜻인데 주무왕이 은나라를 공격하여 은나라가 패할 때 쓰러진 전차를 말한다.

'지척지지(咫尺之地)'는 협소한 땅을 말한다.

'요(撓)'는 굴(屈), 곡(曲)의 뜻으로 허리를 굽혀 굴복함을 말한다.

'철(輟)'은 하던 일을 멈춤 혹은 그침을 뜻하는데 여기에서는 음식을 뱉음을 말한다.

'수(竪)'는 '수(豎)'의 속자(俗字)로 아이란 뜻이고, 심부름하는 이이란 뜻인데 전하여 남을 경멸하여 부르는 말이다. '수유(豎儒)'는 썩은 선비를 뜻한다.

"군영의 장막 안에서 계책을 운용하여 천 리 밖에서 승리를 결정지었다"라는 문구는 유명한 성어 '운주유악(運籌帷幄), 결승천리(決勝千里)'이다. '운(運)'은 운용(運用)함, '주(籌)'는 산주(算籌), 획책(劃策), '유악(帷幄)'은 군대 장막을 뜻한다. 「고조본기」에 나온다.

104

고양이에게 생선을 맡기다

사양장낭(使羊將狼)

태자 문제로 장량의 추천을 받은 상산사호가
여태후의 오빠 건성후를 설득하는 말

유후는 천성적으로 병이 많았기 때문에 도인(導引)을 하면서 곡식을 먹지 않고 1년여 동안 두문불출하였다.

황제가 태자를 폐하고 척부인(戚夫人)의 아들 조왕(趙王) 여의(如意)를 세우고자 하였다. 대신들 대부분이 다투어 간하였으나 확고한 결정을 내릴 수 없었다. 여후가 두려워하며 어찌할 바를 몰랐다.

어떤 사람이 여후에게 말했다.

"유후가 계책을 잘 세워 황제께서 그를 신용합니다."

여후는 건성후(建成侯) 여택(呂澤)을 시켜 유후를 위협하게 하였다.

여택이 유후에게 말하였다.

"그대는 늘 황제의 모신(謀臣)이었소. 지금 황제께서 태자를 바꾸려고 하시는데도 어찌 베개를 높이고 누워만 계시오?"

유후가 말하였다.

使 부릴 사 羊 양 양 將 거느릴 장 狼 이리 랑

"처음 황제께서 여러 차례 위급한 상황 속에서도 다행히 신의 계책을 쓰셨소. 지금 천하가 안정되어 편애하는 자식으로 태자를 바꾸려고 하시니, 이는 골육간의 일이므로 저와 같은 사람이 백 명이 있다 한들 무슨 도움이 되겠습니까?"

여택이 강제로 요구하였다.

"나를 위하여 계책을 세워주시오."

유후가 말했다.

"이것은 말로 다투기 어렵소. 다만 황제께서 이르게 할 수 없는 사람이 네 분이 계십니다. 이 네 분은 연로하시고 모두 황제가 사람을 무시하고 업신여긴다고 생각한 까닭에 산중으로 도망하여 숨고 의리를 지켜 한나라의 신하가 되지 않았습니다. 그러나 황제께서는 이 네 노인을 존경합니다. 지금 공께서 참으로 황금, 벽옥과 비단을 아까워하지 않고 태자에게 편지를 쓰게 하고 말을 낮추고 안거(安車)를 준비하여 말을 잘하는 변사(辯士)를 시켜 진심으로 청한다면 틀림없이 올 것입니다. 오면 객으로 모시고 조회 때 이 네 분을 황제께 소개하면 황제는 기이하게 여기시어 물으실 것입니다. 황제가 물으시면 이 네 사람이 어진 사람인 것을 알게 되고 그것은 태자에게 큰 도움이 될 것입니다."

그래서 여후가 여택에게 사람을 시켜 태자의 편지를 받들고 말을 낮추어 공손하게 하며 후한 예물을 가지고 가서 네 사람을 영접해오도록 하였다. 네 삶이 이르니 건성후 집에 객이 되어 묵었다.

한 11년, 경포(鯨布)가 모반하였는데, 황제는 병이 나서 태자를 대장으로 삼아 출병하여 그를 토벌하려고 하였다.

네 사람은 서로 말하였다.

"우리가 온 것은 태자를 보호하기 위해서입니다. 태자가 군대를 거느리고 싸운다면 일이 위험해질 것입니다.”

　그리고는 건성후 여택(呂澤)을 설득하여 다음과 같이 말하였다.

　“태자가 군대를 통솔하여 공을 세워도 태자라는 자리에는 보탬이 되지 않고 공을 세우지 못하고 돌아온다면 그것 때문에 화를 입을 것이오. 또 태자와 함께 출정할 장수들은 모두가 일찍이 황제와 더불어 천하를 평정한 맹장들이오. 지금 태자께 그들을 거느리게 한다면 이는 <u>고양이에게 생선을 맡기는 것</u>과 다름없어서 그들은 모두 태자를 위해서 있는 힘을 다하려고 하지 않을 것이니 태자께서 공을 세우지 못할 것은 틀림없소. 신들이 듣건대 “어미가 총애를 받으면 그 자식도 사랑을 받는다”라고 하였습니다. 지금 척부인이 밤낮으로 황제를 받들어 모시고 척부인이 낳은 아들 유여의는 늘 황제에게 안겨있으며, 황제께서 말씀하시길, ‘불초한 자식을 사랑스러운 자식 위에 올려놓지는 않겠다’라고 하셨으니, 분명 그가 태자의 지위를 대신할 것은 틀림없소. 그런데 그대는 어째서 여후에게 급히 황제께 기회를 틈타 눈물을 흘리며 다음과 같이 말씀하셔 청하지 않습니까? ‘경포는 천하의 맹장이고 용병술에 뛰어납니다. 지금 여러 장수 모두가 폐하의 옛 동료인데, 태자가 이러한 부하를 거느리게 한다면 고양이에게 생선을 맡기는 것과 다르지 않고 그들이 힘을 쓰려고 하지 않을 것이며, 게다가 만약 경포가 이 사실을 알게 되면 분명 북을 치며 서쪽으로 진군해 올 것입니다. 폐하께서 병환 중이지만 억지로 수레에 실려 누워서라도 통솔한다면 장수들은 있는 힘을 다하지 않을 수 없을 것입니다. 폐하께서 고통스럽겠지만 처자식을 위해 친히 힘써주시기 바랍니다’라고 말입니다.”

그래서 여택은 즉시 그날 밤에 여후를 만났고, 여후는 기회를 봐서 황제에게 눈물을 흘리며 말했는데 네 사람의 뜻과 같았다.

그러자 황제가 말했다.

"나는 그 애송이 태자는 사실 파견할 만하지 않다고 생각하니 공이 직접 가겠다."

간체자	使羊将狼
발음	스 양 장 랑 shǐ yáng jiāng láng
편명	유후세가

| 해설 |

약한 자에게 강한 자를 거느리게 함이란 뜻으로, 통솔 능력이 모자람을 비유하는 말이다.

'도인(導引)'은 기공(氣功)의 일종이다.

'두문불출(杜門不出)'은 문을 닫아걸고 밖으로 나오지 않는 것을 말하는데, 두(杜)는 닫아걸음의 뜻이다.

태자는 여후 소생의 유영(劉盈)이다.

'책(筴)'은 책(策)과 같은 글자이다.

건성후(建成侯) 여택(呂澤)은 여후의 오빠이다.

'안거(安車)'는 편안히 앉아서 타고 가는 수레로 노인이나 부녀자가 타는 수레를 말한다.

'일(一)'은 흔(很), 삼(甚)의 뜻으로 일대(一大)를 뜻하여 큼을 말한다.

사인(四人)은 상산사호(商山四皓)를 말한다.

‘승간(乘間)’은 기회를 이용함, 틈탐을 뜻한다.

‘이(夷)’는 제(儕)의 뜻으로 동배(同輩), 무리를 말하고, ‘등이(等夷)’는 등배(等輩), 동배(同輩)의 뜻으로 동료를 말한다.

‘차차(輜車)’는 덮개가 있는 수레를 말한다.

‘호(護)’는 통솔함을 뜻한다.

105

날개와 깃이 이미 이루어지다

우익이성(羽翼已成)

황제가 척부인을 불러 상산사호를 가리키며 한 말

고조가 군대를 이끌고 동쪽으로 가려는데, 병상에 있던 장량이 억지로 일어나 전송하며 고조에게 초나라 사람은 표독하고 재빠르므로 정면으로 싸우지 마시길 간하며, 또 기회를 틈타 태자를 장군으로 삼고 그가 관중을 감독하게 하라고 설득하였다. 그러자 황제는 장량에게 태자를 보좌하라고 말하였다. 이때 숙손통(叔孫通)이 태부(太傅), 유후는 소부(少傅) 일을 행했다.

한 12년, 고조가 경포의 군사를 격파하고 돌아와서 병이 더욱 심해지자 더욱 태자를 바꾸려고 하였다. 이에 유후가 간하였으나 황제가 듣지 않자, 병을 핑계 삼아 정사를 돌보지 않았다. 숙손통은 고금의 역사를 인용하면서 죽을 각오로 황제와 다투며 태자를 바꾸려는 것을 막았다. 황제는 거짓으로 그의 말을 듣는 척하였지만, 여전히 태자를 바꾸려고 하였다.

연회에 술자리가 벌어져서 태자가 황제를 모시게 되었다. 네 사람이

羽 깃 우 翼 날개 익 已 이미 이 成 이룰 성

태자를 따르고 있었다. 모두 나이가 80이 넘었고 수염과 눈썹이 희었으며 의관은 매우 위엄이 있었다. 황제가 괴이하게 여겨 그들이 누군지 물었다. 네 사람이 앞으로 나와 황제를 대하고 각자 동원공(東園公), 녹리선생(角里先生), 기리계(綺里季), 하황공(夏黃公)이라고 하였다.

황제가 이에 깜짝 놀라서 말하였다.

"내가 여러 해 동안 공들을 찾았는데 그때마다 공들이 나를 피하여 도망하더니 지금은 공들이 어찌하여 스스로 내 아이를 따르며 놀고 있느냐?"

네 사람 모두 황제께 아뢰었다.

"폐하께서 선비를 경시하고 모욕하시니 신들은 의(義)가 욕되지 않게 하려고 두려워서 숨은 것입니다. 삼가 듣건대 태자는 사람됨이 어질고 효성스러우며 사람을 공경하고 선비를 사랑하여 천하에 목을 빼고 학수고대하며 태자를 위해서 죽고자 하지 않는 사람이 없다고 하므로 신들이 온 것입니다."

황제가 말하였다.

"번거롭겠지만 공들이 요행히 끝까지 태자를 보살펴주시오."

네 사람이 황제에게 축수(祝壽)를 마치고 급히 떠나가자, 황제는 눈으로 전송하며 척부인을 불러 그 네 사람을 가리켜 보이며 말하였다.

"짐이 태자를 바꾸고자 하였으나, 저 네 사람이 보좌하여, 새 날개와 깃이 이미 이루어졌으니 바꾸기가 어렵게 되었소. 여후는 진정으로 그대의 주인이오."

| 해설 |

　여건이나 능력이 충분히 성숙해졌음을 비유하는 말로, 어느 편을 돕거나 지지하는 세력 또는 사람을 '우익(羽翼)'이라고 한다. 우익(右翼)은 보수적 경향의 정치집단을 말한다.

　'시(視)'는 주관함, '사(事)'는 정치를 뜻하므로, '시사(視事)는 정치를 돌봄을 말한다.

　'칭설(稱說)'은 진술함을 뜻한다.

　'이사쟁태자(以死爭太子)'는 (숙손통이) 죽을 각오로 (황제와) 다투며 태자를 바꾸는 것을 저지함을 뜻한다.

　'연경(延頸)'은 목을 길게 뺌을 뜻하는데, 학수고대(鶴首苦待)하는 모양으로 몹시 기다림을 비유하는 말이다.

　'조(調)'는 보살핌, 훈육함을 뜻하므로 '조호(調護)'도 같은 뜻이다.

106

단번에 천 리를 간다

일거천리(一擧千里)

태자를 바꾸지 못하게 되자 척부인이 울며 부른 노래 가사

척부인이 흐느끼자, 황제가 말하였다.

"짐을 위해서 초나라 춤을 추시오. 짐도 그대를 위해 초나라 노래를 부르리라."

큰고니는 아주 높이 날아
한 번에 천 리를 날아가네.
날개가 어느새 생겨나니
천하를 마음껏 날아다니네.
천하를 마음껏 날아다니니
마땅히 어떻게 하겠는가!
설령 화살이 있다고 한들
그 무슨 소용 있겠는가!

一 한 일 擧 들 거 千 일천 천 里 거리 리

몇 번이나 계속해서 노래를 부르니 척부인은 한숨을 내쉬며 눈물을 흘렸다. 황제가 일어나 자리를 뜨자, 술자리는 끝이 났다. 마침내 태자를 바꾸지 못한 것은 본래 유후가 네 사람을 불러오게 하였기 때문이었다.

간체자 一擧千里 **발음** 이 쥐 첸 리 yī jǔ qiān lǐ **편명** 유후세가

| 해설 |

벼슬하여 뜻을 성취함을 비유하는 말이다.

한고조 유방이 지은 「홍곡가(鴻鵠歌)」에서 유래하였다. 유방이 한나라 황제가 된 뒤, 척희(戚姬)라는 미인을 얻어 매우 총애하였다. 척희가 아들 하나를 낳았는데 그가 바로 여의(如意)였다. 그런데 여후(呂后)가 낳은 후에 효혜제(孝惠帝)가 되는 태자 유영(劉盈)은 워낙 천성이 착하고 나약했다. 그래서 유방은 유영이 자신의 성격을 닮지 않은 불초한 점을 매우 서운하게 생각했으며, 유영 대신 척희의 아들 여의를 태자로 세울 생각까지 하게 되었다. 더구나 여의는 유방을 똑같이 닮아 유방도 그를 매우 아끼고 있었다.

이에 초조해진 여후는 개국공신 장량을 찾아가 도움을 청했다. 장량은 몇 번이고 유방에게 태자를 폐하지 말라고 간언했음에도 불구하고 유방은 들은 척도 하지 않았다. 그래서 장량은 당시 유명한 상산사호(商山四皓)를 연회에 동원해서 태자 유영을 변호하게 했다. 유방은 태자의 주위에 그가 평소 흠모했던 사람들이 태자를 도와주고 있음을 발견하고는 자신의 계획이 실패하였음을 깨닫고는 이에 척부인에게 춤을 추게

하고 자신은 「홍곡가」를 불렀다. 이는 이미 태자가 황제 유방 자신도 어찌할 수 없이 높은 위치에 있음을 큰고니에 비유하여 읊은 것이다.

조선 시대 때도 이를 임금이 여색에 빠지는 것을 경계하는 비유로 사용했다.

'핵(翮)'은 깃 촉을 뜻한다.

'횡절(橫絶)'은 횡단함을 뜻한다.

'증작(繒繳)'은 주살을 뜻한다.

107

흰 망아지가 틈새를 지나가다

백구과극(白駒過隙)

여후가 유후에게 한 말

유후는 황제를 따라 대(代)를 공격하여 마읍(馬邑) 아래에서 기이한 계책을 내었고, 소하를 상국(相國)으로 세우기를 권하는 등 황제와 함께 조용히 천하의 대사를 논의하는 때가 매우 많았다.

유후가 말하였다.

"집안 대대로 한나라의 재상을 지냈는데 한나라가 망하여 만금의 자금을 아까워하지 않고 한나라를 위해 강한 진나라에 복수하여 천하를 진동시켰다. 지금 세 치의 혀로 황제의 군사(軍師)가 되어 식읍이 만 호에 이르고 지위가 제후의 반열에 올랐으니, 평민에게는 최고의 지위였으므로 장량에게는 충분하였다. 청컨대 세속의 일은 잊어버리고 적송자(赤松子)를 따라 노닐고자 한다."

그리하여 유후는 벽곡(辟穀)을 배우고, 도인(道引)으로 몸을 가벼이 하였다. 그런데 때마침 고제가 붕어하니, 여후가 유후의 은덕에 감격하여 억지로 음식을 먹게 하며 말하였다.

白 흰 백 駒 망아지 구 過 지날 과 隙 틈 극

"사람이 평생 한 번 세상을 살아가는 것은 마치 <u>흰 망아지가 틈새를 지나는 것</u>과 같은데, 굳이 이처럼 스스로 고통스럽게까지 할 필요가 있습니까?"

유후는 하는 수 없이 태후의 말을 듣고 음식을 먹었다.

8년 뒤에 유후 장량은 세상을 떠났다. 시호는 문성후(文成侯)라고 하였고, 그의 아들 불의(不疑)가 후(侯)를 대신하였다.

태사공은 말하였다.

"학자들은 대부분 귀신은 없다고 하면서 괴이한 일은 있다고 한다. 유후가 만난 노인이 그에게 책을 준 것도 괴이하다고 할 것이다. 고조는 여러 차례 곤궁에 처했는데 유후가 그때마다 늘 공을 세웠으니, 이 어찌 하늘의 뜻이 아니라고 말할 수 있겠는가! 고조가 일찍이 말하기를 '군영 안에서 계책을 세워 천 리 밖의 승부를 결정짓는 것에는 짐이 자방(子房)만 못하다'라고 하였다. 나는 그가 체격이 아주 크고 기이하게 생겼을 것으로 생각하였는데 그의 초상화를 보았더니 얼굴 생김새가 여자처럼 예뻤다. 공자가 말하길, '용모로 사람을 등용하는데 자우(子羽)에 대해 실수하였다'라고 한 것처럼 유후에 대해서도 또한 그러할 것이다."

간체자	白驹过隙
발음	바이 쥐 궈 시 bái jū guò xì
편명	유후세가

세월과 인생이 덧없이 짧음을 비유하는 말이다.

『집해』에 『한서춘추(漢書春秋)』에 "소하는 당시에 아직 상국이 아니었으므로 장량은 고조가 소하를 상국 자리에 세우도록 권하였다"라고 하였다.

장량의 이상향의 인물 적송자는 곤륜산에서 서왕모의 석실에 들어가 비바람을 타고 놀았다고 하는 전설상의 신선이다.

벽곡(辟穀)이란 곡식은 먹지 않고 솔잎이나 대추, 밤 따위를 날로 먹는 것을 말한다.

도인(導引)이란 도인법(導引法)을 말하는데 도교에서 신선이 되기 위한 양생법의 하나를 뜻한다. 체조나 요가의 일종으로 오늘날의 태극권이 이에 속한다.

"군영(軍營) 안에서 계책을 세워 천 리 밖의 승부를 결정짓는다"라는 말의 성어는 장량의 대명사에 해당하는 '운주유악(運籌帷幄)'이라고 한다.

'자방(子房)'은 장량의 자(字)다.

'괴오(魁梧)'는 괴위(魁偉)의 뜻으로, 체격이 크고 기이해 보임을 말한다. '괴(魁)'는 큼, '위(偉)'는 기이함을 뜻한다.

'기위(奇偉)'는 기이하고 훌륭함을 뜻한다.

공자는 얼굴이 몹시 추하게 생겼으나 매우 어질고 덕망이 높았던 자우(子羽)에 대해 실수하였다고 말한 것이다.

漢留侯子房公遺像

贊曰

間張良之智勇以爲其貌魁梧奇偉反若婦人女子故孔子稱

以貌取人失之子羽學者多疑於鬼神如良授書老父亦異矣

高祖數罹困厄良常有力豈可謂非天乎

장량

108

아름답기가 관에 달린 옥과 같다

미여관옥(美如冠玉)

주발과 관영이 진평의 용모에 대해 한 말

진승상(陳丞相) 평(平)은 양무(陽武) 호유향(戶牖鄉) 사람이다. 그는 어려서 집은 가난하였으나 책 읽기를 아주 좋아했다. 땅이 30무(畝) 있었는데 그는 홀로 형 백(伯)과 함께 살았다. 진백은 늘 농사일을 하면서도 동생 진평에게는 공부하게 하였다. 진평은 키가 크고 잘생겼다.

어떤 자가 그에게 물었다.

"집이 가난한데 무얼 먹었기에 이렇게 살이 쪘는가?"

그의 형수는 진평이 집안의 농사일을 돌보지 않는 것을 못마땅하게 여겨 말했다.

"거친 겨나 먹는 시동생이란 자가 저러하니 차라리 없는 것만 못해."

진백이 그 소리를 듣고 자기 아내를 내쫓아버렸다.

호유 땅에 장부(張負)라는 부자가 상갓집에서 일하는 진평의 뛰어난 풍채를 주시하였다. 장부는 그의 손녀를 가난하지만 훌륭한 용모를 갖춘 진평에게 시집을 보냈다. 진평은 장부의 손녀에게 장가를 든 후,

---

美 아름다울 미 如 같을 여 冠 갓 관 玉 옥 옥

하사받아 쓸 재물이 더욱 넉넉해졌고 교제도 날로 넓어졌다.

진평이 사는 마을에 토지 신에게 제사를 지내는데, 진평이 제사에 사용하는 고기를 분배하는 일을 담당한 재(宰)가 되자 고기 나누는 것이 아주 공평해졌다.

동네 어른들이 칭찬하였다.

"진가네 젊은이가 재 노릇을 잘하는구나!"

진평이 말하였다.

"아! 슬프다. 이 진평에게 기회를 준다면 천하를 재가 고기 나누듯 공평하게 할 것이다!"

진섭(陳涉)이 군사를 일으켜 진(陳) 땅에서 왕 노릇 하면서 주불(周市)을 시켜 위나라 땅을 평정하게 한 다음, 구(咎)를 세워 위나라 왕으로 삼고 임제(臨濟)에서 진(秦)나라 군대와 싸우게 하였다.

진평은 이미 형 진백과 이별한 뒤 젊은이들을 따라 임제로 가서 위나라 왕 위구를 섬겼고, 위왕은 그를 태복(太僕)에 임명하였다. 그런데 진평이 위왕에게 계책으로 유세하였으나 받아들여지지 않았고, 또 어떤 사람이 진평을 비방하였기 때문에 달아났다.

얼마 뒤에 항우(項羽)가 성을 공략하여 땅을 빼앗으며 하상(河上)에 이르자 진평이 가서 항우에게 귀순하고 그를 따라 관중으로 들어가 진(秦)나라 군대를 격파하자, 이에 항우는 진평에게 경(卿)의 작위를 내렸다. 항우는 동쪽으로 가서 팽성(彭城)에서 왕(王)이라 칭하였다.

한왕(漢王)이 삼진(三秦)을 평정하고 동쪽으로 향하자, 은왕(殷王)이 초나라를 배반하였다. 항우는 진평을 신무군(信武君)에 봉하고 위왕 구의 초 땅에 있는 막료들을 통솔하여 가서 토벌하도록 하였는데 진평은 은왕을 쳐서 항복시키고 돌아왔다. 항왕(項王)은 항한(項悍)을 시켜 진평을 도위(都尉)에 임명하고 황금 20일(溢)을 하사하였다. 그러나 얼마 후에 한왕이 은 땅을 점령하자, 항왕은 노하여 지난번에 은 땅을 평정했던 장수와 관리들을 죽이려고 하였다. 진평은 피살될 것을 두려워하여 황금과 관인을 봉하고 사람을 보내어 항왕에게 돌려주고, 홀로 몰래 칼을 쥐고 달아났다. 강을 건너는데 뱃사공은 이 미남자가 혼자여서 도망친 장수로 의심하고 몸에 금이나 옥과 같은 보물이 있다고 여겨 그를 주시하며 진평을 죽이려고 하였다. 진평이 두려워서 옷을 벗어 나체로 뱃사공이 노 젓는 것을 도와주었다. 그래서 뱃사공은 그가 가진 것이 없음을 알고 죽일 생각을 그만두었다.

진평이 수무(修武)에 이르러 한나라 군대에 투항하였는데, 위무지(魏無知) 때문에 한왕을 알현할 수 있었고 한왕이 그를 불렀다. 이때 만석군(萬石君) 석분(石奮)이 한왕 궁중의 중연(中涓)이 되어 그가 진평의 알현을 접수하고 평을 들여보내 한왕을 뵙게 해주었다.

진평을 만나본 한왕은 기뻐하면서 그가 초나라에 있을 때와 같은 도위(都尉)에 임명하고 참승(參乘)하게 하였으며, 호군(護軍)을 맡겼다.

장수들 모두가 불만을 터뜨리며 떠들어댔다.

'대왕께서 하루 만에 초나라에서 도망한 졸병을 얻어 그의 재능이 뛰어난지 없는지 알아보지도 않고 즉시 함께 수레에 타게 하고 도리어 호군의 우리와 같은 나이 든 장수들을 감독하게 하셨습니다!'

한왕이 장수들의 원망을 듣고도 진평을 더욱 총애하였다.

한왕은 진평과 함께 항왕을 정벌했는데 팽성에 이르러 초나라에 패하였다. 그러자 한왕은 군대를 인솔하여 돌아오면서 흩어진 군사들을 수습하여 형양(滎陽)에 이르러 진평을 아장(亞將)으로 삼고 한왕(韓王) 신(信)에게 예속시켜 광무(廣武)에 주둔하였다.

강후(絳侯)와 관영(灌嬰) 등이 모두 진평을 비방하였다.

"진평은 용모가 잘생겼어도 관에 달린 옥과 같을 뿐, 그 속에는 틀림없이 아무것도 없을 것입니다. 소문에 진평이 집에 있을 때 형수와 사통했다고 하고, 위나라를 섬겼으나 받아들여지지 않아 초나라에 귀순했으며 초나라에 귀순하였으나 뜻에 맞지 않아 도망쳐서 한나라에 귀순했습니다. 지금 대왕께서 그를 관직으로 존귀하게 해주고 호군이 되게 하셨습니다. 신이 듣기에 여러 장군에게서 금을 받았다고 하는데 금을 많이 준 사람에게는 좋은 자리를 주고 금을 적게 준 사람에게는 나쁜 자리를 줬다고 합니다. 진평은 변덕스럽고 역모를 꾀할 자이니 대왕께서는 그를 철저히 살피시기 바랍니다."

이에 한왕은 진평을 의심하여 위무지를 부르니, 위무지가 말하였다.

"신이 말씀드린 것은 능력이고 폐하께서 물으시는 것은 행실입니다. 지금 미생(尾生)의 신의와 효기(孝己)의 효성과 같은 품행이 있어도 작전의 승부를 결정짓는 모략에는 무익한데, 폐하께서는 어찌 그를 등용할 여유가 있습니까? 지금 초나라와 한나라가 서로 대항하기 때문에 신이 책략이 뛰어난 선비를 천거한 것입니다. 그의 계책이 참으로 나라에 이로운지 아닌지를 살필 따름입니다. 형수와 사통했다느니 뇌물을 받아먹었다느니 하는 그의 품행을 따져 어찌하여 의심하기에 충분하다고 하십니까?"

한왕이 진평을 불러 꾸짖었다.

"선생은 위나라를 섬기다가 뜻에 맞지 않자 마침내 초나라 왕을 섬기러 갔고, 지금은 또 나를 따르며 함께 일을 하니 신용이 있는 사람이라면 원래 이렇게 여러 마음을 품을 수 있소?"

진평이 말하였다.

"신이 위왕을 섬겼는데 위왕이 신의 말을 쓰지 않아서 가서 항왕을 섬긴 것입니다. 항왕은 사람을 믿지 않아 그가 믿고 총애하는 자는 항씨 아니면 처남들이라 비록 기이한 책략을 가진 선비라 할지라도 등용하지 않을 것이므로 저는 초나라에 온 것입니다. 듣건대 대왕께서 사람을 등용하신다고 하기에 대왕께 귀순한 것입니다. 신은 맨몸으로 와서 금을 받지 않으면 쓸 돈이 없었습니다. 만약 신의 계책이 쓸 만한 것이 있다면 대왕께서 채용하시고, 만약 쓸 만한 것이 없다면 금은 아직 그대로 있으니 잘 봉하여 관청으로 보내고 사직하게 해주시오."

한왕이 이에 진평에게 사과하고, 호군중위(護軍中尉)에 임명하고 모든 장수를 통솔하게 하니 장군들이 감히 다시 말하지 못하였다.

간체자	美如冠玉
발음	메이 루 관 위 měi rú guān yù
편명	진승상세가 陳丞相世家

| 해설 |

겉만 번지르르하고 알맹이가 없어 속이 비어있음을 비유하는 말이다.

호유향(戶牖鄕)은 지금의 하남(河南) 개봉(開封) 동쪽의 난고(蘭考)다.

'강(糠)' 쌀겨라는 뜻이고, '흘(覈)'은 보리 싸리기라는 뜻이다. '강흘(糠覈)'이란 곡물의 겨 중의 견고한 낟알이란 뜻으로, 조악(粗惡)하여 거친 음식을 비유하는 말이다.

'뇌(賚)'는 줌, 하사함 혹은 하사한 물품을 뜻한다.

'유도(游道)'는 교우(交友), 교제를 뜻한다.

‘사(社)’는 토지 수호신 또는 토지 신에게 제사를 지내는 일을 뜻한다.

항한(項悍)은 서초(西楚)의 종실(宗室)이지만, 구체적인 그의 신분에 대해서는 알 수가 없다.

‘거무하(居無何)’는 얼마 후란 뜻이다.

‘신(身)’은 몸소, 친히의 뜻으로, 혼자임을 말한다.

‘간행(間行)’은 몰래 감,

‘장(杖)’은 쥠, 잡음, 의지함을 뜻한다.

‘척(刺)’은 배를 저음이란 뜻이다.

‘참승(參乘)’은 수레의 왼쪽에는 존귀한 사람, 가운데는 수레를 모는 사람, 오른쪽에는 왼쪽의 높은 사람을 모시며 경위(警衛)를 맡기 위해 타는데 바로 그 자리에 타는 것을 말한다. 차우(車右) 혹은 참승(驂乘)이라고도 한다. ‘홍문연(鴻門宴)’에서 번쾌가 위험한 잔치가 벌어지고 있는 장막 안으로 뛰어 들어가서 항우를 노려보았을 때, 항우가 누구냐고 물으니 장량이 패공의 참승이라고 대답했다.

‘전(典)’은 맡음, 관장(管掌)함을 뜻한다.

‘호군(護軍)’은 고급 군사 장관으로 그 가운데 중호군(中護軍), 중도호군(中都護軍) 등의 직위는 금군(禁軍)을 관장하여 무관의 선발과 장수들을 감독하는 일을 맡았는데, 도위호군(都尉護軍)이나 중위호군(中尉護軍)를 설치하여 각각의 장수들 사이의 관계를 조절하는 직책이었다.

‘훤(讙)’은 『색은』에 “환(讙)은 화(譁)의 뜻이고, 음이 환(懽)이며, 또 음이 훤(喧)이다”라고 하였다. 화(譁)는 시끄럽다는 뜻이고, 훤(喧)도 같은 뜻이므로 환(讙)은 훤으로 읽어야 하며, 『한서』에는 ‘개원(皆怨)’이라고 하여, 모두가 원망함을 뜻한다. 모두가 불만이 있어 떠들어댄다는 뜻으로 해석한다.

한왕(韓王) 신(信)은 한신(韓信)인데 유방의 천하 평정의 3대 공신(功臣) 중의 하나인 맹장 회음후(淮陰侯) 한신(韓信)이 아니다. 한왕신(韓王信)은 한신보다 출신이 높아서 한선왕(韓宣王)의 손자였지만, 한나라가 진나라에 멸망당한 후였으므로 몰락한 귀족에 불과했다. 중원 북부의 흉노가 강성해지기 시작하자 유방이 신을 한왕(韓王)으로 봉하고 오늘날의 산서 북부 일대를 지키게 하였다. 후에 흉노에 투항하고 흉노와 함께 한나라와 싸워 교전 중에 결국 전사하였다.

'중(中)'은 뜻에 맞음을 뜻한다.

'반복(反覆)'은 배반함, 언행을 이렇게 했다가 저렇게 함을 뜻한다,

미생(尾生)은 여자와 다리 밑에서 만나기로 약속했는데 갑자기 폭우가 쏟아져 물이 불어나서 익사한 사람으로 후에 신의(信義)를 지킨 사람의 대명사가 되었다.

효기(孝己)는 조기(祖己)라고도 하는데 은나라 무정(武丁)의 장자로 매일 밤 5번이나 깨서 부모가 잘 주무시는지 확인을 할 정도로 효자여서 무정의 총애를 받았는데 조기의 모친이 일찍 돌아가시고 나서 계모 비신(妣辛) 혹은 비무(妣戊)가 조기를 싫어하여 무정에게 그를 나쁘게 얘기하자 결국 조기는 추방되었고 얼마 후에 울분에 쌓여 죽었다고 한다.『태평어람(太平御覽)』권83에는 계모가 사실을 날조하여 효기를 비방하였고 이를 무정이 믿어 결국은 유배를 가서 굶어 죽었고 계모 소생의 조경(祖庚)이 즉위하여 상왕(商王)이 되었다고 하며, 효기가 추방되었어도 원망하지 않았고, 그가 죽었을 때는 세상 사람들이 슬퍼했다고 한다. 효기는 효자의 대명사이다.

'수(數)'은 꾀, 권모(權謀), 모략(謀略)을 뜻한다. 운명(命運)으로 보

기도 한다.

　‘부(不)’는 부(否)와 같아 아님, 아닌지를 뜻한다.

　‘가(暇)’는 겨를의 뜻이다.

　‘양(讓)’은 꾸짖음, 책망함을 뜻한다.

　‘유(游)’는 왕래, 교제를 말한다.

　‘임(任)’은 미쁨, 신의(信義)가 있음을 뜻하여 믿음을 말한다.

　‘해골(骸骨)’은 신체를 말하고, ‘청골해(請骸骨)’는 사직(辭職)함을 비유하는 말이다.

　‘호(護)’는 통솔함을 뜻한다.

109

직언하는 강직한 신하

골경지신(骨鯁之臣)

진평이 한왕에게 항왕의 범증, 종리매 등의 신하에 대해 평한 말

그 후에 초나라가 급히 공격하여 한나라의 용도(甬道)를 끊고 한왕을 형양성(滎陽城)에서 포위했다. 얼마 후 한왕은 걱정이 되어 형양의 서쪽 땅을 할양하고 화의를 청했으나 항왕이 듣지 않았다.

한왕이 진평에게 말하였다.

"천하가 어지러운데 언제 안정이 되겠소?"

진평이 말하였다.

"항왕은 사람됨이 남을 공경하고 사랑하므로 청렴하고 지조가 있으며 예의를 좋아하는 선비들이 많이 그에게로 귀순하였습니다. 그러나 논공행상을 할 때는 오히려 봉할 땅을 너무 중시하여 아까워하며 주지 않아 선비들이 그에게 붙어 있지 않습니다. 그런데 지금 대왕께서는 오만하고 예의를 경시하시기 때문에 청렴하고 지조 있는 선비들이 오지 않으나, 대왕께서는 작위와 봉지를 넉넉하게 내리시어 재주가 없고 어리석으며 이익을 탐내도 부끄러워하지 않는 선비들도 한나라로 많이

骨 뼈 골 鯁 생선뼈 경 之 갈, 어조사 지 臣 신하 신

귀순하였습니다. 만약 이 둘의 단점을 버리고 장점을 이어받는다면 손가락으로 가리키기만 해도 천하를 평정할 수 있습니다. 그런데 대왕께서는 마음 내키는 대로 사람을 모욕하기 때문에 청렴하고 절개가 있는 선비들을 얻을 수 없는 것입니다. 다만 초나라에는 반란을 일으킬 자가 있는데, 항왕의 직언하는 강직한 신하로는 아부(亞父), 종리매(鍾離昧), 용차(龍且), 주은(周殷) 등 몇 사람에 불과합니다. 대왕께서 수만 근의 황금을 출연하시고 이간책을 행하여 초나라 군주와 신하 사이가 벌어져서 서로 의심하는 마음을 품게 하신다면, 항왕의 사람됨이 남을 시기하고 참언을 믿으므로 반드시 서로 죽이게 될 것입니다. 우리는 이 틈을 타서 거병하여 공격한다면 초나라를 반드시 격파할 수 있습니다."

이에 한왕이 옳다고 여기고 황금 4만 근을 진평에게 주어 마음대로 쓰게 하고 돈 사용에 대해서는 전혀 묻지를 않았다.

진평은 많은 금을 써서 초나라 군대에 첩자를 파견하고 여러 장수에게 유언비어를 퍼뜨리게 하였다. 종리매가 항왕의 장수로 공을 많이 세웠는데도 항왕이 땅을 쪼개어 그를 왕으로 봉하지 않았기 때문에 한나라와 하나가 되어 항씨를 멸망시키고 그 땅을 나누어 각기 왕이 되고자한다고 하였다. 그러나 항우는 과연 종리매를 불신하기 시작하였다. 항왕이 그를 의심하여 사신을 한나라에 보내 진짜 그런지 알아보게 했다. 이에 한왕은 최고의 연회를 마련하고 초나라 사신이 임금을 뵈러 오게 했는데 초나라 사신을 보고 거짓으로 놀라는 척하며 말하였다.

"나는 아부(亞父)의 사신인 줄 알았는데 알고 보니 항왕의 사신이었구먼."

그리고는 다시 가지고 나가게 하고 거친 음식을 사신에게 올리게 하였다.

초나라 사신이 돌아가 모든 사실을 항왕에게 보고하니, 항왕은 과연 아부를 크게 의심하였다. 아부는 급히 형양성을 공격하여 함락시키려고 하였으나, 항왕이 그를 의심하여 듣지 않았다. 아부는 항왕이 자신을 의심한다는 말을 듣고는 화를 내며 말하였다.

"천하의 정치는 정해졌으니 대왕이 직접 경영하시고, 사직하여 고향으로 돌아가게 해주십시오."

아부는 귀가 도중에 팽성에 이르러 등에 종기가 나서 죽고 말았다.

간체자	骨鲠之臣
발음	구 경 즈 천 gǔ gěng zhī chén
편명	진승상세가

| 해설 |

목구멍에 걸린 생선 가시와 같은 신하라는 뜻으로, 듣기에 괴로운 직언(直言)을 하는 강직한 신하를 이르는 말이다. 마음이 곧고 꿋꿋한 사람이나 강직한 신하를 비유한다.

이 성어는 「자객열전(刺客列傳)」의 춘추전국시대 오(吳)나라 자객 전제(專諸)의 말에서 유래하였다.

전제가 유명한 오자서(伍子胥)의 부탁에 따라 후에 오왕 합려(闔閭)가 될 왕자 광(光)을 왕위에 앉히기 위해 오나라 왕 요(僚)를 살해하게 되는데, 그 과정에서 오나라는 초(楚)나라가 국상인 것을 알고 요왕 9년에 초나라를 침범하였다. 그런데 오나라 군사가 초나라에 포위되어 오도 가도 못하는 상황에서 왕자 광이 전제에게 요왕을 죽이자고 했다. 이에 전제는 다음과 같이 말했다. "요왕은 죽일 수 있습니다. 그의 어머니는 늙었고 아들은 나이가 어린 데다 두 아우는 군사를 거느리고 초나라를 치러 갔는데, 초나라가 그들이 돌아올 길을 끊어 버렸습니다. 지금 오나라는 밖으로 초나라에게 어려움을 당하고 있고 나라 안은 텅 비어있으며 정직하고 용감하게 나서서 말할 신하가 없으니, 이러한 상황에서는 우리를 어떻게 할 수 없습니다." 여기에서 "정직하고 용감하게 나서서 말할 신하"가 바로 '골경지신'이다.

『한서(漢書)』「두주전(杜周傳)」에도 "조정에 '골경지신'이 없다"라는 구절이 있고, 또 당(唐)나라 때 한유(韓愈)는 「쟁신론(爭臣論)」에서 "사방의 사람들과 후세 사람들이 조정에 직언하는 '골경지신'이 있고 천자께서 상을 잘못 내리는 일이 없으며 신하의 간언에 물이 흐르듯 따르는 아름다움이 있음을 알게 하라"고 하면서 간의대부(諫議大夫) 양성(陽成)이 정치의 잘못에 대해 직언해야 할 직무를 다하지 않음을 비판하였다.

'분분(紛紛)'은 세상이 어지러운 모양을 뜻한다.

행공(行功)은 논공행상(論功行賞)을 말한다.

'중(重)'은 중시함을 뜻하는데, 항우가 전공을 세운 장수에게 땅을 나눠주고 봉해야 하는데 그것을 아까워하여 주고 싶지 않음을 말한다.

'완(頑)'은 완고함, 재주가 없음, '둔(鈍)'은 무딤, 어리석음을 뜻한다.

'기리(嗜利)' 이익을 좋아하거나 탐함을 뜻한다.

'지휘(指麾)'는 지휘(指揮)로 지시하여 행하게 함을 뜻한다.

'아부(亞父)'는 범증(范增)이다.

'반간(反間)'은 반간계(反間計)를 말한다.

'태뢰(太牢)'는 소, 양, 돼지 세 가지 희생을 제사에 사용하는 것을 말하는데 여기에서는 풍성한 음식을 차리고 손님을 접대하는 것을 말한다.

'초(草)'는 거친 풀을 뜻하며, 조(粗)의 뜻이다. '악초구(惡草具)'는 야채만으로 만든 거친 음식을 말한다.

'진(進)'은 임금을 뵈러 나아감 또 올림, 드림을 뜻한다.

'저(疽)'는 등창으로 악성 종기를 말한다.

110

처음부터 끝까지 한결같이 잘하다

선시선종(善始善終)

태사공 사마천이 승상 진평을 평하며 한 말

태사공이 말하였다.

"진승상 평이 젊었을 때 본래 황제(黃帝)와 노자(老子)의 학설을 좋아했는데, 그가 일찍이 도마 위에 제사 고기를 나눌 때 그 뜻은 이미 원대하였다. 그가 나중에 초나라와 위나라 사이에서 한쪽으로 기울어서 소란도 피웠으나 결국은 고제(高帝)에게로 귀순하였다. 늘 기이한 계책을 내어 분규로 인한 곤경에서 벗어났고, 국가의 환란을 없애고 나라를 구하였다. 여후에 이르러서는 나라 정치의 변고(變故)가 많았으나, 진평은 끝내 스스로 거기에서 벗어나 화를 입지 않았고, 나라의 종묘사직을 안정시켜서 영광스러운 명성이 죽을 때까지 이어지고 어진 재상이라고 칭송되었으니, 이 어찌 시작과 끝이 다 좋았다고 하지 않겠는가! 만약 지혜와 책략이 없었다면, 그 누가 이렇게 될 수 있을까?"

善 잘할, 좋을 선 始 비로소 시 終 마칠 종

간체자	善始善终
발음	산 스 산 중 shàn shǐ shàn zhōng
편명	진승상세가

| 해설 |

'시종여일(始終如一)', '시종일관(始終一貫)'과도 같은 말이다.

『장자』「대종사(大宗師)」에 생(生)과 사(死)에 관한 다음과 같은 대목이 있다.

"다만 사람의 형체를 갖게 된다는 것은 기쁜 일이다. 그런데 사람의 형체는 갖가지로 변하여 그 시작과 끝이 없으니 그것은 이루 헤아릴 수 없는 즐거움이 된다. 그러므로 성인(聖人)은 그 모든 것이 빠져나갈 수 없는 경지에서 노닐며 모든 것을 받아들이는 것이다. 일찍 죽거나 늙어 죽어도 좋으며, 시작과 끝이 다 좋다. 사람들은 이를 본받으려 하면서, 하물며 만물이 서로 얽혀있고 모든 변화가 있는 것은 본받지 않겠는가?"

'경측(傾側)'은 경측(傾仄)으로 한쪽으로 기울어짐, 자기 의사를 굽히고 세상이 돌아가는 대로 남이 하는 대로 따라 함을 뜻한다.

'요양(擾攘)'은 요란(擾亂)으로 어지럽힘, 소란을 피움을 뜻한다.

'고(故)'는 일이란 뜻으로 사건, 사변(事變)을 말한다.

111

사람됨이 소박하고 강직하며 돈후하다

목강돈후(木强敦厚)

고조가 생각하는 주발의 성격

강후(絳侯) 주발(周勃)은 패현(沛縣) 사람이다. 그의 선조는 권현(卷縣) 사람인데 후에 패현으로 이사를 왔다. 주발은 누에를 치는 채반을 짜는 일로 생계를 유지하였고, 또 항상 피리를 불어 남의 장례를 처리해주었다. 후에는 강한 활을 잘 당겨 쏘는 용사가 되었다.

고조가 패공(沛公)이 되어 처음 봉기했을 때 주발은 그의 시종 무관이 되어 호릉(胡陵)을 공격하고 방여(方輿)를 함락시켰다. 방여에서 반란이 일어나자 주발은 전쟁에 참여하여 적군을 물리쳤다. 풍읍(豊邑)을 공격하였다. 진나라 군대를 탕군(碭郡) 동쪽에서 격파하였다. 군대를 유현(留縣)과 소현(蕭縣)으로 되돌렸다. 다시 탕군을 공격하여 격파하였다. 하읍(下邑)을 함락시키고 먼저 성벽에 올랐다. 오대부(五大夫)의 작위를 하사하였다.

주발은 이후에도 여러 차례 전공을 세웠다.

木 나무, 소박할 목 强 강할, 강직할 강 敦 도타울 돈 厚 두터울 후

항우가 함양에 이르러 패공을 한왕(漢王)에 봉하였고, 한왕은 주발을 위무후(威武侯)의 작위를 하사하였다. 주발이 한왕을 따라 한중(漢中)에 진입했는데 주발을 장군에 임명하였다. 주발이 군대를 되돌려 삼진(三秦)을 평정하여 진(秦) 땅에 이르자 회덕(懷德)을 식읍으로 그에게 하사하였다.

주발은 함양을 공격하는 등 여러 지역에서 최고의 공을 세웠고, 또 항우를 여러 차례 공격하였으며, 항우가 죽은 후에도 여세를 몰아 여러 군을 평정하고 22개의 현을 점령하는 등 수많은 현을 함락시켰으며, 반란군을 격파하는데도 공로가 가장 컸다.

고조는 주발에게 열후(列侯)의 작위를 하사하고, 부절(符節)을 쪼개어 대대로 전해져서 끊어지지 않게 하였다. 강(絳) 땅을 8천 호의 식읍으로 하사하고 강후(絳侯)라고 불렀다.

주발은 장군의 신분으로 고제(高帝)를 따라 반란을 일으킨 한왕(韓王) 신(信)을 대(代) 땅에서 격파하여 곽인(霍人)을 함락시켰다. 앞장서서 무천(武泉)에 이르러 호기(胡騎)를 공격하여 무천 북쪽을 격파하였다. 부대를 돌려 한신의 군대를 동제(銅鞮)에서 공격하여 격파하였다.

주발은 흉노의 기병을 평성(平城) 아래에서 격파하였고, 그가 통솔하는 병사가 치도(馳道)에서 대적한 공로가 가장 컸다. 주발은 태위(太尉)로 승진하였다.

주발은 반란을 일으킨 장수 진희(陳豨)를 토벌하여 마읍(馬邑)을 도륙하였다.

주발은 다시 진희를 공격하여 영구(靈丘)에서 격파하여 진희를 참수하였다.

연왕(燕王) 노관(盧綰)이 반란을 일으키자 주발은 상국의 신분으로 번쾌(樊噲)를 대신하여 군대를 통솔하고 계현(薊縣)을 함락시켰다.

주발은 노관의 군대를 상란(上蘭)에서 격파하고 다시 노관의 군사를 저양(沮陽)에서 격파하여 정성까지 추격하여 상곡(上谷)의 12개 현을 평정하고 우북평(右北平) 16개 현, 요서(遼西)와 요동(遼東) 29개 현, 어양(漁陽) 22개 현을 평정했다. 고제를 따라 전쟁에 나가 잡은 적 포로들을 모두 모아 계산해보면, 상국 1명, 승상 2명, 장군과 2천 석 관리 각각 3명, 별개로 군대 2개를 격파하였고, 3개의 성을 함락하였으며 5개 군과 79개의 현을 평정하고 승상과 대장 각각 1명씩을 사로잡았다.

주발은 사람됨이 소박하고 강직하며 돈후하여, 고제가 대사를 맡길 만한 사람이라고 생각하였다. 꾸며서 말을 잘하거나 책 보는 것을 좋아하지 않아 매번 유생과 유세객을 접견할 때마다 동쪽을 향하여 앉아서 그들에게 빨리 말하라고 재촉하였다. 그가 순박하고 남을 속이지 않는 것이 이와 같았다.

주발이 연나라를 평정하고 돌아오니 고조는 이미 붕어하였고, 열후의 신분으로 효혜제(孝惠帝)를 모셨다. 효혜제 6년에 태위라는 관직을 설치하여 주발은 태위가 되었다. 10년 후 여후(呂后)가 붕어하였다.

여록(呂祿)이 상장군이 되었고, 여산(呂産)이 상국(相國)이 되어 조정의 대권을 장악하여 유씨 천하를 전복시키려고 하였다.

태위 주발은 승상 진평과 모의하여 여씨 일족을 주멸하고 효문제(孝

文帝)를 세웠다.

　문제가 즉위하자 주발을 우승상에 앉혔다. 금 5천 근을 하사하였고 식읍이 1만 호나 되었다. 그런데 한 달 남짓 시일이 지나자 어떤 사람이 주발에게 말하였다.

　"당신이 이미 여씨 일족을 주멸하고 대왕(代王)을 황제로 세웠을 때 명망과 위세가 천하를 진동하였습니다. 게다가 많은 상도 받았고 조정에서 존귀한 자리를 차지하고 있으며, 황제의 총애를 받고 있으니 오래지 않아 재앙이 당신 몸에 미칠 것이오."

　주발은 두렵고 또 자신의 처지가 위험하다고 느껴 사직하고 승상의 인수를 반환하겠다고 청하니 황상이 허락하였다. 일 년 정도 후에 승상 진평(陳平)이 죽자, 황상이 다시 주발을 승상에 임명하였다.

　십여 개월 후에 황제가 말했다.

　"전에 내가 열후에게 봉지로 돌아가라고 조령을 내렸는데 혹 어떤 자는 아직 가지 않고 있어 승상은 내가 소중하게 생각하고 있으니 솔선수범하여 봉지로 돌아가시오."

　주발은 승상의 관직을 내려놓고 봉지로 돌아갔다.

　일 년 정도가 지나 하동(河東)의 군수와 현위가 현을 순시하다가 강현에 이르자, 강후 주발은 자신이 죽임을 당할까 두려워하여 항상 몸에 갑옷을 입고 집안사람들에게도 병기를 지니고 그들을 만나라고 하였다.

　그 후에 어떤 사람이 조정에 글을 올려 주발이 모반하려고 한다고 하였다. 조정은 이 사건을 정위(廷尉)에게 맡겼고, 정위는 장안으로 넘겨, 주발을 체포하여 심문하였다. 주발은 두려워서 어떻게 답변을 해야 좋을지 몰랐다. 옥리가 그에게 모욕을 주었다. 주발은 1천 근이나 되는 황금을 옥리에게 뇌물로 주었다. 옥리는 목간(木簡) 뒷면에 글을 써서 그에게 보여주었다.

"공주(公主)를 증인으로 삼으시오."

공주는 효문제의 딸인데, 주발의 태자 승지(勝之)가 그녀를 아내로 맞았다. 그래서 옥리가 주발에게 공주를 끌어들여 증인으로 삼으라고 한 것이다.

주발은 황제로부터 더해져서 봉해진 상을 모두 박소(薄昭)에게 보냈다. 주발의 구금 사건이 중대한 고비에 이르자, 박소는 박태후(薄太后)에게 사정을 말하니, 태후도 주발이 모반하지 않았다고 생각하였다. 문제가 박태후의 배알을 받고 태후가 솜이 든 두건을 문제에게 던지며 말하였다.

"강후가 당시에 몸에 황제의 옥새를 걸고, 북군(北軍)에서 병사를 통솔하여 이때 그가 모반하지 않았고 지금 작은 현에 있는데 도리어 반역하려고 하겠습니까?"

문제는 이미 강후의 옥중자백 내용을 보았기 때문에 태후에게 사죄하며 말했다.

"옥중의 관리가 조사하여 나올 것입니다."

문제는 사자에게 부절을 가지고 가서 강후를 사면하고 그의 작위와 식읍을 회복시키게 하였다. 강후는 출옥하고 말하였다.

"나는 일찍이 백만 대군을 통솔했지만, 옥리의 위세가 이렇게 귀한 줄은 몰랐다."

강후는 다시 봉지로 돌아갔다. 효문제 11년에 죽었고 시호는 무후(武侯)였다. 아들 승지는 후작을 계승하였다. 6년 후, 그에게 시집온 공주와 잘 맞지 않았고, 사람을 죽인 죄로 봉지가 취소되었다. 강후의 작위가 끊어진 지 1년 후에 문제는 강후 주발의 아들 중에서 어진 하내(河內) 군수 주아부(周亞夫)를 선택하여 조후(條侯)에 봉하고 강후의 작위를 계승하도록 하였다.

태사공이 말하였다.

"주발은 평민이었을 때 비루하고 순박한 사람이었고 재능이 보통사람을 넘지 못하였다. 고조를 따라서 천하를 평정하자 장군과 재상의 고위직에 있었다. 여씨들이 반란을 일으키자 주발은 국가의 위기를 구하여 나라를 정상으로 복구시켰으니, 설령 이윤(伊尹)과 주공(周公)이라고 하더라도 그를 뛰어넘을 수는 없다. 주아부는 군사를 사용할 때는 엄격하고 위엄이 있어 굳건함과 인내심을 견지하였으니, 춘추시대 제나라 경공(景公)의 군사가 사마양저(司馬穰苴)라도 그를 뛰어넘을 수는 없다. 그는 자신에게만 만족하고 과거 역사 인물의 교훈을 배우지 않아 비록 지조는 지켰으나 겸손하지 못해 마침내 빈궁한 데에 이르렀으니 슬프도다!"

간체자	木强敦厚
발음	무 창 둔 허우 mù qiáng dūn hòu
편명	강후주발세가 絳侯周勃世家

| 해설 |

권(卷)은 『집해』에 권현(卷縣)은 형양(滎陽)에 있다고 하였다. 형양은 유방과 항우가 대치하며 맞서 싸웠던 곳이다. 지금의 하남성 정주(鄭州) 서쪽이다.

'박(薄)'은 잠박(蠶薄)이란 뜻으로 누에를 올려 기르는 물건을 말하고, '곡(曲)'은 잠박(蠶箔)이란 뜻으로 누에를 기르는 제구를 말하므로 '박곡(薄曲)'은 누에를 치는 기구로 대나무나 갈대로 짰는데, 지금은 잠박(蠶箔)이라고 한다. 박(薄)과 박(箔)은 뜻이 같다. '직(織)'은 편직(編織)이란 뜻으로 실로 뜨개질하는 것같이 짜는 일을 말한다. '직박곡(織薄曲)'은 누에 치는 채반을 짜는 일을 말한다.

'소(簫)'는 배소(排簫)로 길고 짧은 대나무 관을 열을 지어 늘어놓고 한데 묶은 퉁소를 말하는데 곡조가 슬프다.

'재관(材官)'은 무관(武官)을 뜻하는데 용맹한 사졸을 말한다.

'인강(引强)'은 강한 활을 잡아당김을 뜻한다.

'중연(中涓)'은 황제의 시종관(侍從官)을 말한다.

'호릉(胡陵)'은 강소성 패현 용고진(龍固鎭) 동북부 호전(胡田)의 옛 호릉성이 있던 곳이다. 3천 년을 존속하다가 홍수로 사라졌는데 호릉성은 서주 초기에 건설되었고 일찍이 공자가 남쪽으로 패 땅으로 가서 노자에게 예(禮)를 물은 곳이다. 한고조 유방이 기병하여 처음으로 전쟁을 한 곳인데 송나라와 금나라가 싸울 때 무너졌다. 금나라가 천년 고성을 폐허로 만들었다. 옛 고성 유적이 남아 있다.

'방여(方與)'는 진나라 때 지금의 산동성 어대(魚臺) 서쪽에 현(縣)을 설치하였다.

'여(與)'는 참여함을 뜻한다.

'각(却)'은 물리침을 뜻한다.

'적(適)'은 적(敵)과 통한다. 여기에서는 적군을 말한다.

'풍(豐)'은 패현 서쪽의 풍읍이다.

'탕(碭)'은 탕군(碭郡)을 말하는데 한고조 고향 패현 남쪽에 있었다.

망탕산(芒碭山)이 있다. 망탕산은 하남성 망산진(芒山鎮)에 있는데 한 고조 유방이 참사봉기(斬蛇蜂起)한 곳으로 유명하며 중국 최초의 농민 봉기의 영수 진승(陳勝)이 이곳에 묻혀 있다. 공자가 비를 피해 강학하였다는 부자애(夫子崖), 부자산(夫子山)이 있다.

유현(留縣)은 지금의 강소성 패현 동남부 미산호(微山湖) 섬 안의 서남쪽에 있다. 지금은 이미 호수에 수몰되었다. 고조 6년(기원전 201년)에 유방이 장량(張良)이 원해서 이곳에 봉하여 장량은 유후(留侯)가 되었다.

소현(蕭縣)은 패현 남부, 탕산(碭山)현 동부, 팽성(彭城) 지금의 서주(徐州)시 서부에 있다. 지금은 안휘성 숙주(宿州)시에 속한다.

하읍(下邑)은 지금의 안휘성 탕산읍(碭山邑)에 속했는데 진나라 때 설치되었고 패현 남쪽, 팽성과 탕현 사이에 있었다. 북위 효창(孝昌) 원년(525년)에 지금의 하남성 하읍(夏邑)으로 치소(治所)를 옮겼다. 명나라 초에 지금의 이름으로 고쳤다. 기원전 208년 유방이 탕을 점령하고 하읍을 공격하여 함락시켰다.

'등(登)'은 성벽에 올랐음을 뜻한다.

'다(多)'는 공훈의 일종으로 공이 많음을 뜻한다.

'열후(列侯)'는 진한 시기에 설치한 20등급의 작위 가운데 가장 높은 작위를 말한다.

'부절(剖節)'은 부절(符節)을 둘로 쪼갬을 뜻한다. 고대에 조정에서 제왕이 명령을 하달하거나 군대를 파견할 때의 증표인데 둘로 나누어 조정과 대신 혹은 장수가 각각 하나씩을 가지는 것을 말한다. 여기에서는 유방이 주발에게 작위를 주어 대대로 전하도록 했는데 쌍방이 부절을 둘로 나누어 하나씩 가져 영원한 증표로 삼은 것을 말한다.

'강(絳)'은 지금의 산서성 남부 후마(侯馬) 부근이다.

한왕(韓王) 신(信)은 전국시대 한국(韓國) 왕의 후손으로 한신(韓信)으로도 불렸는데 유방의 한나라 장군 한신과는 다른 사람이다. 「한신노관열전(韓信盧綰列傳)」에 기록되었는데 유방을 따라 한중에 들어갔다가 모반하여 흉노에 투항하였다.

곽인(霍人)은 산서성 번치(繁峙)다. 『사기정의(史記正義)』에 "안사고(顔師古)가 곽(霍)은 준(趡)이라고 하였고, 『지리지(地理志)』에 준인(趡人)은 현(縣)으로 태원군(太原郡)에 속했다고 하였으며, 『괄지지(括地志)』에는 준인의 옛 성은 대주(代州) 번치현 경계에 있었고 한나라 때 준인현이 설치하였다"라고 하였다.

동제(銅鞮)는 심현(沁縣)의 옛 현의 이름으로 중국 역사상 첫 번째 현이다. 춘추 시기 동제는 진(晉)나라 동부의 정치, 경제, 군사, 문화의 중심지로 진나라가 패업을 이루는 과정에서 중요한 역할을 하였다. 기원전 560년에 진도공(晉悼公)이 동제를 양설적(羊舌赤)에게 식읍으로 봉하였고, 주경왕(周敬王) 6년(기원전 514년)에 진대부 위헌자(魏獻子)가 양설씨족을 멸하고 그 땅을 나누어 동제, 평양(平陽), 지금의 임분(臨汾), 양지(楊氏), 지금의 홍동(洪洞) 세 개의 현이 되었다. 악소(樂霄)가 동제의 대부가 되어 동제는 이때부터 현이 설치되었다.

평성(平城)은 지금의 산서성 대동(大同)이다.

치도(馳道)는 진나라 처음 건설된 중국 최초의 국도(國道)이다. 진시황이 천하를 통일한 후에 함양을 중심으로 전국의 각지로 통하는 치도를 건설하였다. 유명한 치도는 9개가 있었는데 그 가운데 가장 유명한 치도는 지금의 고릉(高陵)에서 나와 섬북(陝北)의 상군(上郡)으로 통하는 상군도(上郡道), 황하를 지나 산서로 통하는 임진도(臨晉道), 함곡관을 나와 하남, 하북, 산동으로 통하는 동방도(東方道)이다. 함양의 순화(淳化)에서 나와 북상하여 지금의 포두(包頭) 부근 구원(九原)으로 통하는 치도는 진직도(秦直道) 혹은 직도(直道)라고 했다. 이 치도는 전장 736km인데 주로 군사 교통도로로 이용되어 흉노를 격퇴하기 위해 몽염(蒙恬)이 10만 군사를 통솔하여 2년 반에 걸쳐 건설했다. 이 직도의 기록은 『사기』「진시황본기」에 보인다.

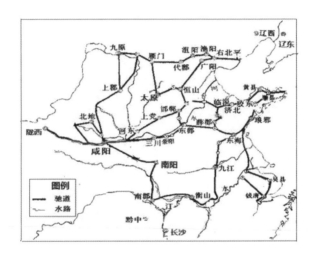

태위(太尉)는 한나라 최고의 군사 장관 자리이다.

마읍(馬邑)은 산서성 삭주(朔州)이다.

계현(薊縣)은 진나라 때 지금의 북경성 서남쪽에 건립한 현이었다.

영구(靈丘)는 서주 때 연(燕)에 속했는데 춘추 때는 진(晉)나라에 속했다. 전국시대 때는 조무령왕(趙武靈王)이 운중(雲中), 안문(雁門), 대군(代郡), 영구를 대군(代郡)에 속하게 했다. 진나라 때 천하를 통일한 후에 영구는 대군에 속했다.

'최(最)'는 모두 계산함을 뜻한다. 주발이 포로로 사로잡은 사람을 모두 모아 계산함을 말한다.

'촉(屬)'은 맡김, 위임함을 뜻한다.

'문학(文學)'은 문사(文辭)와 학문(學問)을 뜻한다.

'세사(說士)'는 유세객(遊說客)을 말한다.

'책(責)'은 재촉함, 독촉함을 뜻한다.

'취(趣)'는 달림, 빨리라는 뜻이다.

'추(椎)'는 순박함, 가식이 없음을 뜻한다. 『한서』에는 박추(樸椎)라고 하였다.

'문(文)'은 꾸밈의 뜻인데 참이 아닌 것을 그럴듯하게 만듦, 즉 꾸밈을 말하므로 '소문(少文)'은 꾸미거나 남을 속이는 것이 없음을 가리킨다.

대왕(代王)은 유항(劉恒)인데 주발이 그를 옹립하여 황제로 세웠음을 말한다.

'외(外)'는 외정(外廷)의 신료(臣僚)를 뜻하는데 외정이란 외조(外朝)로 천자와 제후들이 조정의 정치를 처리하는 것을 말한다. 조정의 관리는 내조(內朝)와 외조(外朝)로 나뉘는데 대체로 승상 이하 정규 관리는 외조관(外朝官)이었고, 군주의 측근, 예를 들면 대사마(大司馬) 주변의 장군, 시중(侍中), 상시(常侍), 산기(散騎) 등은 내조관(內朝官)에 속했다.

'이(以)'는 이렇게 함의 뜻이다.

'사(謝)'는 사직(辭職)함을 뜻한다.

'취국(就國)'은 봉지로 감을 말한다.

'행현(行縣)'은 군수(郡守)와 군위(郡尉)가 각 현을 순시(巡視)함을 뜻한다.

'피(被)'는 옷을 입을 '피(披)'자와 같다.

'하(下)'는 넘김, 인도함을 뜻한다.

정위(廷尉)는 진나라 때 설치하였고 구경(九卿) 중의 하나로 형옥(刑獄)을 관장하였는데 진한 시대부터 북제(北齊)까지 중요 사건 등 사법을 관장한 최고관리 장관이었다. 죄가 있는 제후왕이나 대신을 체포, 구금과 심판할 수 있었고 예의와 율령의 수정 그리고 도량형의 표준 등도 정위가 맡았다.

'장안(長安)'은 장안의 형옥을 책임진 관원을 말한다.

'치(治)'는 처벌함, 심리(審理)함을 뜻한다.

'초(稍)'는 점차를 뜻한다.

'침(侵)'은 침범함, 능멸(陵蔑)함을 뜻한다.

'욕(辱)'은 욕보임을 뜻한다.

'서독(書牘)'은 간독(簡牘), 서신(書信)과 같은 부류의 총칭이다. 간독은 대나무 조각에 문자를 쓴 죽간(竹簡)과 나뭇조각에 쓴 목독(木牘) 둘로 나뉘는데, 전자는 간책(簡策), 후자는 판독(版牘)이라고 한다. 여기에서는 목간(木簡)을 말한다.

'상(尙)'은 높임, 숭상함, 받듦의 뜻인데, 주발의 장남이 황제의 딸과 결혼하므로 『사기집해(史記集解)』에서 '상(尙)'자는 '봉(奉)'자의 뜻으로, 감히 아내를 맞아들임이란 뜻의 '취(娶)'자를 말하지 못해서 쓴 것이라고 하였다.

'계(繫)'는 잡아맴, 체포하여 구금(拘禁)함, 옥에 가둠을 뜻한다. 계급(繫急)은 주발이 옥에 갇힌 사건의 중요한 고비를 말한다.

박태후(薄太后)는 박소의 누나이자 고조 유방의 비이며 문제의 모친이다.

'조(朝)'는 알현함을 뜻하는데, 신하가 조정에 나아가 임금을 배알(拜謁)함을 말한다.

'모(冒)'는 두건(頭巾)이고, '모서(冒絮)'는 솜을 둔 두건을 말한다.

'제(提)'는 던짐, 투척함의 뜻이다.

'관(綰)'은 잡아맴을 뜻한다.

'새(璽)'는 황제의 옥새를 말한다.

'고(顧)'는 도리어, 반대로의 뜻이다.

'옥사(獄辭)'는 공사(供詞)로 공술(供述), 자백 내용을 말한다.

'험(驗)'은 증험(證驗)함, 증거로 삼음을 뜻한다. 여기에서는 조사하여 무죄를 증명함을 말한다.

'절(節)'은 황제를 대표하는 증표로 부절(符節)이라고도 한다.

'상중(相中)'은 상합(相合)을 뜻한다. 서로 잘 맞음을 말한다.

'좌(坐)'는 죄를 입음, 죄를 받음을 뜻한다.

'절(絶)'은 끊어짐의 뜻으로 여기에서는 작위가 중단됨을 말한다.

'광(匡)'은 구제함을 뜻한다.

이윤(伊尹)은 탕(湯)을 도와 하나라의 걸왕(桀王)을 멸하고 상나라를 세웠다. 그의 사적은 「은본기(殷本紀)」에 기록되어 있다.

주공(周公)은 무왕(武王)의 아들 성왕(成王)을 도와 주나라의 기틀을 마련하였다. 그의 사적은 「노주공세가(魯周公世家)」에 기록되어 있다.

양저(穰苴)는 사마양저(司馬穰苴)인데 전양저(田穰苴)라고도 한다. 춘추시대 말기의 제나라 사람으로 전완(田完)의 후손이다. 진왕은 진완(陳完 기원전 705년~?)으로 춘추시대 진국(陳國)의 공족(公族) 출신이고 전국시대 때 전씨(田氏) 제나라의 시조로 그 후손 중에는 저명한 군사가 전양저와 맹상군 전문(田文)과 신(新)나라 황제 왕망(王莽) 등이 있다. 전양저는 강상(姜尙), 즉 강태공 이후 저명한 군사가로 일찍이 제나라 군사를 이끌고 진(晉)과 연(燕)나라를 격퇴하였으므로 대사마(大司馬)에 봉해졌고 그의 자손들은 후세에 사마씨(司馬氏)가 되었다. 제경공(齊景公)이 참언을 믿어 전양저는 면직되고 얼마 후 우울증에 걸려 죽었다. 그의 군사 사상은 후세에 큰 영향을 끼쳤다. 당나라 숙종 때 전양저는 역사상 10명의 군사적 공이 뛰어난 자명한 장수로 천거되어 강태공을 모시는 무성왕묘(武成王廟)에 봉했는데 무묘십철(武廟十哲)이라고 한다. 진(秦) 무안군(武安君) 백기(白起), 한(漢) 회음후(淮陰侯) 한신(韓信), 촉(蜀) 승상(丞相) 제갈량량(諸葛亮), 당(唐) 위국공(衛國公) 이정(李靖), 영국공(英國公) 이적(李勣)은 좌열(左列)에 놓였고, 한(漢) 장량(張良), 제(齊) 대사마(大司馬) 전양저(田穰苴), 오(吳) 장군(將軍) 손무(孫武), 위(魏) 오기(吳起), 연(燕) 악의(樂毅)는 우열(右列)에 놓였다. 송나라 휘종(徽宗) 때 전양저를 횡산후(橫山侯)로 추존하고 송무묘(宋武廟) 72명의 장수 가운데 하나가 되었다. 그의 사적은 「사마양저열전(司馬穰苴列傳)」에 기록되어 있다.

'하이(何以)'는 무엇으로써, '가(加)'는 보탬, 높게 함을 뜻한다. 하이가(何以加)는 무엇으로써 더 높게 함이라는 뜻이므로 더는 높게 할 수 없음을 말하여 여기에서는 이윤이나 주공도 강후 주발을 추월할 수는 없음을 가리킨다. 국가가 위기에 처했을 때 이를 구제한 주발의 큰 공훈은 이윤이나 주공도 따라오지 못하다는 말이다.

'견인(堅忍)'은 강인하고 마음이 흔들리지 않음을 말한다.

'갈(曷)'은 어찌 하(何), 기(豈)와 같은 뜻이다.

'수절(守節)'은 신하의 지조를 지킴을 뜻한다. 주아부가 율태자를 폐위시키는 일, 태후의 오라버니 왕신을 후작에 봉하는 일, 흉노의 왕 다섯 명을 열후에 봉하는 일 등을 반대한 것을 말한다.

'손(遜)'은 공순(恭順)함, 오만하고 무례함을 말한다. 주아부가 홍제가 베푼 연회 자리에서 젓가락을 청하고 대답을 하지 않고 자리를 뜨고 나가버린 일을 말한다.

진희는 유방의 장수로 조나라의 상국에 임명되었으나 고조 10년에 모반하여 스스로 대왕(代王)이 되었는데, 고조 13년에 주발이 대(代), 지금의 산서성 대동(大同) 주변의 안문군(鴈門郡)의 17개 군과 운중군(雲中郡) 12개 현을 평정한 뒤 승세를 타고 영구(靈丘)에서 진희를 격파하고 그의 목을 베었다. 신하나 장수가 백성들의 민심을 얻거나 군사적 공로가 높아지면 황제에게 위협이 되는 전형적인 사례이다.

주발의 자손들에 대한 기록은 다음과 같다.
주아부(周亞夫)는 개국공신 주발의 둘째 아들이다.
주아부가 하내 군수로 있을 때, 관상가 허부(許負)가 그의 관상을 보고 말했다.

"당신은 3년 후에 관작을 받을 것이고, 후(侯)가 된 지 8년 후에 대장군과 승상이 되어 국가의 대권을 장악하고, 그 후로 9년이 지나면 굶어 죽을 것이오."

관상가 허부가 주아부의 입을 가리키며 말했다.

"당신의 얼굴에 수직선 무늬가 입까지 내려와 있습니다. 그것이 굶어 죽을 관상입니다."

주아부의 형 주승지가 죄를 지어 강후 작위를 잃자 그가 강후를 계승한 것이다.

문제 후원(後元) 6년(기원전 159년)에 흉노가 침입하자, 주아부를 장군에 임명하여 세류(細柳)에 주둔시켜 흉노를 막게 하였다. 황제가 위로차 주아부 진영에 도착했으나 들어가지 못했다. 황제가 부절을 사자에게 주어서 전하게 한 후에야 들어갈 수 있었다. 이때에도 군중에서는 말을 타고 달리지 못하는 군법을 황제 일행에게 지키게 했으며, 절하지 않고 군례(軍禮)에 따라 인사했다. 문제는 주아부를 '진장군(眞將軍)'이라며 그를 칭찬했다. 주아부는 중위(中尉)가 됐다. 문제가 임종 때, 후에 경제(景帝)에 오를 태자에게 위급한 일이 있을 때는 주아부를 장수로 삼도록 유언했다. 문제가 붕어하니, 주아부는 거기장군(車騎將軍)이 되었다.

경제는 즉위하여 어사대부 조조(鼂錯)의 계책 「삭번책(削藩策)」을 수용하여 제후왕의 영토를 삭감하는 정책을 실행하여 제후왕의 반발을 샀다. 결국 경제 3년(기원전 154년)에 오왕(吳王) 유비(劉濞)의 봉토를 삭감하자, 유비가 반발하여 오초칠국(吳楚七國)의 난이 일어났다.

오초칠국은 오왕 유비 외에 초왕(楚王) 유무(劉戊), 조왕(趙王) 유수(劉遂), 제남왕(濟南王) 유벽광(劉辟光), 치천왕(淄川王) 유현(劉賢), 교서왕(膠西王) 유앙(劉卬), 교동왕(膠東王) 유웅거(劉雄渠) 등 유씨 종실 제후왕이다.

서로 싸운 지 석 달 만에 반란군 중 가장 강력한 나라로 꼽힌 오나라와 초나라를 평정했다. 칠국의 난은 지방 할거 세력과 중앙 전제 황권 사이의 충돌로 일어난 반란으로 제후왕의 세력이 제거되고, 중앙 집권이 강화되는 결과를 낳았다.

한편 문제의 차남이자 경제의 동생이며 칠국의 난을 진압하는데 큰 공을 세운 양효왕(梁孝王) 유무(劉武)와 주아부 사이에는 틈이 생겼다.

오초칠국의 난을 평정하고서 주아부는 태위 직책을 계속 맡았고, 5

년 뒤 승상으로 승진하여 경제에게 중용됐다. 그러나 경제 유계(劉啓)가 그와 율희(栗姬) 사이의 소생 율태자(栗太子)를 폐하려고 하는 데 주아부가 반대하여 얼마 후 주아부와 경제 사이에 틈이 생겼다.

율태자는 경제의 서장자(庶長子) 유영(劉榮)으로 나중에 등극하는 무제(武帝) 유철(劉徹)의 형이다. 문제는 고조 유방의 넷째 아들, 경제는 문제의 다섯 번째 아들이며, 무제는 경제 유계의 11번째 아들이다.

경제 7년(기원전 150년) 정월에 율희가 총애를 잃어 율태자 유영을 폐하고 임강왕(臨江王)으로 강등시켰다. 이해 4월에 왕미인(王美人)을 황후에 봉하고 교동왕(膠東王) 유철을 태자로 앉혔다. 신하들의 반대 상소가 빗발쳤다. 후에 율희는 불만을 터뜨리다가 결국 폐위되고 울분이 쌓여 우울증으로 죽었다.

또 양효왕은 조회 때마다 경제의 모친 두태후(竇太后)와 함께 주아부의 단점을 들추며 비방하였다.

두태후가 경제에게 경제의 황후 왕태후(王太后)의 오빠 왕신(王信)을 후(侯)로 삼기를 원했다. 이에 경제는 태후의 조카와 동생을 선제인 문제가 후로 봉하지 않았고, 자신이 즉위한 후에야 후로 봉했으므로 그를 지금 후에 봉할 수 없다고 반대했으나, 태후는 뜻을 굽히지 않았다. 주아부는 "고조(유방)께서 유언으로 '유씨가 아니면 왕이 되지 못하며, 공이 없으면 후가 되지 못한다. 이를 어기는 자는 천하가 그를 쳐라!'라고 했습니다. 왕신은 공이 없어 후작이 되는 것은 이에 어긋납니다."라고 대답했다.

후에 흉노에서 왕 유서로(唯徐盧) 등 5명이 투항했는데, 주아부는 이들을 받아들이는 것을 반대했으나, 경제는 이들을 모두 열후로 삼아서 이후에도 흉노의 왕들이 계속 투항해오길 바랐다. 이에 주아부는 이들은 자신의 군주를 배신하고 투항했으므로 앞으로 지조 없는 신하들은 어떻게 책망하겠냐며 병을 핑계로 사직했다. 경제 중원(中元) 3년(기원전 147년)에 승상에서 면직됐다.

얼마 후, 주아부는 경제의 부름을 받아 함께 식사했는데, 자르지도 않은 큰 고깃덩이만을 받았고 젓가락도 없었다. 주아부가 젓가락을 청하자, 경제는 웃으면서 말했다.

"혹시 이것이 그대를 기쁘게 해주지 않는 것이냐?"

조후는 사죄하며 나가버렸다.

황제가 말했다.

"저 불평 많은 자는 어린 황제의 신하가 아니다."

어린 황제는 16살에 등극한 유철을 말한다. 후에 등극하여 한무제(漢武帝)가 된다.

얼마 후, 주아부의 아들 조후는 부친을 위해 무기를 만드는 공관(工官)과 병기를 제조하는 상방(尙方)에서 500건의 황가의 순장용(殉葬用) 갑옷과 방패를 구매하였다. 갑옷과 방패를 옮겨온 사람이 조후를 고발하였다. 조후의 아버지 주아부도 이에 연루되었다. 경제는 조후를 정위에 넘겨 죄를 조사하도록 하였다.

정위는 주아부 아들 조후에게 반란을 도모하였는지 물었으나, 그는 순장용이라며 부인하였다. 그러자 정위가 그는 지상에서 반란을 일으키지 않으면 지하에서 반란을 도모할 것이라고 말했다. 주아부 아들 조후는 자살할 생각을 했는데, 5일을 단식하다가 피를 토하고 죽었다.

그의 봉지는 반환되었다. 경제는 강후의 또 다른 아들 주견(周堅)을 후에 봉하여 강후의 작위를 계승하도록 하였다. 19년이 지나 그가 죽자, 그의 아들이 후의 작위를 계승하였고 그는 13년이 지나 태자태부(太子太傅)에 임명되었다. 그가 바친 주금(酎金)이 좋지 않아 무제 원정(元鼎) 5년에 죄를 지어 봉읍이 반환되었다. 조후 주아부는 굶어 죽었다. 그가 죽은 후 경제는 왕신을 후에 봉하였다.